KB169943

금융 위기 이후의
자본주의

김성구 외 지음

금융 위기 이후의
자본주의

나름북스

세계 경제 위기는 끝나지 않았다:
다가올 공황에 관하여

차례

서문

자본주의가 끝장날 것 같은 공포에 휩싸였던 2008년 위기, 그 위기 이후 자본주의는 어떤 상태에 놓여 있는가? 자본주의는 지금도 위기인가 아닌가? 또 자본주의의 현재의 발전은 어떤 미래를 예고하고 있는가? 폭발적인 대위기와, 그것으로 야기된 마르크스주의 위기 논쟁을 접해 보았던 사람들이라면 던지지 않을 수 없는 근본적인 질문이다. 그럼에도 위기와 위기 논쟁 후 이제 이런 질문에 답하는 논자들을 좀처럼 보기 어렵다. 이는 위기 논쟁 이후 자본주의가 이 논쟁에서 많은 논자가 전망했던 것과는 크게 다르게 전개되고 있기 때문에 변화한 정세다. 하지만 위기 논쟁을 없었던 일로 치부할 수는 없다. 마르크스주의 좌파는 이 질문에 답변하고 자본주의의 현 상태의 분석에 입각해 위기 논쟁을 평가하지 않으면 안 된다. 마르크스주의 위기 논쟁이 이 질문에 대해 얼마나 현실 적합한 주장을 제출했는지, 또는 마르크스주의 위기 논쟁이 어디서, 어떻게 잘못되었는지 이론적, 실증적 검토가 필요하다. 이는 자본주의 현실에 비추어 위기 논쟁에 대한 이론적 반성과 정치적 책임을 요구하는 것이다. 이를 회피하고 외면하고자 한다면, 그런 논자는 마르크스주의를 접고 다시는 펜을 들지 말아야 한다.

이 책은 금융 위기의 결과 및 현 상태에 대한 평가와, 다가올 새로운 공황에 대한 전망을 담고 있다. 대부분의 마르크스주의 또는 좌파 논자들의 전망과 기대와는 달리 대위기는 신자유주의의 종말로 이어지지 않았고, 또 자본주의의 종말은 더더욱 아니었다. 2013년 이래 금융 위기와 국가 채무 위기 그리고 유로존의 위기는 더 이상 거론되지 않았다. 신자유주의의 위기 속에서도 자본주의의 새로운 경기 순환은 이미 2010년부터 경기 회복으로 나아갔고 나아가 호황 국면으로 넘어갔다. 우려했던 미국의 더블딥은 일어나지 않았고, 다만 그 사이 유로존만 더블딥을 겪었을 뿐이다. 이제는 미국도 유로존도 정도의 차이는 있지만 모두 호황 국면이 전개되고 있다. 그리고 신자유주의는 재건되었다. 하지만 국가 개입을 통한 금융 위기와 국가 채무 위기의 진화는 자본주의 위기의 근본적 해결책이 아니라 모순의 심화를 동반하는 미봉책이었다. 뒤늦게 본격화(?)되더라도 이 자본주의 호황은 조만간 새로운 공황으로 귀결될 것이다. 새로운 공황의 발발과 함께 국가 채무 위기는 다시 불거질 수밖에 없을 것이다.

이런 평가와 전망은 새삼스러운 게 아니다. 이미 위기 논쟁 때 제출된 것이었고 지금도 달라진 건 없다. 말하자면 그 평가와 전망은 이제 현실이 되었다. 자본주의의 현 상태가 그 평가와 전망이 올바른 것이고 부정할 수 없음을 보여주고 있다. 물론 공저자들 사이에 이런 평가와 전망에 관해 명시적이든 암묵적이든 크고 작은 입장의 차이가 존재한다. 공저의 형식으로 출간되는 책에서 저자들 간의 이런 차이를 지울 수는 없다. 그래도 이 책이 영국의 EU 탈퇴(브렉시트), 미국 우선주의를 내세우고 새롭게 들어선 트럼프 정권, 이로부터 강화되는 보호무역주의와 무역 분쟁 등 위기 이후 지속되는 신자유주의 구조 위기하에서 자본주의의 새로운 경향과 모순들을 분석하고 전망하는 토대가 되기를 기대한다.

책의 부록에는 2008 금융위기를 배경으로 전개된 고故 김수행 교수와의 논쟁 글들을 수록하였다. 이 글들이 오늘날의 시점에서 위기 논쟁을 되돌아보고 평가하는 새로운 계기가 되었으면 하는 바람이다. 또한 아마도 생전의 마지막 논쟁이었을 그의 글들을 여기에 수록하면서 개인적으로는 72세라는 아직 이른 연세에 세상과 작별한 고 김수행 교수를 추모하는 시간도 갖고 싶다. 이 책에서 새로 집필한 글들 외에 이 논쟁 글들을 비롯해서 이미 발표했던 글들은 모두 각각의 글 각주에 그 출처를 밝혀 놓았다. 물론 그 글들은 단행본 출간에 맞춰 부분적으로 수정, 보완하였다. [마르크스주의 연구]에 발표되었던 네 편의 글을 이 책에 수록할 수 있도록 허락해준 [마르크스주의 연구] 편집위원장인 정성진 교수에게는 특별히 감사의 마음을 전한다. 또한 민주노총 정책연구원의 연구보고서로 발표된 글을 수록하는 데 동의해 준 민주노총 정책연구원에도 감사의 뜻을 밝힌다. 연구보고서 집필자인 박하순 선생과, 새롭게 글 한 편을 집필한 류승민 박사와는 공저자로서 이 책의 간행을 함께 자축하고 싶다. 그리고 어려운 출판업계 사정에도 불구하고 이 책의 간행을 위해 열성을 다해 준 나름북스의 편집진에게는 더없이 감사할 따름이다.

2017년 1월 27일
저자들을 대표해서
김성구

1장

2008년 위기 이후: 자본주의 위기 및 붕괴 논쟁 평가

김성구(한신대 국제경제학과)

※ 출처: 김성구, 〈마르크스의 위기론과 현대 위기논쟁 – 2008년 위기 이후: 자본주의 위기 및 붕괴 논쟁 평가〉, [마르크스주의 연구] 제42호, 2016.

1. 문제제기

2008년 위기 이후 어느덧 8년이 지나갔다. 자본주의는 현재 어떤 상태인가? 마르크스주의 좌파 논자들은 근년까지도 대부분 위기가 끝나지 않았다는 입장을 견지했는데, 지난 금융 위기가 구조 위기라는 관점에서 보면 이런 평가가 틀린 것은 아니다. 금융 위기는 국가 채무 위기를 대가로 극복된 것이지만, 국가 채무 위기는 양적 완화와 채무 한도 증액이라는 미봉책을 통해 잠재화되었을 뿐이기 때문이다. 그러나 2008년 위기는 구조 위기만이 아니라 순환적 공황이 중첩된 위기였기 때문에, 자본주의 위기의 진단은 양 측면에서 살펴보아야 한다.[1]

---

1   신자유주의 금융 위기와 주기적 공황이라는 중첩된 위기로서 지난 위기를 파악하는 필자의 관점은 김성구(2010), 김성구(2012a) 참조. 이하에서 신자유주의 금융 위기, 신자유주의 구조 위기, 신자유주의적(국가독점자본주의) 위기 메커니즘은 같은 맥락, 같은 의미로 사용한다. 굳이 구별한다면, 신자유주의 금융 위기는 신자유주의 구조 위기 또는 신자유주의 위기 메커니즘이 표출되는 주요한 형태라 할 수 있다. 신자유주의 구조 위기는 근본적으로 실물 부문의 위기와 금융 부문의 팽창이라는 불균형에 토대를 갖고 있다. 금융 부문의 수익과 자산 가치 증식은 궁극적으로는 실물 부문의 잉여가치 생산에 의존하는 것이기 때문에, 실물 부문의 이윤율 저하 위에서 팽창하는 금융 버블은 결국 폭발해서 조정을 받을 수밖에 없다. 지난 금융 위기는 기본적으로 이런 메커니즘의 작동 하에서 발생한 것이며, 특히 MBS, CDO 등 자산 유동화에 입각한 구조화 채권과 CDS 같은 파생 금융 상품 등 신자유주의 탈규제와 투기적인 금융 혁신이 어우러져 전대미문의 위기로 발전했다. 한편 위기와 공황은 용어 사용에서 주의가 필요하다. 위기(crisis)란 용어는 주기적 위기든 금융 위기든 구조 위기든 이행의 위기든 일반적으로 사용한다. 반면 공황(panic)은 주기적 위기에 대해서만 사용하고 구조 위기나 이행의 위기에 대해서는 사용하지 않는다. 순환상의 주기적 위기는 통상 은행 도산과 주식 시장 폭락을 동반하면서 폭발적으로 전개되기 때문에 그 공포를 표현하여 공황이란 용어를 사

자본주의가 신자유주의에 내재한 구조적 위기로부터 근본적으로 벗어난 건 아니지만, 신자유주의 금융 위기는 일단 극복되었다. 반면 경기 순환상으로는 자본주의는 이미 회복 국면을 넘어가고 있다. 물론 현재 진행 중인 경기 순환은 자본주의 역사에서 보면 상당히 취약한 순환이다. 대금융 위기와 국가 채무 위기라는 심각한 구조 위기의 그늘에서 진행되는 순환이 강력하게 전개될 리가 없다. 하지만 2010년을 전후로 미국 자본주의는 회복 국면으로 넘어섰고, 지금은 이미 호황 국면에 진입한 상태다. 유로존은 그사이 더블딥을 겪었지만, 미약하나마 다시 회복 국면을 넘어가고 있다. 취약한 경기 순환이지만 자본주의 경제의 회복은 금융 위기를 완화, 진정시키는 주요한 한 요인이었다. 세계적으로 위기에 빠졌던 신자유주의의 지배도 재건된 상태다. 경기 회복과 함께 2013년 이래 국제 금융 시장도 각종 비관론의 충격에서 벗어났다. 올해(2016년) 1-2월 세계 주식 시장이 폭락 장세를 보였지만, 새로운 금융 위기의 징후로 보이지는 않는다.

지난 위기에 대해 여러 좌파 논자들이 더블딥이나 신자유주의의 종말 또는 케인스주의의 복귀, 심지어 자본주의의 붕괴까지 전망했으나, 이들의 전망은 명백하게 빗나간 것 같다. 그것은 케인스주의적 좌파든 마르크스주의 좌파든 자본주의 위기 분석에서 이론적 결함

용한다. 그래서 금융 위기에 대해서도 금융 공황이란 용어사용이 가능하다. 그러나 장기 침체 또는 장기 불황을 의미하는 구조 위기는 장기적인 성장 둔화를 지칭하는 것이어서 공황이란 용어가 적절치 않다. 장기간에 걸친 이행의 위기에 대해서도 마찬가지로 공황이란 용어는 사용하지 않는다.

이 심각하다는 말이다. 그럼에도 불구하고 위기 이후의 변화와 자본주의의 현 상태에 대한 분석에 입각해서 위기 논쟁을 평가하는 문헌은 보기 힘들다. 그건 좌파 논자들이 논쟁에 대한 이론적 책임을 지지 않는 것이나 다름없다. 이 글은 이와 같은 이론 상황에 대한 하나의 답변이자 비판적인 평가다. 이들의 위기론과 붕괴론의 오류를 비판하는 것 없이는 위기 이후의 자본주의에 대한 올바른 분석이나 전망도 할 수 없다.

지난 위기를 신자유주의 금융 위기와 주기적 공황의 중첩으로서 파악해야 한다는 필자의 테제는 올바로 이해되지 못했다. 정성진조차 이를 과소소비론에 입각한 주기적 공황으로 위기를 설명하는 것이라고 일축하고, 이런 이론으로는 신자유주의와 구조 위기, 대위기를 설명할 수 없다고 비판했다(정성진, 2012a: 38-44).[2] 다시 강조하건

---

2   마르크스의 과잉 생산 공황론을 과소소비론으로 이해하는 분류법은 마르크스주의 공황 논쟁에서 오래된 오류중의 하나다. 과소소비론에 대해서는 일찍이 엥겔스가 《반듀링론》에서 적절하게 비판을 했고, 특히 부하린(Bucharin, 1972: 224ff), 오카 미노루(岡稔, 1976: 제3장) 등의 설명에서 마르크스의 과잉 생산 공황론과 과소소비론의 차이를 명확하게 볼 수 있다. 오늘날 과소소비론은 대표적으로 먼슬리 리뷰Monthly Review 그룹에 의해 대변되고 있다. 과소소비론은 기본적으로 노동자의 과소소비로 인해 자본주의의 이념적 평균에서 상품 가치의 실현이 불가능하다고 보고 자본주의 경제의 기조는 정체 경향이며 호황은 국가 소비 등 자본주의 외부의 제3의 소비가 있을 때만 가능하다고 주장한다. 반면 마르크스의 과잉 생산 공황론에서는 호황을 내재적 메커니즘으로 설명하고 공황은 그 모순의 폭발로서 주기적으로만 발생하는 것이어서 자본주의의 이념적 평균에서 상품 가치의 실현이 가능하고 기본적으로 성장하는 경제로 파악한다. 따라서 마르크스의 과잉 생산 공황론을 계승하는 구 정통파의 공황론을 상품 가치의 실현의 곤란으로 공황을 설명한다고 하여 과소소비론과 동일한 공황론으로 파악하는 통상적인 분류법은 근본적으로 잘못된 것이다.

대 지난 위기의 주요 측면은 신자유주의 금융 위기다. 마르크스주의의 일각에서는 통상적으로 지난 위기를 뒤메닐·레비(Duménil·Lévy, 2011)처럼 신자유주의 금융화의 탓으로 돌리는 위기론은 자본주의 자체의 모순과 위기의 결과라는 점을 인식하지 못하는 것이라고 비판한다. 신자유주의가 아닌 다른 자본주의라면 위기를 면할 수 있다는 주장이라는 것이다. 이런 비판은 케인스주의적 좌파의 주장에 대해서는 타당할 수 있지만, 마르크스주의 좌파에 대해서는 합당한 비판이 아니다. 마르크스주의의 위기론은 자본주의의 근본 모순과 추상적 법칙만을 주장하면 되는 게 아니고, 자본주의의 상이한 발전 단계에서 나타나는 위기의 구체적 형태와 성격을 규명하는 데까지 나가야 하기 때문이다.

지난 금융 위기는 구조 위기의 관점에서 보면 이윤율의 경향적 저하 법칙의 관철과 케인스주의적 국가독점자본주의의 모순이 결합하여 발생한 1970-80년대의 현대불황에 대한 독점 자본의 대응책으로서 신자유주의적 전환(세계화와 금융화)이 가져온 직접적 결과다. 마르크스주의 좌파라면 자본주의의 모순이 마르크스의 시대와 달리 오늘날 왜 스태그플레이션의 위기(케인스주의적 국가독점자본주의의 위기)와 금융 위기(신자유주의적 국가독점자본주의의 위기)라는 형태로 변용, 심화되어 나타나는가를 분석해야 한다. 그 분석은 물론《자본》에 토대를 두어야 하지만, 독점과 국가 개입은《자본》의 수준으로 환원되지 않는 현대 자본주의의 새로운 현상이기 때문에,《자본》에 토대를 두면서도 양자를 매개할 수 있는 단계론 즉 독점자본주의론과 국가독점자본주의론이 요구되는 것이다. 기타하라 이사무北原勇의 주장처럼 오늘날의 자본주의는 자본주의 일반 이론(=《자본》), 독점자본주의론, 국가독점자본주의론이라는 3층 구조의 이론 체계하에서 포착되어야 한다(北原勇 · 伊藤誠 · 山田銳夫, 1997: 17 이하).

2. 위기 이후 자본주의 전개 과정과 현 상태

1) 금융 위기의 전개와 봉합

먼저 위기 이후 금융 시장과 실물 경제 전개의 주요 국면들은 [표1]처럼 요약할 수 있다. 또한 [표2]에 금융 시장의 주요 충격과 반응을 요약, 정리했다. [표1]의 위기 전개의 국면 변화 중 현 국면과 관련해 주목할 국면은 제3국면이다. 이 국면은 한편에서 금융 위기와 국가 채무 위기가 상호작용을 하면서 위기가 폭발적으로 전개됐지만, 다른 한편 그 이면에서는 미국 자본주의를 중심으로 실물 경제가 회복되고 호황으로 진입한 시기였다. 많은 논자가 전자의 측면에만 집중했고, 후자의 변화 즉 경기 순환의 국면 교대는 간과하거나 경기 부양책의 결과일 뿐이라고 무시했다. 한편 2013년 이래 금융 위기가 완화되고 진정되는 결정적 계기, 수단은 무엇보다 자본주의 국가의 위기 개입이었다. 위기 개입의 주요 목표는 경기 부양과 함께 무정부적 위기 파급 과정의 차단과 손실의 사회화를 통한 금융 자본, 과잉 자본의 구제에 있었다. 국가 개입이 없었다면, 지난 위기는 아마도 1930년대 대공황을 능가하는 위기였을 뿐 아니라 자본주의의 존립 자체도 말하기 어려웠을 것이다. 국가 재정과 중앙은행이 국가 개입의 주요 수단이었는데, 재정 개입으로 금융 위기가 국가 채무 위기로 발전하는 상황에서 특별히 돋보인 건 이른바 비전통적 통화정책으로 주목받은 중앙은행의 개입이었다. 갑자기 국가채무가 감소한 것도 아니었는데, 2012년 하반기부터 미국도, 유로존도 금융 시장은 더 이상 외부 충격에 그렇게 요동치지 않고 안정을 취하게 되었다. 여기에는 한편에서 미국 연준의 3차 양적 완화 시행과 유럽중앙은행ECB의 제한 없는 국채 매입(전면적 통화거래: OMT) 선언, 다른 한편에서 미국 법정 부채 한도의 증액이 결정적으로 작용하였다. 미국 정부가 파산하는 것 아니냐며 출구 없이 심화되던 금융 시장의 위기는 이 조처들로 마법처럼 일순간 안정되었던 것이다. 국가 개입 프로그램은 세간의 기대와는 달리 케인스주의와는 별 관계가 없고, 기본적으로 신자유주의 재건 프로그램이었다. 중앙은행의 유동성 지원은 말할 것도 없고, 재정 지출의 압도적 부분도 금융 자본의 회생과 금융 안정화에 돌려졌다. 케인스주의라 할 수 있는 건 경기 부양을 위한 저금리 통화 정책과 빈약한 재정 지출뿐이었다. 그러나 이것도 기본적으로 소득 재분배와 사회 보장으로의 전환이라기보다는 신자유주의 정권으로서도 위기 시에 어쩔 수 없는 경기 부양, 일종의 고육지책일 뿐이었다.[3]

3   케인스주의 좌파든 마르크스주의 좌파든 신자유주의 재건 프로그램에서 케인스주의의 복귀를 기대하게 된 건 신자유주의가 국가 개입주의의 한 형태, 다시 말해 국가독점자본주의의 한 형태, 반동적 형태임을 파악하지 못했기 때문이다. 그리고 이건 국가독점자본주의론을 폐기하거나 거부한 데서 비롯된 필연적인 귀결이다. 국가독점자본주의론의 폐기 또는 거부와 함께 국가 개입

[표1] 위기 전개의 국면들

제1국면	글로벌 금융 위기(2007-2008)
제2국면	금융 위기로부터 실물 경제 위기/채무 위기로(2008-2010): 금융 위기->실물 경제 위기(2009)->(조세 수입 감소/재정 지출 증대)->재정 적자 증대->채무 위기(2010) 금융 위기->(공적자금 투입을 통한 금융 자본 회생/손실의 사회화)->재정 적자 심화->채무 위기(2010)
제3국면	실물 경제의 회복 국면으로의 전환(2010)과, 채무 위기와 금융 위기의 상호작용(2010-2012): 채무 위기->채무 국가의 국채 가격 폭락/은행 자산 손실->금융 위기 심화->재정 추가 지출->금융 위기와 채무 위기의 상호작용->긴축->성장 둔화/악화->재정/채무 위기 지속 경기 회복->재정 적자 감소/금융 자산 가치 회복->채무 위기/금융 위기 완화
현 국면	회복 국면을 넘어 호황으로? 손실의 사회화와 양적 완화를 통한 금융 자본 회생, 2013년 이래 채무 위기/금융 위기의 진정과 봉합, 신자유주의 재건

[표2] 금융 시장의 주요 충격과 반응

2007년 10월 9일	다우존스지수 14,164(전 경기 순환 최고점)
2008년 9월	리먼 브러더스 파산(금융 위기 폭발 정점)
2008-2009년	실물 경제의 위기
2009년 3월 13일	다우존스지수 6,547(순환 최저점)

주의와 경제 정책을 분석할 이론적 수단을 상실했기 때문이다. 도대체 국가독점자본주의론 외에 어떤 좌파 이론이 '공적자금 투입과 손실의 사회화를 통한 금융 자본의 회생과 국유화'를 '이론적으로' 설명하는지 반문할 필요가 있다. 장기파동론? 네오마르크스주의 이론/자본논리학파? 조절이론? 역사적 자본주의론? 세계체제론? 포스트 케인스주의론? 어떤 이론에도 이런 개입주의를 설명하는 이론은 존재하지 않는다.

2010년-	국가채무 위기, 특히 그리스 등 유로존 탈퇴와 붕괴 시나리오 부각
2011년 8월	미국 법정 부채 한도 2조2천억 달러 증액 S&P의 미국 신용등급 강등, 국가 채무 위기, 유로존 위기, 더블딥 우려
2012년 하반기	10년간 1조2천억 달러 자동 삭감하는 미국 시퀘스터 시행으로 더블딥 우려, 마지막 금융 시장 충격
2012년 9월	미국 3차 양적 완화, 유럽중앙은행의 전면적 통화거래 선언, 유로존 금융 위기 진정
2013년 3월	미국 시퀘스터 시행, 금융 시장 사소한 영향
2013년 10월	미국 셧다운과 디폴트 논란, 3차 양적 완화 축소 우려, 금융 시장 사소한 영향
2014년 2월	미국 법정 부채 한도 적용 1년 유예(17조2천억 달러)
2014년 10월	유럽 트리플 딥 우려, 금융 시장 재충격(?)
2015년 3월	유럽중앙은행 대규모 국채 매입 프로그램 실행
2015년 10월	미국 법정 부채 한도 증액(2년간 예산 800억 달러 증액)
2015년 8월, 2016년 1-2월	유가하락과 중국발 새로운 금융 위기?
2016년 6월	영국 EU 탈퇴, 일시적 충격/사소한 영향
2016년 8월 15일	다우존스지수 18,668(역대 최고치)

물론 금융 위기, 국가 채무 위기로 심화되던 와중에도 새로운 경기 순환이 진행되었고, 특히 2012년 이래 미국 경기가 이미 호황 초기 국면으로 진입한 것도 금융 위기와 채무 위기가 안정되는 주요한 요인이었다. 금융 시장은 기본적으로 경기 순환을 따라 변동하기 때문이다. 주가지수는 경기 선행 지수로서 불황 국면이 아직 끝나지 않은 2009년 3월 이미 저점을 찍고 반등하기 시작했다. 그 이래 경기

회복과 호황 국면으로의 진입과 함께 다우존스지수는 상방 운동을 계속했다. 금융 시장에서 비관론의 충격이 가할 때마다 이 지수는 폭락했지만, 빠르게 교란을 극복하고 경기 순환을 따라 상방으로 운동, 역대 최고치를 계속 경신했다. 여기에는 3차에 걸친 연준의 양적 완화도 큰 역할을 했다. 실물 경제의 성장과 비교해 더 가파르게 상승했던 주가지수는 이런 효과의 표현이기도 하다. 급기야 2015년 8월과 2016년 1-2월 세계 주식 시장에서 주가 폭락은 중국의 투기적 주가 버블의 붕괴를 계기로 일어나긴 했지만, 근본적으로는 취약한 실물 경제의 경기 순환에 대비한 과도한 주가 상승에서 비롯된 조정이라 할 수 있다. 주가지수의 변동은 금융 부문의 독자적인 교란에도 영향을 받긴 하지만 기본적으로 경기 순환을 반영한 운동이다. 자본주의 경기 순환이 아직도 회복 국면 또는 호황 국면에서 진행하는 한 금융 시장의 충격은 일시적이고 조정을 받을 뿐이며, 새로운 공황이 도래할 때까지 상방 운동을 계속할 것이다. 2016년 6월 영국의 EU 탈퇴(브렉시트) 결정이 금융 시장에 대한 일시적 충격으로 끝난 것도 기본적으로는 이러한 사정 때문이다.

2) 위기 이후 경기 순환

위기 이후의 경기 순환을 논하기 전에 먼저 마르크스주의 경제학에서 경기 순환의 국면들을 어떻게 정의하는지 볼 필요가 있다. 미국 경제가 언제 회복 국면에 들어섰는지, 지금은 호황 국면인지를 둘러싸고 논란이 일어났던 것도 많은 논자가 이에 대한 개념과 정의를 제대로 이해하지 못했기 때문이다. 나가시마 세이이치長島誠一를 따라 [그림 1]을 통해 경기 순환과 그 국면들을 살펴보도록 하자.[4] 대부분의 마르크스주의 경제학자들도 경기 순환은 이렇게 그리지만, 나가시마처럼 엄격한 계량적 정의를 주는 것은 아니다. 경기 순환의 거시지표는 (실질) GDP, 산업 생산 지수, 물가 지수, 주가지수, 실업률, 이자율, 그리고 이윤율 등을 들 수 있는데, 대표적인 것은 GDP고 이 그림에서도 GDP의 시간적 변화로 경기 순환이 나타나 있다(Y축: GDP, X축: 시간).

[그림 1] 경기 순환과 국면들

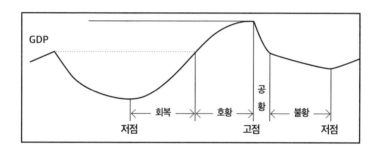

우선 공황과 불황은 GDP가 감소하는 국면, 즉 GDP 성장률이 (-)인 국면이다. 공황은 (-)성장이 급속하게 진행되는 국면, 불황은 더욱 완만하게 진행되는 국면이다. 저점에서 경제는 (+)성장으로 돌아서서 경기 회복 국면이 전개된다. 경기 회복이라는 의미는 이전 경기 순환의 고점을 회복한다는 말이다. 즉 저점으로부터 이전 순환

---

4   長島誠一(2004: 104). 여기에 경기 순환에 대한 그의 계량적 정의와 개념적 정의도 정리되어 있다.

의 고점까지가 경기 회복 국면이다. 이전 순환의 고점을 돌파하면 경제는 이제 호황 국면으로 진입한다. 호황 국면은 막바지에 '과도한 긴장과 과잉 투기의 시기'(Marx, 1964: 543)를 지나 공황으로 급전한다. 공황으로 하나의 경기 순환이 종료하고 이 공황으로부터 다시 새로운 순환이 시작한다. 자본주의 역사를 보면 주기적 공황은 대략 7-11년 주기로 (세계대전 같은 전쟁 경우를 제외하면) 거의 예외 없이 반복됐다. 이렇게 평균 10년 기한의 하나의 순환이 공황-불황-경기 회복(활황)-호황-공황 4개의 국면으로 구성된다.

자본주의에서 공황이 주기적으로 반복된다는 것은 자본주의 생산 자체에 공황을 일으키는 내재적 원인이 작용한다는 것을 의미한다. 그뿐만 아니라 경기 순환의 국면이 교대된다는 것은 각 국면이 다음 국면으로 전환되는 내적 논리가 존재한다는 것을 말해 준다. 마르크스주의 공황론은 마르크스의《자본》에 입각해 자본주의 생산을 공황으로 몰아가는 내적 원인을 규명할 뿐 아니라 순환 내에서의 국면의 교대, 즉 공황과 불황으로부터 경기 회복으로의 전환, 경기 회복의 호황으로의 발전 그리고 호황으로부터 공황으로의 필연적 추락, 다시 말해 경기 순환 자체를 분석, 설명해야 한다. 나아가 마르크스주의 공황론은 세계시장에서의 경기 순환의 구체적 분석으로까지 전개되어야 할 것이다. 그럼에도 마르크스의 공황론을 둘러싼 마르크스주의자들 간의 논쟁은 마르크스 사후 130년이 넘는 기간 동안 방법적, 이론적 혼란으로 점철되어 있다. 마르크스의 과잉 생산 공황론을 계승하면서 경기 순환론 또는 산업 순환론으로까지 공황론을 발전시킨 것은 무엇보다 일본 마르크스주의 경제학, 특히 구 정통파의 공황론이다. 반면 영미권의 공황론은 대체로 이윤율의 경향적 저하 법칙으로 공황을 설명하는 이론적 오류에 빠져 있고, 산업 순환론으로까지 공황론을 전개하지 못하는 등 이론적 한계도 노정하고 있다.

여기서는 마르크스주의 공황론 논쟁을 살펴볼 지면은 없고, 일단 앞에서 본 경기 순환의 계량적 정의에 따라 2008년 이래 위기의 중심이었던 미국 경제와 유로존 경제에 한해 경기 순환의 진행을 보도록 한다. 미국 경제의 순환은 [표3]에 정리되어 있다. 자본주의를 심각하게 위협했던 대금융 위기를 겪고서도 여전히 미국에서 경기 순

[표3] 미국 경제의 경기 순환   출처: Bureau of Economic Analysis

공황/불황	2007년 4/4분기(전 사이클 실질 GDP 고점)* -2009년 2/4분기(저점, 하방전환점)
경기 회복(활황)	2009년 3/4분기-2011년 4/4분기(전 사이클 고점 회복)**
호황 국면	2012년 1/4분기-현재

* 전 사이클 피크: 2007년 4/4분기(실질GDP 14조9918억 달러) 또는
2008 2/4분기(14조 9634억 달러)
** 전 사이클 고점 회복: 2011년 2/4분기(실질GDP 14조 9896억 달러) 또는 2011년
3/4분기(15조 211억 달러)

환의 법칙이 작동하고 있음을 볼 수 있다.[5]

5   2차 대전 종전 후 국가독점자본주의하에서 변용을 받으면서도 평균 10년 주기의 경기 순환과 공황은 법칙처럼 전개되었다. 전후 미국의 공황년도는 다음과 같다(Bureau of Economic Analysis 참조).
1947 2/4분기-1947 3/4분기, 1949 1/4분기-1949 2/4분기(더블딥)
1953 3/4분기-1954 1/4분기(중간공황)

미국 경제는 2007년 4/4분기로부터 2009년 2/4분기까지 공황과 불황국면을 지나 2009년 3/4분기부터 (+)성장으로 전환, 경기 회복 국면에 들어갔으며, 2011년 4/4분기에 이전 순환의 고점을 회복해서 그 이후 호황 국면으로 진입하였다. 그에 따라 실업률도 이전 순환의 최저 수준인 2007년 5월 4.4%로부터 공황과 불황 국면에 계속 상승하여 2009년 10월 최고 수준인 10.2%에 이르렀다. 그런데 [표3]에서 보는 바처럼 2009년 10월은 불황 국면의 끝인 순환의 저점이 아니라 이미 경기 회복 국면에 들어선 시기다. 이는 실업률이 대표적인 경기 후행 지표이기 때문이다. 2009년 3/4분기에 경기 회복이 시작되었어도 실업률은 회복 초기 국면에 계속 올라가 최고점을 찍은 후 비로소 하락하기 시작했지만, 회복 국면과 호황 초기 국면에서도 여전히 높은 상태였다. 2009년 10월 이래의 높은 실업률을 근거로 당시 경기 회복을 부정하고 공황과 위기를 계속 주장한 논자가 많았는데, 이건 실업률이 경기 후행 지표임을 모르고 한 소리다. 그 후 호황 국면의 지속에 따라 실업률은 계속 저하했고, 2015년 12월 실업률은 5.0%로 낮아졌다. 이전 순환 고점시의 최저 실업률에 점차 가까워지는 상황이다. 물론 불안정 노동과 실망 실업을 포함한 실질 실업률은 이보다 훨씬 높지만, 여기서는 순환 국면의 변화에 따른 실업률의 변화를 문

1957 4/4분기-1958 1/4분기

1969 4/4분기-1970 1/4분기

1974 3/4분기-1975 1/4분기

1980 2/4분기-1980 3/4분기, 1981 4/4분기-1982 1/4분기(더블딥)

1990 4/4분기-1991 1/4분기

2001 1/4분기, 2001 3/4분기(정의상 공황/불황을 피한 약한 불황)

2008 3/4분기-2009 2/4분기

제 삼을 뿐이다. 실업률의 감소에도 불구하고 이자율과 물가지수를 보면, 미국 경제의 현재의 순환이 상당히 취약한 것임을 알 수 있다. 이자율과 물가지수는 경기 동행 지표인데 호황 국면에서도 여전히 부진하기 때문이다. 주지하다시피 연준은 2008년 이래 7년간이나 초 저금리를 유지하다가 2015년 12월에 비로소 기준 금리 인상을 결정 했다. 이전 순환에서는 2001년 공황 이후 3년간 저금리 기조를 유지 하다가 2004년 6월부터 단계적으로 기준 금리 인상에 나섰었다. 또 3차에 걸친 양적 완화에도 불구하고 인플레율도 여전히 연준의 목 표치 2%에 미달하는 상태다. 호황 국면이 지속되는 상태에서도 미 국 경제는 초저금리와 낮은 인플레율을 벗어나지 못하고 있는 것이 다. 이런 이상 현상이 사람들로 하여금 불황이 계속되고 있다고 믿게 했을지도 모른다. 현재 순환의 취약한 면모는 2015년 8월과 2016년 1-2월 실물 경제의 성장에 비해 과도하게 팽창했던 주가지수의 폭 락과 조정에서도 볼 수 있다.[6]

위기 이후 유로존의 경기 순환은 미국과 양상이 아주 다르다. [표 4], [표5]에서 보는 바처럼 유로존은 2011년 4/4분기부터 6분기 동 안 더블딥에 빠졌고, 2013년 2/4분기부터 다시 경기 회복 국면에 들 어섰다. 실질 GDP 성장률에서 보는 바와 같이 유로존은 2015년 말 에나 이전 순환의 고점(2008년 1/4분기)을 회복하였다. 그에 따라 이 자율도 여전히 초저금리가 유지되고 있고 인플레율도 낮다. 급기야 2015년 3월부터 ECB의 양적 완화가 대폭 확대되었다. 또한, 실업률

6   2008년 위기 이후 경기 순환을 넘어 미국 경제 전반에 대한 상세한 실증 분석
     은 박하순(2015)[이 책 제4장] 참조.

도 상당히 높은 수준이다. 실업률은 더블딥이 끝난 후 새로운 경기
회복이 시작된 2013년 2/4분기에 12.1%로 최고점을 기록한 후 점차

[표4] 유로존의 경기 순환

공황/불황	2008년 2/4분기-2009년 2/4분기
경기 회복(활황)	2009년 3/4분기-2011년 3/4분기
더블딥	2011년 4/4분기-2013년 1/4분기
경기 회복(미약한 활황)	2013년 2/4분기-현재(2015년 말)

출처: Eurostat

[표5] 유로존(19개국) 주요 거시경제 지표

	2007	2008	2009	2010	2011	2012	2013	2014	2015
실질 GDP 성장률(%)	3.0	0.4	-4.5	2.1	1.5	-0.9	-0.3	1.1	2.0
소비자 물가 상승률 (HICP, %)	2.2	3.3	0.3	1.6	2.7	2.5	1.3	0.4	0.0
실업률(%)	7.5	7.6	9.6	10.2	10.2	11.4	12.0	11.6	10.9
GDP 대비 국가부채(%) (그리스)	64.9 103.1	68.5 109.4	78.3 126.7	83.8 146.2	86 172	89.3 159.6	91.1 177.7	92.0 180.1	90.7 176.9

출처: Eurostat

하락하였지만, 2015년 12월에도 10.4%에 이르렀다(전 사이클의 고점에

금융 위기 이후의 자본주의

서 최저 실업률은 2008년 1/4분기에 7.2%이었다). 특히 채무 위기의 중심이었던 그리스, 스페인은 실업률이 아직도 25%에 이르는 높은 수준을 보인다. 이렇게 유로존은 금융 위기가 채무 위기로 발전하는 시기에는 채무 위기의 중심으로 부각되었을 뿐 아니라 경기 순환적으로는 더블딥에 빠지고 경기 회복도 매우 지지부진하게 진행되는 상황이다.

2008년 금융 위기의 진앙이 미국인데도 유로존이 국가 채무 위기와 더블딥의 후폭풍을 맞은 것은 마스트리히트 조약과 유럽통화동맹EMU의 신자유주의 교조 때문이다.[7] 그에 따라 국가 채무는 (경상) GDP 대비 60%, 재정 적자는 (경상) GDP 대비 3% 이내로 제약되어 있고, 최종 대부자로서의 ECB의 역할도 제한되어 있다. 발행 시장에서의 ECB의 국채 매입은 금지되어 있다. 결국, 마스트리히트 조약의 완고한 신자유주의와 긴축이 국가 채무 위기를 심화시켰고 더블딥을 유발했던 것이다. ECB는 2012년 9월 OMT 선언으로 유로존의 채무 위기를 진정시킬 수 있었지만(이는 유통 시장에서의 위기 국가의 국채 매입을 도모한 것이다), 채무 위기 중에도 유로존은 신 재정 협약으로 긴축 정책이 오히려 강화되었다. 통상 미국 신자유주의는 강경한 신자유주의, 유럽 신자유주의는 온건한 신자유주의라 한다. 물론 미국 신자유주의가 강경하긴 하지만, 미국의 어떤 정권도 권력을 장악한 후 신자유주의 교의대로 정책을 집행하지는 않은 반면(오히려 위기 시에 국가 개입은 강화된 반면), 유로존은 마스트리히트 조약이라는 국제

---

7   이에 대해서는 김성구(2012b) 참조.

법에 묶여 신자유주의 교의를 그대로 집행할 수밖에 없었다. 그 결과 위기 시에 유로존의 신자유주의가 오히려 강경했고, 미국 신자유주의는 신축적일 수 있었다. 유로존의 GDP 대비 국가 채무 비율이 미국의 그것보다 더 낮은데도 불구하고 유로존은 일층의 긴축을 강요받고 있고, 그런 사정이 유로존의 성장과 고용을 압박하고 있다. 돌이켜 보면 유럽연합EU은 이미 1970년대 중반 이래 40년간 심각한 장기 불황에 빠진 상태다. 실업률은 경기 순환에 따라 등락하지만 대체로 10% 내외의 높은 수준이 장기간 지속되고 있다. 1980년대부터 추진된 신자유주의 시장 통합(역내 시장)과 통화 통합이 부르주아 대변자들의 장밋빛 주장과 달리 유로존을 빠져나오기 어려운 늪 속으로 밀어 넣고 말았다.

3. 자본주의 위기 및 붕괴 논쟁의 이론적 문제들

이렇게 보면 위기 후 세계 경제의 회복은 불안정하고 불균등하게 진행되는 상황이다. 미국 경제는 (취약한) 호황 국면에, 유로존 경제는 취약한 회복 국면에 있다. 케인스주의든 마르크스주의든 여러 좌파 논자들은 미국 경제를 중심으로 세계 자본주의가 경기 회복 국면에 있을 때뿐 아니라 회복 국면을 넘어 호황 국면으로 진입한 상황에서도 공황과 더블딥을 주장하고 있었다. 마르크스주의 논객들이 항상 위기와 공황을 말하는 것은 마르크스 위기론의 여러 차원을 혼동하고, 또 위기 후의 회복이나 장기 성장의 문제를 이론적으로 분석하지 못하기 때문이다. 마르크스의 위기론은 10년 주기의 주기적 공황과 주기적 공황들 속에서 관철되는 장기적 위기, 그리고 다음 사회로의 이행과 관련한 이행의 위기를 설명할 수 있도록 중층적으로 구성된다.[8] 또한, 각 수준에서의 위기가 항상적 위기거나 최종적 위기도 아니다. 요컨대, 자본주의가 언젠가는 붕괴한다 하더라도 자본주의의 경기 순환과 공황은 10년 주기로 반복하고, 또 장기적으로 성장과 침체를 동반하기 때문에, 이런 위기 차원을 혼동하고 시도 때도 없이 공황과 위기, 붕괴만 주장하는 것은 마르크스주의 좌파의 경제 정세와 정치 정세 분석의 무능력을 표현할 뿐이다. 문제는 당면한 국면이 경기 순환상의 어떤 국면인지, 장기 발전상에서는 어떤 단계인지, 경기 순환적으로 또 중장기적으로 어떤 국면으로의 변화가 전망되는지, 또는 자본주의의 이행이 정치적으로 현실적으로 임박했는지 여하를 분석하고 이에 대한 좌파적 대응 방안을 모색하는 것이다.

1) 주기적 공황과 구조 위기의 혼란

지난 위기 논쟁에서 많은 논자가 우선 주기적 공황과 구조 위기를 올바로 구별하지 못하고 혼동했다. 김수행은 지난 위기를 20세기

---

8 마르크스의 세 가지 차원의 위기론도 앞서 언급한 현대 자본주의 분석을 위한 3층 구조의 이론 체계에 대응해서 일층 복잡해진다. 즉, 국가독점자본주의하에서 주기적 공황은 독점 자본의 지배와 국가 개입주의에 의해 그 양상이 달라지고, 장기 위기 또는 구조 위기도 이윤율의 장기적 저하만이 아니라 독점 자본주의의 침체 경향과 국가 개입주의의 모순이라는 중층적 구조로 파악해야 한다. 이행의 위기도 《자본》의 수준을 넘어 독점과 국가 독점이라는 구체적 형태 속에서 전개된다.

세 번째 '세계대공황'이라고 주장했는데, 이 세계대공황이 주기적 공황인지 구조 위기를 말하는 건지도 명확하지 않았다. "우리가 말하는 구체적인 세계대공황은 반복하는 경제 순환상의 수많은 공황 국면을 가리키는 것이 아니라, 자본주의적 축적 양식의 변화를 포함하는, 특별하고 드물며 구체적인 공황 국면입니다. 바로 그렇기 때문에 이 책은 20세기 이후의 세계대공황을 세 시기(1930-1938년, 1974-1982년, 그리고 2008-현재)로 국한하고 있습니다."(김수행, 2011: 40).[9] 자본주의 구조 변화를 가져오는 주기적 공황이 세계대공황이란 말인데, 김수행의 주장과 달리 1930-1938년은 1974-1982년과 마찬가지로 주기적 공황 국면이 아니라 주기적 공황을 포함한 하나의 산업 순환이며, 각각 구조 위기 국면을 구성하는 특정 시기다. 자본주의 역사상 제2차 구조 위기는 1930년으로부터 1938년을 넘어 제2차 대전 기간을 포함하고(또는 넓게 잡으면 1914-1945년이고), 제3차 구조 위기인 현대불황은 논자에 따라 1970-1980년대를 말하거나, 또는 1970/1974년 이래 현재에 이르는 시기까지 포함한다(마르크스주의 공황론사에서 제1차 구조 위기는 1873-1895년의 대불황을 말한다).[10] 뒤메닐과 레비를 따라가는 윤소영의 혼란도 마찬가지다. 윤소영(2001)은 미국 경제가 1969-70년은 순환적 위기, 1973-75년은 구조적 위기, 1980년은 순환적 위기, 1981-82년은 구조적 위기, 1990-91년은 순환적 위기라

---

9   박승호(2015: 66 이하)도 세계대공황이란 동일한 용어로 지난 금융 위기를 규정하는데, 김수행과 달리 그는 세계대공황을 명시적으로 구조 위기 또는 장기 불황의 의미로 사용한다.

10   김수행의 이른바 '세계대공황'이란 주장에 대한 자세한 비판과 논쟁은 김성구 (2011), 김수행 · 김성구(2011)[이 책 부록] 참조.

하는데, 이는 이윤율 추세선이 하락할 때 이윤율이 급격히 하락하면 구조 위기고, 추세선이 상승할 때 그 아래로 하락하면 순환적 공황이라는 주장에 근거한 것이다. 이는 이론적 근거가 없는 잘못된 것이다.[11] 1973-75년 위기도, 더블딥으로 특징된 1980-82년 위기도 모두 순환적 위기며, 현대 구조 위기란 1970-80년대 이래의 자본주의의 장기 침체를 말하는 것이다.

이렇게 주기적 공황과 구조 위기를 혼동하면, 2007-2009 위기가 주기적 공황인지 구조 위기인지 그 성격 자체도 규명할 수 없고, 나아가 이 위기로부터 어떤 국면으로 변화하는 건지 제대로 파악할 수가 없다. 그 때문에 김수행은 신자유주의 축적 체제가 지속되는 한 현재의 세계대공황은 계속된다고 주장하고(신자유주의하 경기 회복을 부정하고) 근거 없이 새로운 축적 체제로의 전환을 전망했는가 하면, 윤소영은 아예 자본주의 체제의 최종적 위기와 붕괴 '년도'까지 예언하기에 이르렀다. 김수행도 윤소영도 이 위기가 주기적 공황과 신자유주의 구조 위기가 결합한 위기라는 것, 신자유주의 구조 위기하에서도 주기적 공황은 회복 국면으로 전환된다는 것을 이해할 수가 없었다. 또한, 국가의 위기 극복 프로그램은 금융 자본의 구제와 회복을 목표로 하는 신자유주의 정책이며, 이를 통해 신자유주의 축적 체제가 대체되는 게 아니라 재편될 뿐이었다. 그 때문에 역사상 대위기임에도 불구하고 김수행처럼 지난 위기를 자본주의 축적 체제가 변

---

11   이런 방식으로 구조 위기와 주기적 공황을 구분하면 이윤율 추세선이 하락하는 장기 위기의 국면에서는 주기적 공황이 없다는 말이고, 이는 10년 주기로 반복되는 마르크스의 공황론을 아예 부정하는 것이다.

모한다는 의미에서의 구조 위기(자본주의 역사상 제4차 구조 위기)로 규정하기는 어려울 것이다.[12]

12 박승호도 지난 금융 위기를 새로운 장기 불황의 시작으로 평가해서 결국 제 4차 구조 위기를 주장한다. 뒤메닐 · 레비(Duménil · Lévy, 2011, 19ff)도 4개의 구조 위기를 말한다. 그런데 4차 구조 위기를 말하기 위해서는 새로운 축적 체제의 등장뿐 아니라 신자유주의하 장기 번영도 전제하지 않으면 안 된다. 성장이 계속 둔화하고 있다면 제3차 구조 위기가 지속하는 것이므로 새삼스럽게 제4차 구조 위기를 말할 수 없기 때문이다. 박승호는 1982-2007년까지의 신자유주의 팽창기를 주장하는 데이비드 맥널리McNally(2011: 56)에 기대면서 자신의 입장을 1970년대 이래 구조 위기가 계속된다는 존 벨라미 포스터Foster · 프레드 맥도프Magdoff(2010)나 로버트 브레너Brenner(2002), 크리스 하먼Harman(2012) 등의 만성적 위기론과 구별하고 있다. 박승호(2015: 217-218). 다카다 타쿠요시(高田太久吉, 2014: 33-35)에 따르면 2008 금융 위기를 1970년대 스태그플레이션의 위기와 관련하여 어떤 맥락에서 파악하는가를 둘러싸고 마르크스주의 경제학 내에 두 개의 견해가 있다고 한다. 하나는 브레너처럼 두 개의 위기가 밀접하게 연관된 연속된 위기로 포착하는 것이고, 다른 하나는 맥널리처럼 두 개의 상이한 (장기) 순환의 종결 국면으로 파악하는 것이다. 그러나 신자유주의가 케인스주의의 위기를 극복해서 장기 성장을 가져왔다는 박승호, 맥널리 등의 주장은 별로 설득력이 없다. 주지하다시피 케인스주의의 위기는 인플레이션/스태그플레이션, 재정위기, IMF 통화 위기(달러 위기), 무역 전쟁 등의 구조 위기를 말하는데, 신자유주의하에서 이들 위기는 해결되기는커녕 더욱 심화되었기 때문이다. 특히 1980-1990년대 초반까지 미국은 이른바 쌍둥이 적자(재정 적자와 국제수지 적자)의 기록적인 갱신에 시달렸고, 1990년대 중반 이후에도 국제수지 적자와 달러 위기/통화 위기, 무역 전쟁은 지속되었다. 또한 1970년대 중반 이래 유럽 자본주의는 장기 침체가 지속되었고, 1990/1991년에는 일본 자본주의도 20년 장기 불황에 빠졌으며, 1987년 세계 금융 위기, 1997년 동아시아 외환위기, 2000년 미국 닷컴경제 붕괴 등이 연달아 일어났다. 이렇듯 이 시기는 신자유주의 성장 시기가 아니라 케인스주의의 위기가 지속되고 그 위에서 신자유주의 금융 위기가 중첩되어 성장이 둔화되고 불안정이 심화된 시기다. 사실 박승호도 자신의 책 곳곳에서 이런 평가를 하고 있다. 결국, 지난 금융 위기는 1980년대 이래 지속되는 신자유주의 위기 메커니즘의 연장선상에서 발생한 대규모 금융 위기이며, 특별히 제4차 구조 위기로 규정할 수 없다. 1970년대 이래 제3차 구조 위기가 케인스주의의 위기로부터 신자유주의의 위기로 위기의 형태를 바꿔가며 지속되고 있는 상황이다.

2) 이윤율의 경향적 저하 법칙과 주기적 공황 그리고 구조 위기
의 관계

주기적 공황과 구조 위기의 혼란은 이론적으로 보면 마르크스의
이윤율의 경향적 저하 법칙을 어떻게 이해하는가와 관련되어 있다.
이윤율의 장기적 저하는 장기적 축적 둔화를 설명할 뿐이고 직접적
으로 주기적 공황이나 금융 위기를 설명하는 게 아니다. 이윤율의 경
향적 저하와 주기적 공황 간에도, 이윤율의 경향적 저하와 금융 위기
간에도 양자를 매개하는 이론적 고리들이 설명되어야 한다.[13] 장기
위기(장기 침체)는 '생산 가격=시장 가격'의 전제 위에서 구성된 (생산
가격) 이윤율의 경향적 저하 법칙에서 비롯되는 것인 반면, 주기적 공
황은 현실 경쟁과 불균형 그리고 과잉 생산에 따른 시장 가격 이윤
율의 하락에서 비롯되는 것이다. 산업 순환과 그에 따른 현실의 시장
가격 이윤율 변동의 평균적인 경로를 따라 운동하는 게 생산 가격 이
윤율의 경향적 저하 법칙이다. 앞서 본 김수행과 윤소영을 비롯한 대
개의 논자는 장기적 위기 경향과 주기적 공황의 관계 및 각각의 원인
에 대한 마르크스의 이론을 올바로 이해하는 데 실패했다.

브레너는 신자유주의 금융 위기의 근저에 이윤율의 장기적 저하
가 자리 잡고 있다면서 장기적 저하의 원인을 시장 경쟁에 따른 과잉

---

13   이윤율의 경향적 저하가 관철되었다고 해서 이게 직접 금융 위기를 가져온 것
     도 아니고, 또 이윤율 저하가 반전되고 상승했다고 해서 금융화 자체가 금융
     위기를 가져온 것도 아니며, 금융화 자체가 이윤율의 경향적 저하와 무관한
     것도 아니기 때문이다.

설비, 과잉 생산으로 파악하는데,[14] 이는 마르크스의 이윤율의 경향적 저하 법칙이 시장문제를 추상한 전제 위에서 구성된 것임을 이해하지 못하는 것이다. 이윤율의 경향적 저하 법칙은 이런 전제 위에서 생산력의 발전에 따른 자본의 유기적 구성의 고도화와 잉여가치율의 변화 등이 (생산 가격) 이윤율에 미치는 장기 효과를 보여주는 것이다. 그런데도 브레너는 1970년대 이래 이윤율의 장기 저하를 주장하면서 그 하나의 주요 요인으로 1930년대 대공황 직전 수준으로 떨어진 최악의 소득 불평등을 들고 있다. 그가 말하는 노동 소득 분배율의 악화 즉 그에 따른 자본가 계급의 잉여가치율 증대는 이윤율 저하 요인이 아니라 상승 요인임에도 말이다. 그럼에도 이윤율이 저하된 건 그에 따르면 과잉 생산과 과잉설비 즉 총 수요의 부족 때문이라고 한다. 이윤율의 경향적 저하 법칙과는 관련이 없는 설명이다. 브레너의 설명은 이렇게 뒤죽박죽이다. 정성진은 브레너에 대한 하먼(2012), 앤드루 클라이먼Kliman(2012) 등의 비판에도 불구하고 그래도 브레너는 탁월하다며 이를 크게 문제 삼지 않는다(정성진, 2012a: 31). 또 하먼이든 정성진이든 장기 위기에 대해서나 주기적 공황에 대해서나 모두 이윤율의 경향적 저하 법칙으로 설명하는데, 위에서 말한 바와 같이 이것 역시 이 법칙을 잘못 이해하는 것이다. 정성진 (2012b)은 정치경제학 비판 체계에서 세계 시장으로까지 상향하는 과정에서 주기적 공황을 세계 시장 공황으로 분석한다고 하지만, 이런 상향의 과제에서 비로소 이윤율의 경향적(장기적) 저하 법칙이 현

---

14   브레너(2002), 브레너 · 정성진(2009) 참조.

실 경쟁과 주기적 공황을 통해 관철되는 게 서술될 뿐이지 결코 이윤율의 장기적 저하가 주기적 공황의 원인이라는 것을 말하는 게 아니다. 하먼은 이윤율 저하 경향은 장기적 동역학과 관련된 것(Harman, 2012: 91 이하)이라고 올바로 파악하면서도 주기적 공황과 이윤율 저하 경향의 관계를 다음처럼 혼동하고 있다. "…이윤율 저하는 주기적 경제 위기 발생에 일조하지만, 주기적 경제 위기도 이윤율의 장기적 저하 문제 해결에 일조하는 것이다."(Harman, 2012: 102). 박승호도 장기 불황의 원인을 둘러싼 마르크스주의 논쟁이 '과소소비론 대 이윤율 저하설'로 대립된다면서 이를 주기적 공황을 둘러싼 마르크스주의의 오랜 논쟁과 같은 맥락에서 파악하고 있다(박승호, 2015: 71 이하). 이는 그가 장기 불황의 원인과 주기적 공황의 원인을 구별하지 못하기 때문이다. 따라서 두 가지 이론(생산 과정 분석에 입각한 이윤율 저하설과 유통 과정 분석에 입각한 과소소비론)을 총 유통 과정에서 통합한다는 박승호의 절충론적 공황론은 장기 불황을 설명하는 데도, 주기적 공황을 설명하는 데도 도움이 되지 않는다.

나아가 이윤율의 경향적 저하 법칙을 장기파동론으로 각색하는 문제도 지적하지 않으면 안 된다. 마르크스의 이 법칙이 장기 파동의 형태를 취한다는 건 이론적으로도 실증적으로도 합당한 근거가 전혀 없다. 장기파동론은 이론적으로도 실증적으로도 이미 변론의 여지없이 파산한 것인데도 정성진은 트로츠키파의 전통에 따라 이 이론에 집착한다. 정성진(2008)에 따르면 현대 장기 불황은 1970년대 초부터 현재까지 콘드라티예프 파동의 B국면(하강 국면)에 있다. 그러면 이미 40년 가까이 장기 하강 국면이 진행되는 상황이고, 또 정성진에 따르면 지난 금융 위기와 함께 앞으로도 이 장기 불황이 극복될 전망이 당분간 없다고 한다. 그러면 (20-30년의 장기번영과 20-30년의 장기 하강으로 구성된다는) 50-60년 주기의 장기파동론은 현대불황에 비추어 이미 명백하게 파산한 것이다. 장기파동론은 장기 불황 이후에 새로운 장기 번영을 법칙적으로 상정하는 이론이다. 대표적으로 월러스틴Wallerstein은 1970년대 이래의 현대불황에 이어 2000-2050년의 새로운 장기파동을 주장한 바 있고, 이에 따르면 2000-2025년의 현재 시기는 장기 성장 국면인데, 지난 금융 위기로 이런 기계적인 장기파동론이 얼마나 허무맹랑한 이론인가도 백일하에 드러났다.[15] 정성진은 지난 금융 위기에서 케인스주의로의 전환과 위기의 봉합을 전망했지만, 케인스주의에 의해서도 위기가 봉합되기 어렵고 자본주의의 붕괴와 지양이 불가피하다고 했다. 또 장기 불황으로부터 장기 성장으로의 전환은 자동적인 게 아니라 계급투쟁을 매개로 이루어진다며 법칙적인 장기파동론에 비판적이다. 그러면서도 그가 장기파동론을 고집하는 것은 납득할 수 없는 일이다. 정성진의 이론체계는 세계체계론과 네오마르크스주의, 트로츠키주의, 사회적

---

15 월러스틴(Wallerstein, 2008)은 2008년 금융 위기가 발발한 직후 장기 파동과 관련하여 변화된 입장을 개진했다. 그에 따르면 1967-73년 시작된 장기 파동의 하강 국면이 이전과 달리 오래 지속되어 2008년 당시까지도, 또 금융 위기에 의해 앞으로도 20-50년의 세월 동안 계속될 것이라고 한다. 이런 주장은 사실 장기파동론자의 입으로 장기파동론이 파탄 난 것을 말해주는 것인데, 짧은 글이긴 하지만, 물론 과거의 자신의 테제에 대한 이론적 반성은 전혀 없었다. 이 20-50년 이후에는 자본주의 세계 체제가 붕괴하고 다른 세계 체제로 교체될 것이라고 하니까 이 글에서도 2025-2050년에 자본주의 세계 체제가 붕괴한다는 종전의 주장은 계속하는 셈이다.

축적구조론, 그리고 장기파동론 등 서로 이질적이고 화합 불가능한 이론들의 절충적인 혼합물로 보인다.[16]

3) 마르크스의 붕괴론, 마르크스주의 붕괴론

마르크스의 이론에 붕괴론이 있느냐 여하가 논쟁이긴 하지만, 마르크스가 자본주의를 생산양식의 발생, 발전, 소멸이라는 역사 유물

[16] 개인주의 좌파 또는 마르크스주의 좌파 논자들이 실증 분석에서 사용하는 이윤율 개념도 문제다. 뒤메닐 · 레비, 던컨 폴리Foley, 야마다 토시오山田鋭夫, 브레너, 정성진, 윤소영 등 이론적 입장이 다른 논자들이 실증 분석에서는 하나같이 이윤율을 다음처럼 정의한다: 이윤율=이윤/자본 스톡=(이윤/산출량)×(산출량/자본 스톡)=이윤 몫×자본 생산성. 반면 마르크스의 이윤율은 주지하다시피 잉여가치/(불변자본+가변자본)이다. 두 개념, 두 비율은 서로 다른 것이어서 전자의 이윤율 변동으로써 후자의 변동 즉 이윤율의 경향적 저하 법칙을 실증적으로 논증했다고 할 수는 없다. 이들은 또한 이윤율을 구성하는 두 부분 즉 이윤 몫(자본 소득 분배율)과 자본 생산성을 마르크스의 잉여가치율과 자본의 유기적 구성의 대용 변수로 간주하지만, 이윤율 개념과 마찬가지로 이것들도 마르크스의 개념과는 다른 것이다. 이 때문에 이들의 실증 수치를 기본적으로 마르크스의 비율이라 신뢰할 수 없는데도, 이들은 실증 분석의 결과를 마르크스의 이윤율의 저하 법칙의 현실적 운동으로 각색해서 경제 위기와 금융 위기에 대한 마르크스주의 해석이라고 주장하는 것이다. 이에 대한 보다 상세한 비판에 대해서는 김성구(2015)[이 책의 제2장] 참조. 이런 자의적인 개념 구성과 비율 측정하에서만 이윤율의 장기 상승 속에서 1930년대 세계대공황이 발생한 것이라는 뒤메닐 · 레비나 윤소영 같은 황당한 주장이 나올 수 있다. 1914-1945년 시기는 자본주의 역사상 가장 심각한 체제 위기를 겪던 시기였고, 실제로 사회주의 혁명이 일어났고 나아가 사회주의 체제가 성립하는 시기였다. 그런데도 뒤메닐 · 레비는 자본주의 역사상 가장 강력하고 심각한 공황이었던 세계대공황이 말하자면 자본주의의 장기 성장 시기에 발생한 일종의 에피소드였다고 말하는 것이다. 다른 한편 이들은 또 모순되게도 이 위기를 구조 위기로 규정하고 케인스주의적 체제의 확립을 말하지 않는가? 뒤메닐 · 레비(Duménil · Lévy, 1993), 뒤메닐 · 레비(Duménil · Lévy, 2011) 참조.

론의 관점에서 파악하고 있으므로 붕괴론을 부정하기는 어렵다. 무엇보다 《자본》 제3권 제3편의 이윤율의 경향적 저하 법칙은 자본주의의 경향적 위기를 서술한다는 점에서 자본주의 체제의 위기와 붕괴론의 토대를 이룬다고 할 수 있다. 마르크스는 또한 《자본》 제1권 제24장의 마지막 절에서 보다 분명하게 자본의 독점화와 지양을 자본 축적의 역사적 경향으로서 총괄했다. 따라서 마르크스의 이론에 붕괴론이 있는가의 문제가 아니라 마르크스의 붕괴론을 어떻게 이해하느냐가 핵심이다. 마르크스는 초기에는 공황과 혁명 그리고 붕괴라는 단선적인 붕괴론을 나타냈지만, 후기에는 이런 붕괴론적 관점을 지양했다. 반면 주기적 공황의 반복 속에서 공황이 심화되고 급기야 자본주의가 1873년 이래 대불황의 시기에 들어가면서 마르크스도 이 시기 공황의 만성적 성격에 주목한 바 있다. 물론 대불황의 와중에 생애를 마감한 마르크스는 만성적 위기론을 용인하지 않았지만, 공황과 공황을 통해 심화되는 자본주의의 경향적 위기는 이윤율의 경향적 저하 법칙으로 설명할 수 있었다. 이윤율이 장기적으로 저하하는 국면에서는 주기적 공황은 격화되거나 만성화되고, 자본주의는 심각한 구조 위기에 빠지기 때문이다. 하지만 이윤율의 경향적 저하란 말 그대로 단선적 저하와는 달리 반대적으로 작용하는 내적 상쇄력을 내포한 것이어서 이윤율의 장기 상승도 배제하지 않는다. 이윤율의 장기 상승은 자본주의의 장기 성장의 근본적 토대이기도 하다. 마르크스는 상쇄력의 작용에도 불구하고 저하 경향이 관철한다고 했지만, 마르크스의 이윤율 저하 법칙을 둘러싼 정치경제학 논쟁 속에서 이 법칙의 수학적 논증은 성공하지 못했다. 그러나 궁극적으로 이윤율 저하가 관철되는가 여하가 자본주의의 붕괴 여하를 증명하는 것은 아니어서 수학적 논증은 경제학자들의 지적 관심사이거나 잘못된 논쟁에 지나지 않는 것이다. 이 법칙의 핵심은 일반적 이윤율의 저하란 자본주의의 체제 위기와 관련된 것이며, 저하 경향이 관철되는 국면은 자본주의의 장기 위기를 가져오고, 이 국면에서 체제의 존망과 재편을 둘러싸고 정치, 경제, 사회적 대변혁이 일어난다는 점이다. 실로 자본주의는 역사적으로 세 번의 구조 위기를 겪었고, 구조 위기 속에서 자본주의는 새로운 발전 단계로 이행했으며, 또 제2차 구조 위기 속에서 사회주의 혁명도 일어났다. 마르크스의 붕괴론은 이윤율의 경향적 저하 법칙에 대한 이와 같은 해석 하에서만 말할 수 있지, 이 법칙의 수학적 논증을 통해 최종적으로 이윤율의 저하를 확인해야 자본주의가 붕괴하고 논증에 실패하면 자본주의가 붕괴하지 않는 게 아니다.

마르크스 이후 마르크스주의의 붕괴 논쟁은 이윤율의 경향적 저하 법칙이 아니라 주로 공황과 재생산 표식에 근거해 전개되었다. 19세기 말 수정주의 논쟁에서는 공황의 심화 또는 격화와 관련해 붕괴 논쟁이 벌어졌다. 또 20세기 초 이래는 투간-바라노프스키Tugan-Ba- ranowsky와 로자 룩셈부르크Luxemburg의 표식을 둘러싸고 조화론-붕괴론이 대립했다.[17] 재생산 표식은 마르크스가 가치와 사용가치 측면에서 사회적 총 생산물이 자본주의에서 어떻게 실현될 수 있는가를 보여준 것으로서, 여기에는 방법적 전제로서 표식의 균형이 가정되어 있

---

17 이에 대해서는 岡稔(1976: 제1장), 市原健志(2001: 제1장) 참조.

어 표식의 균형 여하로 자본주의의 붕괴 여하를 논증하려는 시도는 모두 오류가 아닐 수 없다. 투간-바라노프스키와 바우어Bauer의 조화론도, 룩셈부르크의 붕괴론도 모두 마르크스 표식의 의의를 이해하지 못한 잘못된 주장이며, 룩셈부르크가 "종이 위의 수학 연습"이라고 비판한 투간-바라노프스키와 바우어 표식뿐 아니라 룩셈부르크 자신의 표식도 마찬가지로 쓸데없는 수학 연습에 지나지 않는다.

자본주의 붕괴 논쟁의 토대로서 이윤율의 경향적 저하 법칙에 주목한 것은 1929년 그로스만Grossmann의 공헌이지만, 정작 그로스만 자신도 이윤율의 경향적 저하 법칙에 근거해 자본주의의 붕괴를 논증한 것은 아니었다. 그로스만은 바우어의 표식에 입각해 붕괴 법칙을 주장한 것이고, 결국 그도 당대의 다른 논자들처럼 재생산 표식에 근거해 자본주의 붕괴를 논했던 것이지만, 그로스만은 이를 이윤율의 경향적 저하 법칙으로 덧칠을 함으로써 통상 이윤율 저하로 붕괴를 논한 인물로 잘못 알려져 왔다. 그뿐만 아니라 바우어의 표식은 균형 표식이 아니라 실은 불균형 표식이고, 따라서 가치와 잉여가치의 실현을 전제할 수 없는 것인데도, 그로스만은 이런 오류에 대한 인식없이 바우어를 따라 이를 균형 표식으로 상정하고 표식의 제35년도에 축적할 잉여가치가 부족해서 자본가가 아사하고 자본주의 축적이 붕괴한다는 해괴한 결론을 제출했던 것이다(김성구, 2014a). 그로스만의 오류는 붕괴 논쟁만이 아니라 주기적 공황, 또 주기적 공황과 자본주의 붕괴의 관계에 대한 설명에서도 마찬가지다. 그로스만은 자본주의 일반의 법칙과 현실 경쟁에서의 그 관철에 관한 마르크스의 방법론을 올바로 이해하지 못했고, 그 결과 이윤율의 경향적 저하 법칙과 주기적 공황의 관계에 대해서도 극심한 혼란에 빠졌다(김성구, 2014b). 그로스만이 마르크스의 이윤율의 경향적 저하 법칙에 근거해서 자본주의의 붕괴와 주기적 공황을 설명했다는 통상적인 평가는 크게 잘못된 것이다. 그로스만은 기본적으로 바우어 표식에 입각해서 붕괴론과 공황론을 전개했을 뿐이다. 로스돌스키Rosdolsky, 매틱Mattick, 야페Yaffe, 정성진, 윤소영 등 이런 평가를 따라가는 논자들은 그로스만과 마찬가지로 그로스만 표식의 오류를 인식하지 못하고, 그의 붕괴론과 공황론 설명이 이윤율의 경향적 저하 법칙과 도대체 무슨 관련이 있는지도 이해하지 못한다.[18]

이윤율의 경향적 저하 법칙의 관철과, 그에 따른 구조 위기와 자본주의 단계 이행에 따라 자본주의 붕괴는 보다 구체적인 범주에서 포착할 수 있게 되었다. 19세기 말 20세기 초 독점자본주의 단계로의 이행과 제2차 대전 이후 국가독점자본주의로의 성장 전화와 함께 자본주의는 역사적으로 사회주의로의 이행 단계로 들어섰다. 자본의 사적 소유와 시장조절에 대한 자본주의 틀 내에서의 부정 형태인 독점과 국가 독점(사회적 소유와 계획)은 사회주의의 맹아 형태, 사회주의로의 이행 형태로서 자본주의로부터 사회주의로의 이행의 이론적, 역사적 범주다. 국가독점자본주의론은 제국주의/독점자본주의를 자본주의의 최고/최후의 단계로서 파악하고, 국가독점자본주의를 독점자본주의 단계 내의 소단계로 규정한다. 그리고 국가독점

---

18 아마도 윤소영의 그로스만 해석만큼 자의적이고 몰이해를 보여주는 것도 없을 듯하다. 윤소영(2012: 19이하) 참조. 거기서의 윤소영의 설명 또는 주장은 대부분 잘못된 것이다.

자본주의의 두 가지 형태(변종), 즉 케인스주의 형태로부터 신자유주의 형태로의 전환을 통해 국가독점자본주의의 현대 역사를 설명하고 있다.[19] 자본주의의 역사 단계의 이행과 국가독점자본주의의 형태 변화는 자본주의의 대위기와 장기 불황을 매개로 설명하기 때문에, 국가독점자본주의론의 단계 이행과 형태 변화는 자본주의의 위기론과 이행론에 토대를 두고 있다. 이렇게 현실 사회주의가 붕괴하고 신자유주의 반동이 휩쓰는 시대라 해도 현대 자본주의가 국가독점자본주의라는 것, 이행기의 사멸해 가는 자본주의라는 규정은 여전히 과학적인 근거가 있다. 국가독점자본주의가 사멸하는 자본주의라는 것, 국가 개입에 의한 구제와 관리를 통해서만 자본주의가 연명해 갈 수 있다는 것은 지난 금융 위기에서 보는 바처럼 자본주의의 위기가 더욱 심화되는 현실에 의해서도 증명된다. 2008년의 신자유주의 금융 위기는 1970년대 케인스주의의 위기와 비교할 수 없을 만큼 심화되었다. 국가 채무 위기에 몰려 자본주의를 지탱해 주는 국가 개입주의 자체가 위기와 한계에 몰린 상황이다. 신자유주의는 국가 채무 위기와 국가 개입주의의 위기 심화를 대가로 해서만 재건되었을 뿐이

---

19 이에 반해 국가독점자본주의론을 비판하는 다양한 논자들에서 볼 수 있는 단계론은 대체로 다음과 같다. 즉, 자본주의로의 이행기인 중상주의 또는 본원적 축적의 단계를 차치하면, 자본주의 역사는 자유경쟁자본주의(자유방임자본주의/고전적 자유주의)-독점자본주의-케인스주의(포드주의)-신자유주의(포스트 포드주의)로 구분한다. 박승호(2015)도 이런 방식으로 단계 구분을 하는 것 같다. 그러나 이런 단계 구분의 기준이 명확하지가 않다. 자유 경쟁과 독점이 단계 구분의 기준이었다가 왜 다른 단계에서는 케인스주의나 신자유주의 또는 포드주의/포스트 포드주의라는 다른 기준이 사용되는가 하는 문제, 또 케인스주의나 신자유주의 단계는 그럼 독점자본주의가 아닌 다른 단계인가 하는 문제가 제기된다. 요컨대 단계 구분의 이론적 정합성을 말하기 어렵다.

었다.[20] 이와 같은 이행론과 위기론에도 불구하고 국가독점자본주의

20 국가독점자본주의론에 대한 위와 같은 테제는 현실 사회주의의 붕괴에도 불구하고 이론사에 관한 비판적 연구에 기반을 둔 필자의 작업의 소산이다. 국가독점자본주의론 진영이라 해도 다양한 이론적 흐름이 있고, 오류와 편향 또는 청산 그리고 정정과 발전이 뒤섞여 있다. 최근 일본에서도 이와 관련하여 주목할 만한 연구 성과가 제출되었다. 다테베 마사요시建部正義(2013)(2015)는 자본주의의 현 국면을 케인스형 국가독점자본주의로부터 신자유주의형 국가독점자본주의로의 이행의 문제로서 포착한다. 신자유주의도 케인스주의도 국가독점자본주의의 두 가지 유형, 두 개의 소국면일 뿐이고, 독점 이윤을 위한 독점 자본/금융 자본과 국가의 유착을 본질로 하는 국가독점자본주의는 신자유주의 하에서도 변하지 않았다는 것이다. 이는 신자유주의와 글로벌라이제이션 하에서도 국가가 영향력을 잃고 시장 개입으로부터 축출되기는커녕 더욱 강력하게 시장에 개입한다는 관점에 근거한 것이다. 이와 같은 국가독점자본주의의 두 유형과 신자유주의하 국가독점자본주의의 본질 불변이라는 주장은 사실 필자가 신자유주의의 대두에 따른 국가독점자본주의의 변종을 둘러싼 독일 논쟁에 입각하여 1990년대부터 제출하기 시작한 위의 본문의 테제와 완전하게 일치한다. 建部正義(2013: 75-76)에 따르면 일본에서 이와 같은 국가독점자본주의의 유형에 관한 정의는 2000년대 초반 이래 일부 논자들에서 각각 독자적으로 제출되었다고 한다. 다테베 마사요시는 신자유주의형 국가독점자본주의가 지난 금융 위기 이래 금융 위기와 실물 경제 위기 그리고 재정 위기/채무 위기라는 삼중고의 형태로 자본주의 역사상 유례가 없는 위기에 봉착했다면서 이를 '21세기형 세계 경제 위기'로 명명하고 세계적인 장기 침체 또는 구조 위기로 파악한다. 결국 '21세기형 세계 경제 위기'란 케인스주의도 신자유주의도 현재의 위기에 대안이 될 수 없는 상황 즉 국가독점자본주의 자체의 위기를 말하며, 자본주의로부터 사회주의로의 이행에서의 국가독점자본주의의 위치를 재확인하는 것이다. 이에 대한 보다 자세한 논의는 建部正義(2013) 참조. 고마츠 요시오(小松善雄, 2015)도 현대 자본주의를 국가독점자본주의 두 유형, 즉 1929년 세계대공황 이래의 케인스형과 1974년 이래의 신자유주의형으로 파악하고 있다. 반면 츠루타 미츠히코(鶴田満彦, 2015)는 국가독점자본주의론을 견지하면서도 현대 자본주의의 변화를 국가독점자본주의로부터 '글로벌 자본주의'로의 변용으로 설명하고 있다. 글로벌 자본주의는 국가독점자본주의론 밖에서 흔히 신자유주의적 자본주의를 지칭하는 용어인데, 국가독점자본주의론 내에서는 논란이 될 수밖에 없다. 다테베는 같은 글에서 여러 가지 이유를 들면서 이런 용어 사용에 반대하는데, 특히 이런 용어는 국가독점자본주의의 국면 변화의 연속성과 단절성을 시야에 가져올 수 없다는 이유에서다. 즉 국가독점자본주의로부터 글로벌 자본주의로의 이행이라

론은 자본주의가 경제적으로 언제 붕괴하는가를 예측할 수는 없다. 그뿐만 아니라 경제적 붕괴 과정이 부르주아 질서의 정치적 위기로 언제, 어떻게 발전하고 노동자계급에 의해 변혁적으로 전복되는가 하는 문제는 노동자계급의 의식과 조직, 대중운동의 발전 정도, 그리고 부르주아 계급의 대응력에 따라 결정되는 정치적 문제여서 더더욱 자본주의의 붕괴와 종말의 시점을 말할 수 없다. 윤소영은 국가독점자본주의론의 과학적인 위기론과 이행론을 근거 없이 청산하고 세계체계론과 그로스만의 경제학으로 넘어가더니 결국 종말론을 들고 나왔다. 2012-13년에 또는 조금 늦게 2010년대 말에 자본주의의 최종적 위기가 온다고 하니 말이다. 자본주의의 운명은 결코 로지스틱 축적 모델이나 오류투성이의 그로스만 모델로 결정되는 게 아니다. 임의로 구성한 축적 모델 속에서 자본주의의 현실적 경로를 그리겠다는 발상 자체가 과학적인 이론은커녕 정상과 상식에도 크게 못 미치는 것이다. 2025-2050년에 자본주의 체제가 끝장난다는 월러스틴의 세계체계론과 재생산 표식의 제35년도에 자본주의가 붕괴한다

면 두 국면의 단절성만 드러나고 연속성의 측면은 읽을 수 없다는 것이다. 이에 반해 케인스형 국가독점자본주의와 신자유주의형 국가독점자본주의라는 개념에서는 국가독점자본주의로서의 연속성과 유형의 차이 즉 단절성을 볼수 있다. 국가독점자본주의로부터 글로벌 자본주의로의 이행이라고 하는 경우는 이행의 기준이 일관된 게 아니어서 필자도 이런 용어를 사용하면 잘못이라고 생각한다. '글로벌'이 자본주의의 새로운 변화를 포착하는 기준이라면, 과거의 자본주의는 국가독점자본주의가 아니라 국민적 자본주의라고 규정해야 한다. 그래야 시대를 가르는 일관된 기준이 된다. 그런데 과거의 국가독점자본주의도 국민적 자본주의가 아니라 브레턴우즈 체제라는 국가독점자본주의의 국제적 협력 체제에서 존립했던 것이기 때문에, 이런 용어 사용은 오류이고 혼란만 일으킬 뿐이다.

는 그로스만의 붕괴론은 이론적으로 근거 없는 완전한 난센스다.

4. 맺음말

2015년 12월 미 연준이 늦게나마 기준 금리 인상을 시작한 건 미국 경제가 호황 국면에 진입했다는 것의 표현이다. 금융 시장에서는 추가적인 금리 인상으로 실물 경제 충격과 주가 하락을 우려하고 있지만, 그 효과는 단기에 그칠 것이다. 회복기 금리 인상으로 경제가 추락한다면, 자본주의 역사에서 호황은 아예 불가능했을 것이다. 호황 국면으로의 진입과 함께 투자 활동이 활발해지기 시작하면, 금리 인상은 자연적인 것이다. 연준의 기준 금리 인상은 경기 순환에 따른 시장의 운동을 반영하는 것으로서 다만 선제 조처일 뿐이다. 통상 금리 인상에도 불구하고 이윤 전망이 전보다 높으므로 경제의 확장은 계속되어 금리의 점진적 인상과 함께 자본주의 경제는 본격적으로 호황 국면이 전개된다. 물론 금융 위기와 채무 위기의 후유증이라는 제약 조건으로 현재의 순환이 통상적인 순환처럼 호황다운 호황 국면을 맞이할 수 있을지는 의심스럽다. 2016년 기준 금리 추가 인상이 지체되는 것도 그러한 맥락에서 이해할 수 있다. 그러나 그것보다 근본적인 문제는 마르크스의 위기 개념을 이해하는 것이다. 즉, 자본주의의 모순들은 공황을 낳지만 공황은 동시에 공황을 해결하는 일시적 형태이기도 하다. 그래서 새로운 경기 순환이 시작하겠지만, 이와 함께 다시 공황도 잉태되고 다가올 새로운 공황은 더욱 심화된다.

주기적 공황을 넘어 구조 위기로, 구조 위기를 넘어 결국에는 자본주의 붕괴로 발전한다. 이런 관점에서 보면, (그럴 것 같진 않지만) 미국 경제가 설령 본격적인 호황으로 발전한다 해도, 또 유로존 경제가 경기 회복을 넘어 호황이 지속된다 해도, 세계 자본주의가 근원적으로 위기를 벗어나는 건 결코 아니다. 우선 호황이란 새로운 공황이 준비되는 시간이기 때문이다. 통상 주기적 공황은 7-11년 주기로 일어나기 때문에, 현재의 경기 국면을 감안하면 새로운 세계 공황은 아마도 2018년쯤으로 예상할 수 있다. 물론 이 시점은 정확한 게 아니라 전후로 약간 변동할 수 있다. 둘째로, 순환적인 호황에도 불구하고 이 순환을 지배하는 신자유주의의 구조 위기는 지속될 것이기 때문이다. 위기의 신자유주의는 국가 개입을 통해 보다 온건한 형태로 재건되었다. 상업은행을 비롯한 금융 기관에 대한 재규제(Dodd-Frank 금융개혁법)가 도입되었지만, 상업은행의 자기 계정 거래에 대한 예외 조항과 헤지 펀드에 대한 투자 허용 등 볼커 룰Volcker rule은 사실상 무력화되었고, 기본적으로 지난 금융 위기의 주범인 그림자은행에 대한 규제 감독은 여전히 이루어지지 않았다(전창환, 2011). 결국, 신자유주의의 지배가 다시 확립된 만큼 '실물 부문 축적 둔화 - 금융 부문 팽창과 투기 - 금융 위기'라는 신자유주의에 고유한 위기 메커니즘은 앞으로도 작동될 전망이다. 더군다나 금융 위기 이전과 달리 이제는 심각한 국가 채무 위기를 배경으로 신자유주의 위기 메커니즘이 작용할 것이므로, 자본주의 구조 위기는 지난 금융 위기 이전보다 업그레이드된 셈이다.

따라서 2018년의 새로운 공황은 지금 시점에서 그 양상과 형태를 예상할 수 없어도 자본주의 구조 위기를 심화시키는 또 하나의 공황이 될 것이다. 국가 채무 위기로 내몰린 국가 재정 상태를 고려하면 위기에 대한 국가 개입 능력에도 한계가 주어진 상태다. 물론 이 공황도 자본주의의 종말을 가져오는 위기는 아닐 것이다. 앞서 말한 바처럼 그런 공황은 경제과학의 이름으로 예언할 수 있는 게 아니다. 그래도 자본주의의 최종적 위기와 관련해 언급한다면, 현재의 자본주의는 아직도 최종적 위기를 말하기에는 이에 대처할 수 있는 여러 개입 수단이 남아있는 것으로 보인다. 예컨대 국가 채무 위기로 미국이 디폴트를 맞고 자본주의가 결딴나지 않을까 공포와 기대도 있지만, 이것조차 해결 방안이 없는 게 아니다. 우선 미국 의회가 지난 금융 위기 와중에 실제로 허용한 바처럼 국가 채무 한도를 높이면 채무 위기는 일단 해결된다. 또한, 증세의 방법도 있다. 그러면 채무 위기는 완화된다. 만약 국가의 채무가 한도를 높일 수 없을 만큼 감당할 수 없는 상태가 되면, 채무 위기의 전형적인 해결방식도 남아있다. 즉 채무 탕감과 손실 처리의 방법이다. 미국 국채를 보유하는 금융 자본에 대규모 탕감과 손실을 강제하면 미국 재정은 간단하게 건전화된다. 더군다나 미국 국채 총액 12조2600억 달러의 18%(2013년 말 현재)는 연준이 보유하고 있으니 미국 재무부와 연준 간의 채무-채권을 상쇄 처리하면 더욱 간단한 문제다. 물론 국가 채무 탕감을 통한 채무 위기의 극복 방안은 미 국채 시장의 마비와 달러 가치 폭락 등 국제 금융 시장에 유례가 없는 충격을 가져올 것이고, 더욱이 미국 밖의 미국 국채 보유자에게까지 적용한다면, 세계 자본주의가 사활을 건 경제 전쟁 사태를 맞이하게 될 것이다.

2장

보론: 자본 물신성에 사로잡힌 이윤율 실증 분석

※ 출처: 김성구, 〈마르크스의 이윤율 개념, 실증 분석에서 어떻게 곡해되었나? - 자본 물신성에 사로잡힌 이윤율 실증 분석〉, [참세상]. 2015. 1. 6.

필자의 지난번 글(김성구, 2014)[21]은 2008 금융 위기에 대한 분석과 위기 논쟁을 위기 이후 자본주의의 현 상태에 근거해 평가한 것이어서 사실 반박의 여지가 없는 것이었다. 또 그 글로써 좌파 위기 논쟁은 시시비비가 가려져 건전한 상식과 합리적 사고만 있더라도 국가독점자본주의론 외의 좌파의 위기론들이 더는 자본주의 위기에 대해 이론적 발언권을 주장하기는 어려울 것으로 생각했다. 말하자면 그 글은 나로서는 좌파 위기 논쟁을 종결짓는다는 의의가 있는 글이었다.

그런 만큼 내 글에 대한 김덕민의 반론(김덕민, 2014)은 뜻밖이었는데, 이 반론은 역시나 명백한 오류에 근거한 것이어서 전혀 수긍할 수 없다. 무엇보다 근본적인 문제는 좌파 논객들(지난 글에서 거론했던 뒤메닐·레비, 야마다 토시오, 브레너, 정성진, 윤소영 등)이 실증 분석에서 사용하는 이윤율 개념(s/K)인데, 이게 마르크스의 개념이 아닌데도 이를 마르크스 분석이라고 강변한다는 것이다. 이 잘못된 개념에 입각해서 자본주의 동학의 실증 분석으로 나가고 있으므로, 이 개념의 오류만 명백히 밝히면, 사실 자본주의 동학에 대한 이들의 분석은 더 이상 검토할 필요도 없다. 모두 오류에 근거한 것이기 때문이다. 뒤메닐·레비를 따라가는 김덕민의 경우도 마찬가지다. 김덕민은 반론에서 이 개념에 대한 D. 폴리 등의 설명을 제시하고 있는데, 차제에 이들이 마르크스의 이윤율 개념을 어떻게 잘못 이해하고 있는지

---

[21] 이 글을 완성된 논문 형태로 작성하여 발표한 것이 다름아닌 이 책 제1장의 출처로 밝혀둔 글이다.

분명히 함으로써 위의 논쟁을 보충하고자 한다.[22]

주지하다시피 상품의 가치(w)는 생산에 소모된 불변자본(c), 가변자본(v), 잉여가치(s)로 구성된다(w=c+v+s). 소모된 불변자본은 마멸된 고정 불변자본과 유동 불변자본의 합이다. 그러나 마르크스의 이윤율(p')은 (소모된 불변자본+가변자본)이 아니라 총 투하 자본C(투하된 불변자본+가변자본=투하된 고정 불변자본+유동 불변자본+가변자본)와 생산된 잉여가치 사이의 비율이므로 p'=s/C다. [단, 투하된 유동 불변자본은 1회전의 생산에서 모두 소모된다고 가정하면 투하된 유동 불변자본과 소모된 유동 불변자본은 같다.] 그리고 자본의 연간 회전율을 n이라 하면 연간 이윤율은 p'=n · s/C로 수정된다.[23]

이와 달리 폴리는 이윤율(r)을 다음처럼 정의한다(폴리, 2011: 295-297). r=s/K. 그런데 폴리에 따르면 (c+v)는 비용 플로우, K는 자본 스톡이라며 양자 간에는 다음과 같은 관계가 있다는 것이다. T=K/(c+v), 다시 쓰면 (c+v) · T=K. T는 회전시간이라고 한다. 그러면 이윤율은 r=s/{(c+v) · T}가 된다. 그런데 회전시간이란 3개월, 6개월, 1년, 2년 등 자본이 1회전하는데 걸리는 물리적 시간을 말한다. 따라서 자본의 연간 회전수 n=1/T이 된다. 예컨대 회전시간 T가 3개월이면 연간 회전수 n=4번, T가 2년이면 n=0.5번, 이렇게 된다.[24] 그러면

---

22   원래 발표했던 글(김성구, 2015)의 일부 부정확한 부분은 이하 해당 부분에서 정정, 수정하고 명확히 하였다.

23   이하 수식에서 (·)는 곱셈 부호를 나타낸다.

24   폴리의 다른 책에서는 이윤율이 r=s/K=[s/v] · [v/(v+c)] · [(v+c)/K] 또는 r=e · k · n=q · n[단, q=s/(c+v)]로 되어있다(Foley, 1986: 92). 폴리(2011)에서 이윤율은 s/K={s/(c+v)} · {(c+v)/K}=q/T이니까 n=1/T이다.

폴리의 위의 관계식은 $1/n=K/(c+v)$ 또는 $n=(c+v)/K$가 된다. 하지만 후에 보는 바처럼 $(c+v)/K$는 연간 회전수가 아니고, 또 자본 스톡 K는 총 투하 자본도 아니다. 폴리는 이 식 하나에서 두 가지나 오류를 범하고 있다.

폴리의 연간 이윤율을 보면 다음과 같다. $r=n \cdot s/\{(c+v) \cdot T\}=n \cdot n \cdot s/(c+v)$. 이 식이 마르크스의 연간 이윤율 $p'=n \cdot s/C$와 다르다는 것은 불문가지다. 마르크스의 이윤율은 총 투하 자본(=투하된 불변자본+가변자본) 대비 연간 잉여가치의 비율인 반면, 폴리의 이윤율은 (소모된 불변자본+가변자본) 대비 (연간 잉여가치 · 회전수)의 비율이다. 이른바 폴리의 이윤율은 이윤율이 아니라 아무 의미가 없는 비율일 뿐이다. 이렇게 된 이유는 아래에서 보는 바처럼 그가 주장한 회전수 $n=(c+v)/K$ 자체가 오류이기 때문이다.

마르크스의 이윤율과 폴리의 이윤율이 어떻게 다른가 보기 위해 예를 들어보는 게 더 좋겠다.《자본》제3권 제4장 전체는 편집자로서 엥겔스가 추가한 부분인데, 그중 하나의 예를 가져와 보자(마르크스, 2004b: 83-84). 이제 어떤 자본이 10,000의 고정 자본[연간 마멸분 1,000]과 500의 유동 불변자본 및 500의 가변자본으로 구성되어 있다. 잉여가치율은 100%고 가변자본은 연간 5번 회전한다고 하자. 문제를 단순화하기 위하여 유동 불변자본은 가변자본과 똑같은 회전을 한다고 가정한다. 그러면 1회전시간의 생산물은 다음과 같을 것이다.

$$200c(마멸분)+500c+500v+500s=1,700$$

그리고 5번 회전한 연간 총생산물은 다음과 같을 것이다.

1,000c(마멸분)+2,500c+2,500v+2,500s=8,500

C=11,000[=고정자본 10,000+유동불변자본 500+가변자본 500]

n · s=2,500; p'=2,500/11,000=22.7%

위의 예로부터 보다시피 이 경우 마르크스의 연간 이윤율 p'는 22.7%고, 폴리의 연간 이윤율은 r=5 · 5 · 500/(200c+500c+500v)=12,500/1,200=1,041.7%다. 이렇게 둘은 개념도 값도 서로 다르다. [폴리를 따라 아래처럼 n=0.12라 해도 결과는 마찬가지다. r=0.12 · 0.12 · 500/{(200c+500c+500v)}=7.2/1,200=0.6%. 즉 마르크스의 이윤율과는 전혀 다르다.]

폴리가 말하는 회전수 n=(c+v)/K는 사실 자본의 연간 회전수가 아니다. 위의 예에서 보면 (c+v)/K=(200c+500c+500v)/10,000=1,200/10,000=0.12번이다. 마르크스(2004a: 제9장)를 따라 자본의 연간 회전수를 계산하면 우선 가변자본(과 유동 불변자본)의 연간 회전수는 각각 5번이라 했다. 고정 불변자본의 경우는 1년에 1,000c가 마멸되고 새로운 상품에 이전되므로 고정자본의 회전시간은 10년, 연 회전수는 0.1번이 된다. 총자본의 연간 평균 회전수(nC)는 연간 회전한 자본 가치를 투하된 자본 가치로 나눈 값이다. 즉 마르크스의 nC는 nC={1,000c(마멸분)+2,500c+2,500V}/(고정자본 10,000+유동 불변자본 500+가변자본 500)=6,000/11,000=0.545번이다(이와 달리 앞에서 본 n은 가변자본 및 유동 불변자본의 연간 회전수를 말한다). 폴리의 (c+v)/

K=1,200/10,000=0.12는 자본의 연간 회전수가 아니라 이것도 경제학적으로 아무 의미가 없는 비율일 뿐이다. 그리고 자본 스톡 K는 총 투하 자본 C와도 다른 것이다. 위의 예에서 K=10,000, C=11,000이다. 일반적으로 말하면, $p'=s/C$ 또는 $p'=n \cdot s/C$와 $r=s/K$ 또는 $r=n \cdot s/K$는 같을 수가 없는 것이다.

결론적으로, 폴리의 이윤율 $r=s/K$와 마르크스의 이윤율 $p'=s/C$는 서로 같을 수가 없다. 이건 너무나 당연하다. 서로 다른 개념, 다른 비율이기 때문이다. 이런 점에서 지난 위기에 대한 이들의 분석과 전망이 잘못된 것도 당연한 결과다. 이런 잘못된 이윤율에 입각한 분석이었고, 게다가 그것을 마르크스주의 분석인 것처럼 채색한 것이기 때문이다.

마르크스의 이윤(율) 개념에서는 이윤율 공식에서 나타나는 양적 관계뿐 아니라 그 공식을 통해 착취의 본질적 관계가 왜곡된다는 질적인 문제를 이해하는 것도 중요하다. 이윤(율)이라는 게 총 유통 과정에서의 잉여가치(율)의 전화된 형태인데도, 이윤(율)이라는 개념에서 이윤(율)은 가변자본 즉 착취로부터 생산된 것이 아니라 총자본으로부터 유래한 것이라는 자본 물신성이 지배한다. 마르크스는 생산 과정과 유통 과정으로부터 총 유통 과정으로 자본의 상향 전개에서 가변자본이든 불변자본이든 투하된 총자본으로부터 이윤이 나온다는 표층의 이 관념이 자본주의 착취 관계를 은폐하는 문제를 특별하게 강조했던 것이다. 그런데 폴리, 뒤메닐 등은 이윤율의 실증분석에서 한발 더 나아가 이윤(율)은 가변자본과는 전혀 관계없고 오로지 고정자본, 불변자본으로부터만 나온다는 식으로 '독창적으로' 정의함으로써 마르크스를 왜곡하고 자본 물신성의 극치를 보여주었다.

마르크스주의 좌파 논객들조차 이들의 이윤율 정의를 맹목적으로 받아들이고 실증 분석이라는 미명하에 자신들도 자본 물신성의 완전한 포로라는 것을 여지없이 드러내고 말았다. 정성진은 이들의 이윤율 계산을 다음처럼 적극적으로 변호했다. "나는 이윤율은 … 자본가계급이 '일상 의식'에서 실제로 의식하고 투자의 기준으로 삼는 것으로 정의해야 한다고 생각한다."(정성진, 2005: 76-77). 그래서 이윤율은 s/K(정성진에서는 P/K, P: 이윤)가 맞는다는 것이다. 클라이먼도 이런 표층의 이윤율 개념을 다음처럼 적극적으로 변호한다. "내가 마르크스의 이윤율을 확립하려고 시도하지 않았던 또 다른 이유는 이론의 과제는 관찰된 현상을 설명하는 것이기 때문이다. 그래서 기업들과 투자자들이 이윤율이나 수익률을 이야기할 때, 수익성 연구의 목적은 이론적 구성물에서 변동을 설명하는 것보다 그들이 이야기하는 것에서 변동을 설명하는 것이어야 한다. 전자는 오직 후자를 설명하는 데 도움이 되는 한에서만 관심 있다."(클라이먼, 2012: 154, 강조는 클라이먼). 앞서 말한 바처럼 이런 이윤율은 마르크스의 이윤율이 아니며, 정성진, 클라이먼이 자본가의 의식을 따라 그 물신성에 사로잡혀 마르크스 개념을 왜곡했음을 보여주는 것이다. 당연히 이 이윤율의 추세적 변동을 통해 자본주의의 동학을 분석하는 것은 마르크스의 이윤율의 경향적 저하 법칙으로 자본주의 동학을 설명하는 것과 아무 관련이 없다. 클라이먼은 이 이윤율이 마르크스의 이윤율과 다르다는 것도 분명하게 인정한다. 근본적으로 그는 마르크스의 이윤율은 어떻게 정의하는 건지 마르크스에 있어서도 불분명하고, 현실 자본가들의 수익률을 분석하는 데 필요한 것도 아니며, 따라서 마르크스의 이윤율을 문제 삼을 필요가 없다고 주장한다(클라이먼, 2012: 150 이하). 그렇다면 마르크스주의자가 클라이먼을 따라갈 이유도 없다. 내친김에 한 마디 덧붙인다면, 고정자본 대비 이윤이라는 이윤율은 부르주아 회계학에서도 좀처럼 보기 힘든 이윤율이다. 자본가들이 정말 이 이윤율에 근거해 투자 활동을 결정하는지도 당연히 의심스럽고, 따라서 실증 분석에서 이 이윤율을 마르크스의 이윤율에 대한 대용 변수로서 사용할 수도 없다. 이들에 대한 내 비판에 대해 마르크스주의 연구에서 그나마 이런 실증 분석도 없는 게 문제라 할 게 아니다. 오류와 왜곡에 입각해서 혼란을 부채질하는 분석은 오히려 없는 게 더 낫다. 생각 없이 이들의 문헌을 번역해 소개하는 국내 역자들이 더 큰 문제다. 김덕민만의 문제가 아니다. 이들의 문헌을 따라 자본주의의 역사와 동학을 왜곡하는 작업은 이제 청산하는 게 올바른 태도다.

3장

현대 세계 경제의 구조 위기와 경기 순환
: 박승호의 비판에 대한 반론

김성구(한신대 국제경제학과)

내 글(김성구, 2016)[이 책 제1장]에 대한 박승호의 비판(박승호, 2016a)은 경제 위기 논쟁의 발전을 위해서라는 취지로 다섯 개의 쟁점, 즉, 1. 2016년 세계 경제의 상태에 대한 쟁점, 2. 세계 경제를 분석하는 관점에서의 쟁점, 3. 세계 장기 불황 추세에 대한 실증 자료에서의 쟁점, 4. 구조적 위기에 대한 이론적 쟁점, 5. 주기적 공황과 구조적 위기의 관계에 대한 이론적 쟁점에 대해 세세할 정도로 조목조목 내 글의 문제를 지적했다. 그런 만큼 나도 이 쟁점들을 따라 박승호의 비판에 대한 반론을 작성하는 게 아무래도 독자들이 논쟁을 이해하는 데 더 도움이 될 것이다. 나로서는 이 반(反)비판을 통해 내 글에 있을 수 있는 오해나 오독의 소지도 없애고 그럼으로써 한편에서 현 단계 세계 경제의 구조 위기와 경기 순환에 대한 내 입장을 변호하며, 다른 한편에서 쟁점 문제들의 이해를 보다 높여 위기 논쟁이 좀 더 생산적으로 전개될 수 있기를 기대한다.

1. 2016년 세계 경제의 상태에 대한 쟁점에 관하여

박승호는 우선 내 글에 대한 비판적 검토에 나선 이유가 이 글이 현 시기가 경제 위기가 아니라는 견해가 확산되는 전거가 되고 있기 때문이라고 한다(박승호, 2016a: 1). 이런 비판은 전혀 수긍할 수 없는 것이다. 왜냐하면 2008년 금융 위기 이후 자본주의 세계 경제의 현 상태에 대해 나는 구조 위기와 경기 순환 양 측면으로부터 고찰하여 구조 위기는 지속되고 있지만, 금융 위기는 진정되었고, 경기 순환상으로는 호황(미국) 또는 경기 회복(유로존)에 있다고 진단했기 때문이다.[25] 경제 위기가 아니라는 건 경기 순환상의 공황이나 불황의 국면이 아니라는 말이고 구조 위기의 측면에서 보면 위기는 계속된다는 말이다. 그런데 박승호에 따르면, 현 시기 세계 경제의 상태에 대한 진단에서 쟁점이 되는 것은 '경제 위기'냐 아니냐의 문제가 아니라 '위기'의 성격이 문제가 된다고 한다(박승호, 2016a: 1). 즉, '위기 논쟁'의 쟁점은 경기 순환상의 경제 위기, 즉 순환적 공황인가 아닌가에 있지 않고, 현재의 구조 위기의 성격이 무엇인가가 쟁점이라는 것이다(박승호, 2016a: 2). 그래서 박승호의 논문 자체도 제목에서 보다시피 '21세기 자본주의의 구조적 위기'를 다루고 있다. 그렇다면 자본주의의 현 상태가 여전히 구조 위기에서 벗어나지 못했다는 내 주장에 대해 박승호가 그렇게 비판을 제기하며 내 글을 경제 위기 부정론으로 폄하할 이유가 없다. 그런데도 이런 비판을 제기하는 건 그가 자신의 말과는 달리 실제로는 현 단계 경기 순환과 주기적 공황을

---

25 "자본주의가 신자유주의에 내재된 구조적 위기로부터 근본적으로 벗어난 건 아니지만, 신자유주의 금융 위기는 일단 극복되었다. 반면 경기 순환 상으로는 자본주의는 이미 회복 국면을 넘어가고 있다. 물론 현재 진행 중인 경기 순환은 자본주의 역사에서 보면 상당히 취약한 순환이다. 대 금융 위기와 국가 채무 위기라는 심각한 구조 위기의 그늘에서 진행되는 순환이 강력하게 전개될 리가 없다. 하지만 2010년을 전후로 미국 자본주의는 회복 국면으로 넘어섰고, 지금은 이미 호황 국면에 진입한 상태다. 유로존은 그 사이 더블딥을 겪었지만, 미약하나마 다시 회복 국면에 있다. 취약한 경기 순환이지만 자본주의 경제의 회복은 금융 위기를 완화, 진정시키는 주요한 일 요인이었다. 세계적으로 위기에 빠졌던 신자유주의의 지배도 재건된 상태다. 경기 회복과 함께 2013년 이래 국제 금융 시장도 각종 비관론의 충격으로부터 벗어났다. 올해 1-2월 세계 주식 시장이 폭락 장세를 보였지만, 새로운 금융 위기의 징후로 보이지는 않는다."(김성구, 2016: 11-12).

문제로 삼기 때문이다. 경기 순환 상으로는 현 국면이 공황과 불황이 아니라 경기 회복과 호황이라는 내 주장을 근거로 경제 위기 부정론이라고 비판하는 것이다. 박승호는 말로는 주기적 공황이 아니라 구조 위기가 논문의 대상이라고 하면서도 현실 데이터의 인용과 분석을 통해 현 국면이 순환상의 호황은커녕 경기 회복도 문제가 많다는 것을 말하고자 하였다. 그러면서 이를 새로운 장기 불황의 논거로 삼고자 하였다. 이를 토대로 그는 내 경기 순환의 개념과 분석이 도식적이고 기계적이어서 현실의 경제상태를 제대로 설명하지 못한다며 부르주아 경제학자들의 분석만도 못하다고 비판한다(박승호, 2016a: 3, 5).[26]

그럼 박승호는 지금도 세계 자본주의가 경기 순환상의 공황이나 불황 국면에 있다고 주장하는 것인가? 이런 주장이야말로 원래 내 글에서 비판하고자 했던 대상이었다. 만약 그렇다면 자본주의는 2008년부터 2016년 지금까지 계속 공황과 불황 상태에 있다는 건데, 이건 100% 잘못된 주장이고, 마르크스주의 산업 순환론의 ABC

---

26   박승호의 이런 비판은 납득하기 어렵다. 부르주아 경제학의 주류 경기변동론은 자본주의 시스템에 내재적인 요인이 아니라 시스템 외부의 외적 변수에 의존해 자본주의 경기 순환과 공황을 기계적인 방식으로 설명하며, 이런 추상적인 경기 변동 모델로는 결코 현실의 경기 순환이 분석될 수가 없다. 케인스주의 경제학에서도 경기 변동은 사무엘슨/힉스 모델에서 보는 바처럼 한계 소비 성향과 가속도 계수 같은 외생 변수의 값 여하에 의해 결정되는 것이어서 거시 경제 모델에 기반을 둔 경기 순환 모델과 현실의 경기 변동은 서로 전혀 관련이 없다. 흡사 경기 변동 모형으로 사변 놀음을 한다는 생각마저 들게 하는데, 이런 인물들이 노벨 경제학상 수상자다. 이런 상이 무엇 때문에 존재하는지 의문스러울 뿐이다. 원래 케인스 자신도 유효 수요에 의한 소득 결정 원리와 경기 순환론을 차별적으로 이해하지도 못함으로써 기본적으로 경기 순환을 이론적으로 설명할 수 없었다.

도 부정하는 것이라고 할 수밖에 없다. 박승호가 인용하기 좋아하는 부르주아 경제학자들도 현 국면을 경기 순환상의 회복 또는 상승 국면이라고 하지 불황 국면이라고 주장하지는 않는다. 그는 "부르주아 학계에서조차 2008년 위기를 백 년만의 '대위기'로 파악하거나, 2016년 현재 2008년 이래의 장기 침체 또는 장기 불황이 지속되고 있다고 진단하고 있다"(박승호, 2016a: 3)며 부르주아 경제학자들을 끌어들이고 있지만, 이건 구조 위기 또는 장기 불황의 차원에서 규정하는 것이지 그들이 경기 순환의 현 국면을 불황이라고 판단하는 게 아니다.[27] 그렇지 않고 만약 지금의 경기 국면이 호황 또는 회복 국면임을 박승호도 인정한다면, 내 글을 비판할 이유도 없어서 그가 왜 이런 식으로 비판하는지 모르겠다. 아마도 박승호가 데이터 실증에 근거해 말하고자 하는 건 현재의 호황이나 경제 회복이 취약하고 불안정하다는 현 경기 순환의 특수성인 모양인데, 그렇더라도 그가 내 글을 비판할 이유는 없다. 왜냐하면, 나는 현재의 경기 순환 국면이 단지 호황 또는 회복 국면이라고 주장했을 뿐 아니라 그 경기 순환이 대

---

27 이에 대해서는 코엔 튤링스&리차드 볼드윈(Teulings&Baldwin, 2014), 그 중에서도 특히 로렌스 서머스(Summers, 2014), 배리 아이켄그린(Eichengreen, 2014), 폴 크루그먼(Krugman, 2014) 등의 글 참조. 2008년 금융 위기 이후 부르주아 경제학에서 말해지는 장기침체론은 2013년 서머스에 의해 처음 제기되었고, 튤링스&볼드윈의 이 책도 그의 주장을 주제로 하여 구성되었다. 그러나 서머스는 자신의 말처럼 1930년대 말 앨빈 핸슨Hansen의 장기 침체 가설을 염두에 두고 신 장기 침체 가설을 제기한 것이어서 1970-80년대(이래)의 제3차 구조 위기는 인식하지도 못하고 있다. 또한 그 책에서도 보다시피 거시경제학의 비현실적인 일반 균형 체계의 문제 틀 속에서 토론되는 이들 부르주아 경제학자들의 장기침체론으로 자본주의 현실의 장기 침체를 얼마나 분석할 수 있는지는 근본적으로 의심스럽다.

금융 위기와 국가 채무 위기의 후유증 아래 진행되어 통상적인 순환과 달리 매우 취약한 모습을 띤다고 주장했기 때문이다(김성구, 2016: 20-22). 이는 박승호도 주목하다시피 구조 위기와 관련된 측면이다. "이렇게 보면, 현재 '위기 논쟁'에는 여러 쟁점이 놓여 있지만, 현실 진단과 전망에서의 차이를 가져오는 가장 중요한 쟁점은 현재의 '위기'를 제3차 구조 위기로 볼 것인지 아니면 새로운 제4차 구조 위기로 볼 것인지에 놓여 있다. 왜냐하면, 김성구도 현재의 경기 순환을 '통상적인' 경기 순환과는 다른 것으로 파악하고 있기 때문이다."(박승호, 2016a: 2).

결국 박승호 비판의 문제는 구조 위기와 관련된 것이다. 그런데 박승호에 따르면 역사적으로 구조적 위기는 대불황(1873-1896), 대공황(1929-1945), 그리고 장기 침체(1970년대-1980년대 초반)의 세 차례 존재했고(박승호, 2016a: 4), 2008년 위기 이후 자본주의는 제4차 구조 위기에 빠졌는데, 내가 제4차 구조 위기를 차별적으로 인식하지 못하고 이 위기를 제3차 구조 위기의 연장선에서 파악함으로써 2008년 이후의 경기 순환의 판단에서 혼란과 오류를 보인다는 것이다.

"그럼에도 불구하고 현재의 세계 경제가 '경제 위기'가 아니라는 진단이 나오는 것은 제3차 구조 위기가 1970년대 이래 현재까지 지속되고 있기 때문에 2008년 위기는 순환적 공황으로 이미 지나갔고 또 중첩되었던 신자유주의 금융 위기도 일단 극복되었으니, 현재는 경기 순환상 회복 내지는 호황 국면에 있다는 주장일 것이다. 이 점에서 이 주장은 조금 모순적이다. 제3차 구조 위기 하에 있기 때문에 '통상적인' 경기 순환과는 달리 매우 취약하지만 2016년 국면은 순환적 공황은 아니고 회복 내지 호황 국면이라는 점을 강조하기 때문이다. 이 주장대로라면 2008년 이후의 경기 순환뿐 아니라 1970년대 이래 주기적으로 반복된 경기 순환은 모두 '통상적인' 경기 순환과 달라야 한다. 그러나 이 주장에서 말하는 '통상적인' 경기 순환은 1970년대 이전의 경기 순환이 아니라 2008년 이전의 경기 순환을 가리키는 것으로 보인다. 다시 말해, 이 주장에서 말하는 2008년 이래 현재 진행되는 경기 순환의 차별성의 위상이 애매하다. 2008년 이래의 경기 순환의 특수성을 이론적으로 정확하게 자리매김하지 못하고 있는 것이다. 그래서 현재는 '경제 위기'가 아니라면서도 제3차 구조 위기하에 놓여 있다는 식의 어정쩡한 규정이 나오게 된다. 즉 제4차 구조적 위기로 특정하지 않기 때문에 1970년대 이래의 다른 경기 순환과 2008년 이래의 경기 순환을 구별하지 못하고 동일한 제3차 구조 위기 하의 경기 순환으로 보고 있는 것이다. 김성구 주장의 허점이다. 또한 1970년대 이래 제3차 구조 위기가 40년이 넘게 현재까지 지속되고 있다고 봄으로써 구조 위기 개념 자체가 무의미해지고 있다."(박승호, 2016a: 2-3)

구조 위기 자체와 관련된 쟁점은 후에 제4절에서 살펴볼 것이므로, 여기서는 이런 비판의 적합성 여하와 위의 인용문에서 보이는 약간의 혼란만 언급하고 싶다. 우선 박승호의 주장과는 달리 제4차 구조 위기를 인식하느냐 여하가 2008년 이후 경기 순환 국면의 판단을 결정하는 것은 아니다. 2008년 이후의 자본주의 역사를 제4차 구조 위기로 규정하든 아니든 2016년 자본주의의 현 상태가 경기 회복과 호황의 국면에 있다는 것이 바뀌는 건 아니기 때문이다. 또 제3차 구조 위기를 말하든 제4차 구조 위기를 말하든 현재의 국면이 구조 위기하에 놓여있다는 것도 변함이 없다. 자본주의의 현 국면이 제3차 구조 위기하에 있으면서도 경기 순환상으로는 경기 회복과 호황 국면에 있다는 내 테제[28]는 박승호가 말하듯 "어정쩡한 규정"이 아니라 국가독점자본주의론의 구조 위기와 마르크스의 경기 순환론에 입각한 과학적인 규정이다. 제3차 구조 위기에 있든 제4차 구조 위기에 있든 그 하에서 진행되는 경기 순환의 현 국면은 경기 회복과 호황 국면이며, 이를 부정한다면 앞서 말한 바처럼 100% 오류이고 더 이상 토론할 것도 없다는 생각이다. 다만 현재의 경기 순환의 특수성을 구조 위기와 관련하여 어떻게 파악해야 하는가, 보다 일반적으로 말하면 구조 위기하 경기 순환의 특수성을 어떻게 규정하는가는 하나

---

28 정확하게 말하면 나는 지난 2008년 위기를 신자유주의 구조 위기/금융 위기와 주기적 공황의 결합으로 설명한 만큼 현재의 상태는 신자유주의 구조 위기하의 경기 회복과 호황 국면으로 규정한다. 제3차 구조 위기는 통상 1970-80년대 위기 즉 케인스주의(적 국가독점자본수의)의 위기를 말하고 이를 배경으로 1980년대 중반 또는 말경에는 신자유주의(적 국가독점자본주의)가 확립되었기 때문에, 그 이래 신자유주의적 국가독점자본주의의 위기(=신자유주의의 구조 위기)를 여전히 제3차 구조 위기로 명명하는 건 문제가 있다. 하지만 신자유주의 체제로의 전환과 확립에도 불구하고 케인스주의의 위기가 지속되었고 여기에 신자유주의의 위기가 중첩되었기 때문에 제3차 구조 위기가 끝났다고 할 수도 없다. 지난 글(김성구, 2016: 26)에서 제3차 구조 위기가 위기의 형태를 바꿔가면서 지속되는 것이라고 평가한 것은 이 때문이다. 이 글에서도 제3차 구조 위기는 좁은 의미로는 1970-80년대의 케인스주의 위기를 지칭하고, 넓은 의미로는 그 이래 신자유주의의 위기까지 중첩되어 전개되는 시기도 포함하여 사용하기로 한다.

의 쟁점이다.

구조 위기하의 경기 순환이 '통상적인' 경기 순환과 다르다는 말은 19세기 제1차 구조 위기 이전의 경기 순환에서 전형적으로 보이는 장기 성장기의 경기 순환과 다르다는 의미다. 통상적인 경기 순환에서는 공황은 짧거나 약하고 호황은 길거나 강하다. 따라서 경기 순환의 10년 평균에서 보면 자본주의는 이 기간에 비교적 높은 성장률을 보이고 이런 경기 순환이 몇 개 반복되는 특정한 시기가 다름 아닌 자본주의가 장기 성장하는 국면이다. 반면 구조 위기하에서는 경기 순환이 공황은 길거나 강력한 반면 호황은 짧고 약해서 10년 평균에서 보면 자본주의의 성장은 미약해진다. 이런 양상의 경기 순환이 몇 개 반복되는 특정한 시기가 다름 아닌 자본주의 구조 위기 국면이다. 달리 말하면 이 시기 경기 순환들의 특별한 양상 때문에 장기간에 걸쳐 경제성장이 둔화되거나 정체되는 국면을 구조 위기 국면으로 규정한다. 물론 구조 위기는, 특히 오늘날의 구조 위기는 후에 살펴볼 것처럼 성장률의 장기적 둔화만으로 규정되는 것은 아니고 자본주의의 단계 변화에 따른 보다 복합적이고 구조적인 위기 요인들을 포괄하는 것이다.

이렇게 이해하면, 위의 인용문에서 박승호에게 불분명했던 문제, 그래서 그가 잘못 서술한 부분도 올바로 정정해 놓을 수 있다. 즉, 2008년 이후 현 경기 순환이 통상적인 순환과 다르다는 내 말은 이 순환이 여전히 구조 위기, 즉 넓은 의미에서의 제3차 구조 위기하 진행되는 순환이기 때문이며, 따라서 여기서 말하는 통상적인 경기 순환은 박승호가 말하듯이 "1970년대 이전의 경기 순환이 아니라 2008

년 이전의 경기 순환을 가리키는 것"이 아니라 70년대 이전의 장기 번영하의 경기 순환을 말하는 것이다. 그리고 현재의 경기 순환을 포함하여 70-80년대 이래의 모든 경기 순환은 제3차 구조 위기하의 경기 순환이라는 의미에서 모두 50-60년대의 통상적인 경기 순환과 다르다.[29] 물론 제3차 구조 위기라 해도 신자유주의의 지배하에서 70-80년대의 케인스주의의 위기로부터 1980년대 말 이래 신자유주의의 위기로 위기의 주요 형태가 변했고, 이러한 변화가 금융 투기, 금융 위기 같은 새로운 위기 형태 속에서 경기 순환에도 영향을 미치므로 제3차 구조 위기하 두 시기의 경기 순환의 양상도 상이할 수밖에 없다. 2008년 위기 이후에도 신자유주의의 지배가 계속되고 있다는 점에서도 2008년 위기는 구조 위기의 관점에서 보면 신자유주의의 위기의 연장선에서 파악해야 할 위기다. 따라서 제3차 구조 위기의 두 가지 형태, 두 시기를 구분하는 게 중요한 문제지, 박승호처럼 70-80년대부터 2008년까지의 경기 순환과 2008년 이래의 경기 순환 사이에 제4차 구조 위기를 설정할 문제가 아니다.

29　1950-60년대의 장기 번영은 자본주의 역사에서 이례적인 특수한 경우고 조절이론을 비롯한 좌파 논자들이 이 특수한 역사 시기를 특권화해서 일반화한다는 박승호의 비판(박승호. 2016a: 19)을 감안하면, 그는 이 시기의 경기 순환을 통상적이라고 규정하는 것에 당연히 반대할 것이다. 그러나 자본주의 역사에서 장기 성장은 이 시기에만 한정된 특별한 경우가 아니고 장기파동론이 제기될 만큼 장기 성장의 다른 시기들을 확인할 수 있다. 그럼에도 1914년 제1차 세계대전 이래 100년의 (국가)독점자본주의의 역사 즉 자본주의로부터 사회주의로의 이행의 역사에서 보면 이 시기는 유일하게 장기 번영의 시기이고 그런 한에서 분명 특수하고 이례적인 성장의 시기라 할 수 있다.

2. 세계 경제를 분석하는 관점에서의 쟁점에 대하여

현재의 '위기 논쟁'에서 박승호는 실증적 분석에서 나타나는 문제의 하나로서 "선진국 중심, 특히 미국 중심의 분석이 현재의 세계 자본주의 분석에 적절한 것인가의 문제"를 제기한다. 박승호는 내가 미국 중심의 일국적 자본주의 관점에 머물러 세계 자본주의의 상태에 대해 잘못된 진단을 내린다고 비판한다.

"김성구의 분석은 철저히 선진국 중심, 특히 미국 중심으로 이루어지고 있다. 이는 미국 경제가 세계 경제에서 매우 큰 비중(세계 GDP의 24.5%)을 차지하고 있기 때문에 미국을 빼고 세계 경제를 논할 수는 없겠지만, 그러나 미국 경제만으로 세계 경제를 진단하는 것은 비현실적이다. 물론 유럽에 대한 분석이 부차적으로 추가되고 있지만, 기본은 미국 경제 분석이다. 이는 일국적 관점이라는 비판을 피하기 어렵고 21세기 자본주의의 변화된 현실을 제대로 반영하지 않는다는 점에서 더욱 심각한 문제를 안고 있다. 또 경기 순환 중심의 현실진단도 주로 여기에서 비롯되고 있다."(박승호, 2016a: 3)

그러면서 21세기 들어 세계 경제에서 차지하는 신흥국의 비중이 급속히 커졌고[30], 2015년 세계 GDP에서 미국은 24.5%, G7은 46.6%,

---

30 "IMF 자료(World Economic Outlook Database April 2016)에 근거해 계산해 보면, 세계 GDP에서 신흥국이 차지하는 비중은 1990년 20.2%, 2000년 20.3%, 2008년 31.1%, 2012년 37.8%, 2015년 39.3%로 불과 15년 만에 그 비중이 두

유로존(19개국)은 15.8%, 유럽연합(28개국)은 22.2%, 중국은 15.0%를 차지하고, 특히 중국은 세계 제조업 부가가치 생산에서 이미 세계 1위, 세계교역에서 차지하는 비중도 14.3%(2014년 기준)로 세계 1위라며 이런 세계 자본주의 구성 비율의 변화로 더 이상 선진국 중심으로 세계 경제를 파악하는 것은 비현실적이라는 것이다(박승호, 2016a: 4).

내 글이 미국과 유로존을 대상으로 분석한 건 2008년 이래 금융 위기와 국가 채무 위기의 중심이 미국과 유로존이었기 때문이다. 따라서 위기와 그 후의 상태 변화에 대한 분석에서 미국과 유로존을 주 대상으로 하는 건 당연하고 그게 잘못일 리가 없다. 물론 세계 경제의 여타 지역에 대한 분석이 빠져 있으므로 그 글이 완전한 것도 아니고, 이런 면에서 불충분한 분석이라는 비판은 가능하지만, 그렇다고 결코 박승호의 주장처럼 미국 중심, 일국 자본주의 관점으로 자본주의 상태를 진단했다고 비판받을 일은 아니다. 그뿐만 아니라 세계 경제의 여타 지역도 포괄해서 분석한다고 해서 내 글의 테제가 뒤집어지는 것도 아니다.

박승호는 그렇게 하면 세계 경제의 장기 불황이나 경기 상태가 더욱 심각해지는 것처럼 주장하지만, 일본은 위기 진에도 후에도 여전히 장기 불황 상태에 있고, 또 중국과 인도는 위기 전에도 후에도 여전히 고도성장 중이어서 이들 국가를 분석에 추가하더라도 세계 경제의 상태가 크게 변하는 건 아니다. 더구나 인도를 비롯한 신흥국

배나 증가했다."(박승호, 2016a: 4). 게다가 IMF 통계에는 일부 신흥국도 포함하는 OECD 국가를 선진국으로 분류한 것이어서 이를 감안하면 신흥국 비중은 더욱 높아진다고 박승호는 덧붙이고 있다.

3장 - 현대 세계 경제의 구조 위기와 경기 순환

의 경제는 선진 중심국보다 경제 성장이 보다 양호하기 때문에, 이들 경제를 포함하면 박승호의 주장과는 반대로 세계 경제 전체의 장기 불황 상태는 오히려 보다 약화된다.[31] 물론 신흥국 경제의 성장은 미국, 일본, 유럽 등 선진 중심국으로부터의 자본 수입에 의존한 것이었고, 신흥국 경제의 수출 주도 성장은 역으로 다시 선진 중심국 시장에서 경쟁을 심화시켜 과잉 자본의 문제를 악화하는 것이다. 이는 분명 선진 중심국의 장기 불황을 심화시키는 한 요인이지만, 그 경제적 효과는 이미 선진 중심국 경제의 장기 불황 상태에 반영되어 있어 새로운 문제가 아니다. 기본적으로 신흥국 경제는 양적으로 세계 경제에서의 비중이 커졌다 하더라도 미국, 유로존, 일본, 그리고 중국, 이 네 개의 자본주의 중심에 의존하는 경제다. 따라서 신흥국 분석이 빠졌다고 세계 경제의 위기 분석에 근본적인 한계가 있는 것처럼 말하는 건 적절한 비판이 아니다.[32]

---

31 예컨대 World Bank(2016: 104)에서는 고소득 국가/중상위소득 국가/중하위소득 국가/저소득 국가로 구분하여 1990-2000년, 2000-2009년, 2009-2014년 세 개 시기별 연평균 GDP 성장률이 나와 있는데, 세 시기 모두에서, 특히 지난 금융 위기와 관련해 주목해야 할 2000-2009년, 2009-2014년에서는 더더욱 고소득 국가(각 시기별 연평균 성장률: 2.6%, 2.1%, 1.8%)보다 중상위소득 국가(4.7%, 6.5%, 5.7%)나 중하위소득 국가(3.5%, 6.4%, 5.7%)의 GDP 성장률이 월등하게 높았고, 심지어 저소득 국가(2.3%, 5.4%, 6.4%)의 GDP 성장률도 2000-2009년, 2009-2014년 기간에는 고소득 국가보다 월등하게 높았다.

32 물론 중국 자본주의가 장차 세계 자본주의 위기의 새로운 진앙이 될 거라는 우려는 충분히 이해할 수 있다. 1980년대 개혁, 개방 이래 중국 사회주의는 목표로 설정했던 사회주의 시장경제를 넘어서 이미 자본주의 즉 국가독점자본주의로 역이행하고 있는 상태다. 역이행 속에서 중국 경제가 고도성장을 유지하고 있지만, 아직 일부 남아있는 낡은(?) 사회주의적 규제 조처들마저 지양되면 보다 완연하게 자본주의의 법칙들이 작동할 것이고, 그러면 고도성장은 보다 분명하게 위기의 형태를 띠거나 자본과 이윤의 지배에 의해 한계에 부딪

3. 세계 장기 불황 추세에 대한 실증 자료에서의 쟁점에 관하여

여기서 박승호는 앞 절에서 제기했던 이른바 미국 경제 중심의 세계 경제 분석의 오류를 실증 데이터를 통해 구체적으로 뒷받침하고자 한다. "다음으로 실증 분석, 즉 세계 경제 상황에 대한 경제 지표를 미국 중심이 아니라 세계적 차원에서 보면 장기 불황 또는 장기 침체 양상이 훨씬 잘 드러난다."(박승호, 2016a, 5-6). 그가 제시하는 데이터는 먼저 산업 생산 추이와 세계 무역의 추이인데, 우선 [그림 2] 세계 산업 생산의 추이는 박승호의 주장과는 정반대의 결과를 보여준다. 즉, 2005년 8월부터 2016년 2월까지 산업 생산량 증가율은 언제나 선진국 G7보다 신흥국이 더 높았고 그 결과 세계 전체의 증가율도 선진국 G7보다 더 높았다. 앞에서 내가 주장한 바처럼 미국 또는 선진국만이 아니라 신흥국을 포함해 세계 경제의 상태를 보면 박승호의 주장과 달리 장기 불황의 양상은 더 개선되는 거지 악화되는게 아니다. 박승호의 주장은 자신이 인용한 데이터 자체에 의해서도 반박되고 있다. 또한, G7은 미국과 캐나다 외에 4개 국가(영국, 독일, 프랑스, 이탈리아)가 EU/유로존 국가며 나머지 일본은 위기 전이나 후에나 여전히 장기 불황 상태였고 다만 아베 정권하에서 정책 실패로 최근 경제가 더욱 나빠졌을 뿐이어서 미국과 유로존을 중심으로 경제 상태를 분석한 내 글의 결과는 선진국 경제 전체를 대상으로 한다

힐지 모른다. 하지만 서부/내륙으로의 자본주의의 외연적 확대도 아직 남아 있어서 이런 시나리오는 가깝든 멀든 미래의 것이고, 현 단계 세계 경제가 중국 경제의 공황과 위기에 직면해 있는 것처럼 말할 수는 없다.

고 해서 크게 바뀌지는 않는다. 신흥국 경제를 포괄해도 마찬가지다.

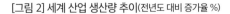

[그림 2] 세계 산업 생산량 추이(전년도 대비 증가율 %)

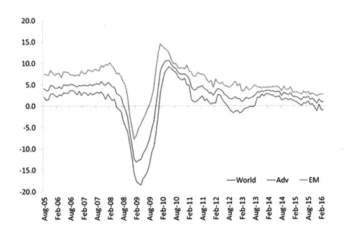

출처: Michael Roberts Blog, 2016. 5. 26. 박승호(2016a)에서 재인용.

나아가 박승호는 세계 무역량의 감소, 미국 노동시장 상황 지수, GDP 성장률, 1인당 실질 GDP 성장률, 노동 생산성 증가율, 미국과 유로존의 경제 지표 비교 등을 통해 미국이 호황의 본격화는커녕 경기 침체의 우려가 커지고 있고 미국과 유로존이 장기 불황의 수준으로 서로 접근하고 있다고 주장한다.

"IMF 자료에 따르면, 세계 무역량(물량 기준)은 1983-2008년 연평균 증가율이 6%였는데 2012-2014년에는 3%(2012년 2.8%, 2013년 3.4%, 2014년 3.5%)로 반 토막 났고(2009년 -10.3%, 2010년 12.4%, 2011년 7.1%), 2015년에는 2.8%로 둔화되었다. 상품 무역액(달러 기준)은

2015년 -13.8%로 감소하여 2009년보다 더 큰 폭의 감소세를 보였다. 이런 무역 증가율의 둔화는 2012년부터 세계적 불황이 시작되었음을 보여준다."(박승호, 2016a: 7, 강조는 인용자)

"선진국 가운데 가장 강한(?) 회복세를 보여 온 미국 경제가 새로운 경기 후퇴 조짐을 보이기 시작하고 있다. 올 5월 비농업 부문 고용 증가분이 3만8천 명으로 5년 8개월 만에 최저치를 기록하면서 미국의 금리 인상 논란이 쏙 들어갔다. 그러나 미국 경제의 후퇴 조짐은 여러 지표에서 확인된다. 노동시장 상황을 정확하게 반영하는 새로운 고용 지표인 '노동시장 상황 지수(LMCI; Labor Market Conditions Index)'가 올해 들어 마이너스로 전환했다(4월 -3.4, 5월 -4.8). 이런 지수 변화는 5월 공식 실업률 4.7%에도 불구하고 노동시장 상황이 악화되고 있음을 확인해 주며, 미국의 새로운 경기 침체를 예고하고 있다."(박승호, 2016a: 7, 강조는 인용자)

"그러나 선진국에서 가장 문제가 되고 있는 유로존의 경제 지표가 점차 개선되고 있는 데 비해 미국의 경제 지표는 갈수록 악화되고 있다(…). 그래서 미국이 유로존 수준의 장기 불황으로 수렴하고 있고, 산업 생산에서는 오히려 유로존보다 더 악화되고 있다."(박승호, 2016a: 9, 강조는 인용자)
"미국과 유로존의 비교는 미국 경제 상황의 추이가 호황으로의 전환과는 거리가 있음을, 오히려 더블딥으로 추락을 예고하고 있다."(박승호, 2016a: 11, 강조는 인용자)

"2008년 이후 현재의 경기 순환에서 G7 선진국 경제가 장기 불황 상태에 있다는 것을 보여주는 경제 지표로 1인당 실질 GDP를 들 수 있다. ⋯ 1인당 실질 GDP의 연평균 성장률이 1998-2006년 사이 에는 1.5%-2%였는데, 2007-2015년 사이에는 0.5%로 급락한다... 이 비교에서 확인할 수 있는 것은 2008년 위기 발생 이후 비교적 빠 르게 회복한 것으로 평가되는 미국과 영국의 경제 상태가 유럽이나 일본과 비교해 그리 양호하지 않다는 것을 보여준다. 두 구간에서 큰 차이가 없는 독일과 일본을 제외하고는 다른 G7 선진국들은 모 두 1인당 실질 GDP의 연평균 성장률이 급격히 하락했음을 확인할 수 있다. 이는 **G7 선진국들이 바로 직전 경기 순환 구간과 다르게 현재 장기 불황 상태에 있음을 보여주는 지표라 할 수 있다.**"(박승호, 2016a: 11-12, 강조는 인용자)

박승호가 제시한 데이터에 대해 여기서 특별한 이의를 제기할 필 요는 없다. 문제는 경기 순환 또는 구조 위기와 관련하여 데이터를 어떻게 해석하는가 하는 것이다. 이 데이터를 통해서 박승호가 주장 하는 것처럼 미국을 포함한 선진국 경제가 정말 경기 순환상의 불황 인지 또는 제4차 구조 위기에 들어갔는가, 그렇게 해석할 수 있는가 하는 문제다. 우선 박승호 자신의 해석을 따라가 보면, 그가 현재 선 진국 또는 세계 경제의 경기 상태가 어떤 국면에 있는 걸로 보는지 조차도 혼란스럽다. 세계 무역 증가율 지표에 근거하면서는 "2012년 부터 세계 불황"이 시작되었다고 하고, 미국 경제 지표를 보면서는 2016년 시점에서 "새로운 경기 침체"를 예고하고 있다고 한다. 이렇게 보면 내 경기 진단에 대한 박승호의 비판은 사실 현재의 경기 국면에 대한 본인 자신의 혼란에서 비롯된 것이다. 박승호는 금융 위기가 발생한 2008년부터 국가 채무 위기가 정점으로 치닫던 2012년까지도 세계 경제의 공황과 불황을 주장했으니 그에 따르면 2008년부터 지금까지 내내 불황이었고 2016년 이후에도 경기 침체가 계속된다는 것이다. 호황 국면에서도 공황을 말하고 자본주의는 언제나 불황이라는 이런 식의 경기 분석은 하나마나 한 거고 의문의 여지없이 명백한 오류다.

박승호의 혼란은 기본적으로 경기 순환 국면에 대한 이해가 잘못되었기 때문이다. 경기 회복 국면이나 호황 국면에서 경제가 상방으로 성장한다 하더라도 그 성장은 자본주의 생산의 무정부적 특성상 단선적으로 이루어지지 않고 끊임없이 변동하고 성장뿐 아니라 후퇴도 동반한다. 그럼에도 이 국면을 경기 회복 또는 호황 국면으로 진단하는 이유는 이 국면 내의 단기적인 변동 속에서도 국면의 평균적인 수준에서 경제가 성장, 확장하기 때문이다. 이를 오해하고 박승호는 경기 회복 또는 호황 국면 내에서의 단기 변동을 경기 국면의 변화로 해석하고자 했다. 예컨대 위의 인용문에서 볼 수 있듯이 "올 5월 [미국의] 비농업 부문 고용 증가분이 3만8천 명으로 5년 8개월 만에 최저치를 기록하면서 미국의 금리 인상 논란이 쏙 들어갔다"면서 이를 새로운 경기 침체의 근거로 제시했지만, 지난 7월 미국의 비농업 취업자 수는 시장 예상치(18만 명)를 크게 웃돌아 전월보다 25만5000명 증가했다. 또 마찬가지로 고용 서프라이즈였던 지난 6월 취업자 수도 기존 28만7000명 증가에서 29만2000명 증가로 상향 조정되었다. 그에 따라 노동시장 상황 지수도 6월 -0.1, 7월에는 1, 다시 플러스로 전환했다. 이렇게 박승호의 주장은 경기 순환 자체에 의해 무색해지고 말았다. 반면 세계 무역액은 2015년 이래 증가율이 마이너스로 전환되어 무역 감소가 비교적 긴 기간 계속되고 있어 경기 진단과 관련하여 주목할 만한 변화지만, 박승호처럼 무역 증가율 감소만으로 경기 침체를 진단할 수 있는 건 아니다. 소비와 투자 수요 그리고 수출입을 모두 종합해야만 경기 상태를 진단할 수 있고,

[그림 3] 실질 GDP 성장률 추이 비교(전년도 대비 증가율 %)

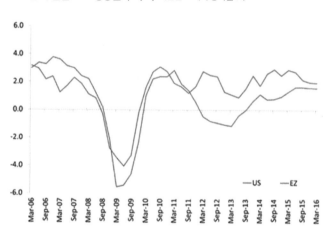

출처: Michael Roberts Blog, 2016. 5. 11. 박승호(2016a)에서 재인용.

그건 실질 GDP 증가율에 표현되어 있다. 박승호가 제시한 [그림 3]에서 보듯이 미국은 2009년 하반기 이래, 유럽은 2013년 중반 이래 모두 불황 국면에 있지 않다.

결국, 박승호가 제시한 실증 데이터는 현재의 세계 경기 국면이

호황 또는 회복이란 걸 반박하지 못한다. 그러면 그의 데이터는 이른 바 제4차 구조 위기 주장을 뒷받침하나? 그의 주장처럼 그의 데이터로부터 현재의 경기 순환이 특별히 취약하다는 것, 경기 회복과 호황이 부진하다는 것은 부정할 수 없는 사실이다. 그건 나도 주장했다시피 제3차 구조 위기하에 진행되는 순환이고, 특히 지난 금융 위기와 국가 채무 위기의 후유증 아래 진행되는 순환이기 때문이다. 문제는 이게 새로운 구조 위기 즉 제4차 구조 위기의 시작을 알리는 그러한 성격의 순환이냐 하는 것이다. 박승호는 이 순환 직전의 순환과의 비교를 통해 그런 주장을 하고 있지만, 현재의 순환이 직전 순환과 다르게 장기 불황의 상태에 있는 게 아니라 두 순환 모두 구조 위기, 장기 불황하에서 전개되고 있다. 다만 제3차 구조 위기하에서도 자본주의 경기 순환은 매번 독자적인 특수성을 보여 왔을 뿐이다. 이미 현재 순환의 직전 순환인 2001-2008년 순환도 그 이전 순환인 1991-2001년 순환과 비교하면 매우 취약한 순환이었다. 이른바 신경제 순환인 1991-2001년 미국 순환은 미국으로의 대규모 자본 유입과 차입 투자에 입각한 고주가, 고금리, 고달러의 호황 메커니즘이 대파국으로 끝날 거라는 당시 좌파의 일반적 예상과 달리 미국으로부터의 대규모 자본 유출과 달러 폭락 그리고 그에 따른 세계 금융 위기 시나리오는 일어나지 않음으로써 주가는 폭락했지만, 실물 불황은 비교적 약하게 지나갔다.[33] 그건 달러 헤게모니가 여전히 강했다는 것

---

33   신경제 순환과 위기 메커니즘에 대해서는 하야시 나오미치(2011: 제3부 5장), 브레너(2002), 프레드 모슬리Moseley(1999) 등 참조.

을 말해준다. 대파국은 한 순환 뒤인 2008년에 일어났다.[34] 그뿐만 아니라 1991-2001년 순환도 자본주의 세 개 중심 중 미국에서만 번영이 있었고, 이 시기 세계 제2위의 경제 대국이었던 일본이 이후 20년이나 지속되는 장기 불황에 빠졌던 만큼 이 순환은 1980/82-1991년 순환과 비교할 수 없을 만큼 충격적인 순환이었다.[35] 그럼에도 이 순

34 그러나 금융 위기 후 2010년 이래 국가 채무 위기가 부각되고 미국 재무부가 디폴트 직전으로까지 몰리는 상황에서도 여전히 달러는 강했고 위기 속에서도 달러 헤게모니는 유지되었다. 구조 위기의 관점에서 보면 2008년 금융 위기에도 불구하고 세계 기축통화로서의 달러 헤게모니가 위협을 받으면서도 여전히 유지되고 있다는 것은 제3차 구조 위기가 아직도 지속되고 있다는 것의 또 다른 표현이기도 하다. 왜냐하면, 제2차 구조 위기를 배경으로 등장한 케인스주의적 국가독점자본주의 체제는 국제적으로 IMF-GATT에 기반을 둔 미국의 달러 헤게모니 체제였고, 1970-80년대 이래 제3차 구조 위기는 케인스주의적 국가독점자본주의 체제의 위기이자 미국의 세계 헤게모니, 달러 헤게모니의 위기를 나타내는 것이었으며, 신자유주의적 국가독점자본주의로의 전환은 미국 자본주의가 위기에 빠진 헤게모니를 금융화와 세계화를 통해 재건하고자 했던 시도였기 때문이다. 제3차 구조 위기는 국제 통화의 측면에서 보면 달러 헤게모니의 위기가 지속되는 시대다.

35 1990년대 자본주의의 위기와 일본 장기 불황에 대해서는 일본 경제이론학회 제47회 대회 발표 논문들과 논평들(経済理論学会, 2000), 그중에서도 특히 広田精孝(2000), 하야시 나오미치(2011: 제2부) 등 참조. 히로타 기요타카広田精孝는 그 분석을 위해 마르크스 공황론의 원리적 메커니즘을 직접적, 기계적으로 적용하는 것이 아니라 독점적 자본 축적의 메커니즘에 기반을 둔 과잉 축적의 논리와 세계 경제론적 시각, 이 양자의 결합을 통해 접근하고자 한다. 그가 독점 단계에서 10년 주기의 순환적 공황을 부정하는 것은 논란의 여지가 있지만, 이러한 이론적 접근은 그 자체로 현실 불황의 분석에서 커다란 의의가 있는 것이다. 왜냐하면, 논평에 대한 답변(経済理論学会, 2000: 71)에서 그 자신도 강조하는 바처럼, 마르크스의 공황론, 독점자본주의론, 독점자본주의의 침체 경향 테제, 국가독점자본주의론, 세계 경제론 등 현실 불황의 분석과 관련된 마르크스주의 이론에 기반해 어떻게 현실 불황의 분석으로 나아가느냐는 문제 제기이기 때문이다. 현실 불황에 대한 마르크스주의 분석이 이런 이론적 기반과의 연관 없이 현상 분석에 머문다면, 굳이 마르크스주의 이론이 필요한 것도 아니게 된다. 이론과 현실 분석이 따로 놀기 때문이다.

환에 대해 박승호도 그렇고 다른 논자들도 제4차 구조 위기를 말하지 않는다.[36] 그건 제3차 구조 위기하의 특별한 순환이었을 뿐이다. 금융 위기 후 신자유주의가 재건, 지속되고 있는 상황에서 현재의 순환(2008-201?)도 마찬가지로 특별한 또 하나의 순환이라고 규정할 수밖에 없다. 박승호의 데이터로부터 제4차 구조 위기를 말할 수 있는 근거는 찾기 어렵다.

4. 구조적 위기에 대한 이론적 쟁점에 관하여

박승호에 따르면 좌파 내부에서 구조적 위기에 대해 정립된 이론은 없고 논쟁 중이지만 제4차 구조 위기의 상정이 불가피하다고 한다. "2008년 이래의 세계 경제 위기는 1970년대 이래 제3차 구조 위

---

36 일본이 장기 불황으로 추락한 1990년대 전반기에 세계 2위 일본 GDP가 세계 경제에서 차지하는 비중은 대략 15% 내외였고 당시 미국의 비중은 25% 정도였다. 박승호(2016b: 15 이하)는 제4차 구조 위기의 전망에서 유력한 시나리오의 하나로 중국 자본주의의 이른바 경착륙을 제시하는데, 2015년 중국 GDP가 세계 경제에서 차지하는 비중은 15%, 그리고 미국의 비중은 24.5%다. 다시 말해 GDP로 본 현재 중국의 세계 경제의 위상은 장기 불황 진입 시기의 일본의 위상과 비슷한 수준이다. 반면 세계 상품 수출입에서 차지하는 중국의 현재 비중은 90년대 전반기의 일본의 비중보다 높은 편이다(1993년 세계 상품 수출에서 1위 미국의 비중은 12.6%, 3위 일본의 비중은 9.8%로서 2위 독일과는 거의 차이가 없다. 상품 수입에서는 1위 미국 15.9%, 3위 일본 6.4%였다. 반면 2015년 세계 상품 수출에서는 1위 중국 14.2%, 2위 미국 9.4%, 상품 수입에서는 1위 미국 14.2%, 2위 중국 10.3%다). 따라서 설령 중국이 조만간 경착륙으로 고도성장이 무너진다 해도 이는 새로운 게 아니라 제3차 구조 위기의 역사 속에서 이미 겪었던 사건이고 이것만 특별히 제4차 구조 위기와 연관 지을 수 없다.

기가 지속되고 있다는 입장의 논자들을 곤혹스럽게 하고 있다. … 대체로 새로운 구조적 위기가 아닌 순환적 공황이라는 측면을 강조하거나 신자유주의 금융 위기와 순환적 공황이 중첩된 '대위기'로 평가하는데, 어떻든 이론적으로 옹색해질 수밖에 없다. 그렇다고 '구조적 위기 속의 구조적 위기'라고 할 수도 없다. 그렇게 하면 구조적 위기 개념 자체가 무의미해지기 때문이다."(박승호, 2016a: 12-13). 그래서 제4차 구조 위기를 상정해야 한다는 말이다. 그러나 제4차 구조 위기를 상정하지 않는다고 해서 2008년 위기 이후의 자본주의 상태를 설명하는데 이론적으로 곤혹스러울 것도, 옹색해질 것도 없다. 그건 '구조 위기 속의 구조 위기'도 아니고, 제4차 구조 위기도 아니며, 내 관점에서 파악하면 제3차 구조 위기의 연장선에서 신자유주의의 금융 위기 메커니즘이 주기적 공황과 결합해서 폭발한 위기였던 것이다. 그리고 대규모 공적 자금 투입과 손실의 사회화 프로그램의 결과 이 금융 위기는 국가 채무 위기로 발전하였다. 이런 방식의 위기 극복 프로그램은 지난 금융 위기 때 처음 보는 새로운 것도 아니고, 규모는 달랐지만 신자유주의하 금융 위기가 발생했을 때마다 자본주의 국가가 사용한 프로그램이었다. 주지하다시피 1980-90년대 미국 저축대부조합의 파산 때도, 1998년 롱텀 캐피탈 매니지먼트의 파산 때도 미국 중앙정부와 중앙은행이 대규모 구제금융을 조직했다.

1) 구조 위기와 장기파동론

박승호는 구조 위기 개념과 관련된 이론적 혼선과 논쟁을 세 측면, 즉 장기파동론과의 관계, 이윤율 저하 경향의 법칙과의 관계, 그리고 단계 구분과의 관계에서 검토하고 있는데(박승호, 2016a: 13 이하), 그가 파악하는 구조 위기 개념에 어떤 이론적 결함이 있는지는 여기에 모두 드러나 있다. 제4차 구조 위기를 상정할 수 있는지 여하도 이에 대한 비판으로부터 결론을 끌어낼 수 있을 것이다. 먼저 장기파동론의 문제부터 살펴보도록 한다. 주지하다시피 장기파동론은 10년 주기의 경기 순환처럼 자본주의가 법칙적으로 20-30년의 장기 번영과 20-30년의 장기 하강으로 구성되는 50-60년 주기의 장기 파동을 따라 발전한다고 주장하는 이론이다. 이에 대해 박승호는 주기적 공황은 자본주의의 경제 법칙이지만 장기 파동은 그렇지 않다고 하고 장기파동론의 기계적 구성에 대한 비판에 나와 의견을 같이하고 있다. 문제는 장기파동론에 대한 내 비판이 근본적이지 않다는 것이다.

"그런데 장기파동론에 대한 대부분의 비판이 근본적이지 못하다. 정성진이 '법칙적인 장기파동론'을 비판하면서도 장기 파동의 형태(장기 번영/장기 하강)에 대해 집착한다고 비판한 김성구도 역시 장기 파동의 형태에 집착하고 있다. 김성구는 박승호(2015)가 2008년 이래의 경제 위기를 제4차 구조 위기로 주장하는 것에 대해 '제4차 구조 위기를 말하기 위해서는 새로운 축적 체제의 등장뿐 아니라 신자유주의하 장기 번영도 전제하지 않으면 안 된다'(…)고 비판하기 때문이다. 김성구 역시 장기 번영/장기 하강이라는 장기 파동의 형태는 수용하고 있다. 그렇다면 김성구는 장기파동론의 '주기성'만을 비판한 셈이다. 50-60년의 주기성을 부정한 것이지 자본주의 발전이 장기 번영/장기 하강이라는 장기 파동의 형태를 취한다는 점은 긍정하고 있다."(박승호, 2016a: 13-14)

"장기파동론이 '법칙적'인 것이 아니라면, 즉 경제 법칙이 아니라면 무엇인가? 그것은 역사적인 것이라는 점이다. 따라서 50-60년의 주기성뿐 아니라 장기 번영/장기 하강의 형태성도 부정되어야 한다. 일정한 파동의 형태, 즉 자본 축적의 기복의 존재를 부정할 필요는 없다. 그러나 그것은 단기 번영/장기 하강, 장기 번영/단기 하강 등 임의적인 형태를 취할 수 있는 것이지 꼭 장기 번영/장기 하강이라는 특정 형태로 고정될 필요는 없는 것이다. … 장기 번영/장기 하강의 특정 형태를 취한다는 것을 부정하지 않으면 주기성의 부정은 무의미해진다. 장기파동론이 초기에 제시한 50-60년의 주기가 아니라 다른 주기를 제시하는 것에 불과하기 때문이다. 결국 장기 파동의 '법칙성'을 인정하는 것이 된다."(박승호, 2016a: 14)

박승호가 구조 위기의 쟁점에서 장기파동론의 문제를 제기하는 이유는 제4차 구조 위기를 상정하기 위해서는 신자유주의하에서의 장기 번영을 상정해야 한다는 내 비판 때문이다. 그렇지 않고 신자유주의하에서도 장기 침체가 지속되었다고 하면 굳이 2008년 위기 이후를 제4차 구조 위기라는 새로운 구조 위기로 명명할 이유가 없을 것이다. 박승호(2015)에서 그는 맥널리를 따라 1970-80년대 제3차 구조 위기 후 1982-2007년을 신자유주의하 장기번영 국면으로 규정했고, 그래서 2008년 금융 위기 이후를 제4차 구조 위기의 시작이라고 주장했던 것인데, 나는 이 시기가 장기 성장은커녕 케인스주의의 위기가 심화되고 신자유주의의 위기가 중첩되어 제3차 구조 위기가 지속되는 시기라고 이를 비판했던 것이다(김성구, 2016: 26). 이렇게 자본주의 발전의 장기 성장과 장기 하강을 똑같이 주장하던 그가 박승호(2016a)에서는 1982-2007년의 시기가 장기 불황의 지속 국면이라고 비판한 것에 대해서는 어떤 반론도 없이 아예 장기 성장과 장기 하강이라는 자본주의의 장기 운동 형태 자체를 부정하고 나선 것은 나로서는 납득하기 어렵다.

박승호처럼 장기 성장과 장기 하강이라는 자본주의의 장기적 운동 형태를 부정하면 과연 논리적 모순 없이 제4차 구조 위기를 주장할 수 있을까? 그렇기는커녕 이렇게 하면 제4차 구조 위기의 상정 여하 문제가 아니라 구조 위기 개념 자체가 부정되는 심각한 문제가 제기된다. 구조 위기란 걸 상정할 수도 없는데 제4차 구조 위기는 논해서 무얼 하겠는가? 자본주의 발전의 특정 시기를 우리가 구조 위기라고 규정할 수 있는 현실적인 근거는 그 시기가 자본주의 역사에서 특별하게 장기간에 걸친 위기와 성장 둔화의 시대이기 때문이다. 그리고 장기간의 위기와 성장 둔화의 시기를 상정할 수 있는 것은 그와 달리 장기간의 성장과 번영의 시기를 자본주의 역사에서 확인하기 때문이다. 그래서 그 시기에 대비하여 구조 위기라는 개념이 성립하는 것이다. 자본주의가 항상 위기와 성장 둔화의 체제라면 굳이 구조 위기란 개념으로 특정한 국면을 규정할 필요도 없다. 또 자본주의가 장기 성장만 하는 체제라면 구조 위기라는 국면도, 개념도 있을 수 없다. 역사적으로 장기파동론이 제기되고 논쟁된 배경도 1873-95년의 제1차 구조 위기와 그에 잇따르는 19세기 말부터 제1차 세계대전까지의 장기 성장이라는 현상이었다.[37] 사실 자본주의 축적이 "단기 번영/장기 하강, 장기 번영/단기 하강 등 임의적인 형태를 취할 수 있는 것"이라는 박승호의 주장도 자신의 해석과는 달리 장기 번영/장기 하강이라는 특정 형태를 부정하는 게 아니다. 왜냐하면, 단기 번영/장기 하강이란 형태는 다름 아닌 장기 하강 국면을 나타내는 형태고, 또 장기 번영/단기 하강이란 형태는 바로 장기 번영을 나타내는 형태이기 때문이다.

요컨대 자본주의 발전이 50년-60년 주기의 장기 파동의 형태를 취한다는 장기파동론의 문제는 기계적인 주기성과 법칙성을 주장한 데 있지 자본주의 역사에서 장기 성장과 장기 하강의 국면을 포착한 데 있는 게 아니다. 후자는 장기파동론의 오류가 아니라 오히려 이론적 기여라 할 것이다. 박승호의 주장과는 달리 장기 번영/장기 하강의 특정 형태를 받아들인다고 해서 50-60년의 주기가 아닌 다른 주기를 제시하는 것도, 또 장기 파동의 주기성, 법칙성을 인정하는 것도 아니다. 1970-80년대 이래 40년간 제3차 구조 위기가 지속되고 있다는 내 주장 어디에 장기 파동의 새로운 주기를 설정하고 있는지 묻고 싶다. 내 테제야말로 장기간의 현대불황에 직면해서 50-60년 주기의 장기파동론이 파탄 났음을 비판하는 것이지 이것으로 내가 예컨대 40년 장기 하강/40년 장기 번영이라는 80년 주기의 새로

---

37 이에 대해서는 市原健志(2001: 제1장), 만델(Mandel, 1975: Ch. 4) 참조.

운 장기파동론을 주장하는 것인가? 더군다나 나는 제3차 구조 위기의 끝이 언제일 거라고 말한 적도 없고 지금으로서는 언제일지도 모른다고 말하고 있는데 말이다.[38]

2) 구조 위기와 이윤율의 경향적 저하 법칙

두 번째 문제는 구조 위기와 마르크스의 이윤율의 경향적 저하 법칙과의 관계에 대한 것이다. 좌파 이론, 특히 영미권 문헌에서는 대체로 구조적 위기를 이윤율의 저하 경향과 관련지어 파악하는데, 박승호에 따르면 여기서도 장기파동론의 잘못된 수용 때문에 이윤율의 경향적 저하 법칙을 이윤율의 장기 파동으로 해석하는 문제가 있다고 한다.

"이처럼 장기 성장/구조 위기의 구별은 이윤율의 장기 상승이냐 장기 저하냐에 의해 기본적으로 좌우되고 있다. 김성구가 제3차 구조 위기인 현대불황이 1970년대 이래 현재까지 40년 넘게 지속하는 것으로 보는 이유도 이윤율의 장기적 저하 추세가 반전되지 않았기 때문으로 본다. 즉, 신자유주의하에서 이윤율의 장기 상승이 나타나지 않았다는 것이다. 여기서도 장기파동론이 이윤율의 장기 상

---

38 박승호는 나를 비롯해서 좌파 논자들이 장기파동론을 비판하면서도 장기 번영/장기 하강의 형태에 사로잡혀 있는 건 조절이론을 수용한 탓이 크다고 덧붙인다(박승호, 2016a: 14). 이런 비판도 수긍할 수 없는 것이다. 내가 장기파동론과 조절이론을 어떻게 '근본적으로' 비판하고 있는지는 김성구(2011a), 김성구(2011b)를 참조했으면 한다.

승/장기 저하와 맞물려 장기 성장/구조 위기 형태로 재현되고 있음을 확인할 수 있다. … 이론적으로 이윤율의 역사적 추세가 장기 상승/장기 저하의 특정한 장기 파동 형태를 취한다고 보는 것이 문제다."(박승호, 2016a: 14-15)

그런데 나는 이윤율의 경향적 저하 법칙을 장기 파동으로 해석하기는커녕 그런 시도를 다음처럼 비판했다. " … 이윤율의 경향적 저하 법칙을 장기파동론으로 각색하는 문제도 지적하지 않으면 안 된다. 마르크스의 이 법칙이 장기 파동의 형태를 취한다는 건 이론적으로도 실증적으로도 합당한 근거가 전혀 없다."(김성구, 2016: 28). 이렇게 단정적으로 비판했음에도 불구하고 내가 이 법칙을 장기파동론으로 해석한다는 박승호의 비판은 앞의 첫 번째 문제에서의 박승호의 오류와 관련되어 있다. 즉, 자본주의의 장기 성장과 장기 하강을 주장하는 건 곧 장기 파동의 주기성과 법칙성을 인정하는 것이어서 오류라는 그의 잘못된 비판이 이윤율의 경향적 저하 법칙의 문제에서는 이윤율의 장기 상승과 장기 하강을 주장하는 건 이윤율의 장기 파동 즉 이윤율 변동의 주기성과 법칙성을 인정하는 것이어서 오류라는 또 하나의 잘못된 비판으로 재현되고 있는 것이다. 그러나 자본주의의 장기 성장과 장기 하강의 주장이 장기 파동의 법칙성 인정과 전혀 관계없는 것처럼 이윤율의 경향적 저하 법칙에서도 그 장기적 변동의 주장은 이윤율의 법칙적인 장기 파동 인정과는 전혀 관계가 없는 것이다.

이윤율의 경향적 저하 법칙은 경기 순환에서 나타나는 시장 가격 이윤율의 단기적 변동과 달리 자본주의의 이념적 평균에서 파악한 법칙이고, 따라서 이 법칙은 일반적 이윤율의 장기적 변동을 설명하는 것이다. 말하자면 경기 순환에 따르는 시장 가격 이윤율의 단기적 변동의 이념적 평균을 따라 일반적 이윤율이 형성되고 순환과 순환의 평균을 따라 장기적으로 운동한다. 마르크스는 자본주의 생산력의 발전에 따라 자본의 유기적 구성이 고도화함으로써 일반적 이윤율이 장기적으로 저하하는 경향이 있음을 논증하고자 했다. 물론 이 법칙은 이윤율의 저하에 반대로 작용하는 상쇄력도 포함하고 그 때문에 일반적 이윤율은 경향적으로 저하한다는 것이다. 따라서 일반적 이윤율은 단선적으로 하락하지 않고 상쇄력의 여하에 따라서는 등귀할 수도 있는데, 일반적 이윤율의 등귀란 경기 순환에 따른 시장 가격 이윤율의 변동처럼 단기적인 게 아니라 순환과 순환의 평균 속에서 파악하는 것이기 때문에 자본주의의 중장기적 변화와 연관되는 것이다. 따라서 이윤율의 경향적 저하 법칙은 일반적 이윤율이 저하 경향을 보인다 해도 장기적인 변동을 배제하는 게 아니다. 마르크스주의 장기파동론의 오류는 이 일반적 이윤율의 장기 변동이 주기성을 갖고 법칙적으로 전개된다고 주장했기 때문이다.

박승호는 앞에서 자본주의의 장기 성장/장기 하강 형태를 잘못 비판할 때처럼 여기서도 이윤율의 장기 운동 형태를 잘못 파악하고 있다. "그러나 이 문제에서도 그것이 '법칙적'인 것이 아니라면, 이윤율의 변동 형태를 장기 상승/장기 저하라는 장기 파동 형태로 고정시킬 이유는 없다. 이윤율의 단기 상승/장기 저하, 장기 상승/단기 저하, 단기 상승/단기 저하 등 여러 역사적 변동 형태가 가능하다."(박승호: 2016, 15). 그의 주장과는 달리 이윤율의 단기 상승/장기 저하는 일반적 이윤율의 장기 저하를, 장기 상승/단기 저하는 일반적 이윤율의 장기 상승을 말하는 것이어서 결국 이윤율의 장기 상승/장기 하강 형태를 반박하는 게 아니고, 또 이윤율의 단기 상승/단기 저하는 일반적 이윤율이 아닌 시장 가격 이윤율의 단기 변동을 말하는 것이어서 이윤율의 경향적 저하 법칙에서 논할 주제가 아니다.

이렇게 이윤율의 장기 상승/장기 하강이라는 장기 변동 자체를 부정한 위에서 박승호는 자본주의의 구조 위기와 이윤율의 장기 하강과의 관련성을 전면 부정하고 구조 위기의 원인은 다른 데서 찾아야 한다고 한다. 이런 결론은 아마도 논리적으로 불가피하다. 박승호처럼 이윤율의 경향적 저하 법칙을 점진적 저하로만 파악하면서 이윤율의 장기적 저하를 구조 위기로 파악한다면 자본주의는 언제나 구조 위기의 국면에 있게 되는 거라서 구조 위기 개념 자체도 부정되기 때문이다. 그뿐만 아니라 이윤율이 점진적으로 저하하기만 한다면 자본주의의 장기 번영도 설명할 수 없게 된다. 이런 논리적 궁핍함을 벗어나기 위해서는 이윤율의 장기적 변화와 자본주의의 장기 성장/장기 위기 간의 관련성을 부정할 수밖에 없는데, 이건 자신의 궁핍함을 해결하는 게 아니라 더욱 근본적인 문제를 제기하는 심각한 오류가 아닐 수 없다. 이윤율의 장기적 저하가 자본주의의 장기적 위기와 관련이 없다면, 마르크스는 왜 이윤율의 경향적 저하 법칙으로써 자본주의의 체제적 위기를 논했으며, 박승호는 왜 마르크스의 이 법칙을 비판하지 않고 무비판적으로 수용하는가?

박승호가 찾은 자본주의 구조 위기의 원인은 축적 체제나 조절 양식의 문제다. 그런데 다음 문장을 보면 축적 체제나 조절 양식이 특정 시기에 역사적으로 작동하지 못해서 문제인 이유는 그 때문에 이윤율이 장기적으로 저하하기 때문이라고 한다.

"이것은 구조적 위기의 원인을 이윤율의 장기적 저하가 아닌 다른 데서 찾아야 함을 의미한다. 주기적 경기 순환은 법칙적이지만 자본 축적에서의 장기 파동이 법칙적인 것이 아니라 역사적인 것이라면, 구조적 위기도 법칙적인 것이 아니라 역사적인 것이다. 그렇다면 구조적 위기의 원인도 역사적인 것으로 분석되어야 한다. … 자본주의는 주기적 공황을 통해 내적 모순에 따른 불균형을 청산하고 균형을 회복한다. … 그런데 그런 주기적 공황에 의해서도 균형이 회복되지 않아 통상적인 경기 순환이 이루어지지 않는 경우가 역사적으로 발생했다. 장기 불황 또는 장기 침체가 발생한 것이다. … 이렇게 주기적 공황에 의해서 일시적이지만 균형을 회복하고 경기 순환을 반복하게 하지 못하게 하는 역사적 요인이 구조적 위기의 원인이 될 것이다. 이 원인을 '법칙적'으로 이윤율이 장기적으로 저하하기 때문이라고 설명하는 것은 동어 반복이다. 마르크스의 '이윤율 저하 경향 법칙'에 의해 이윤율이 저하한다는 것은 아무런 설명이 못된다. 저하 경향은 항상적으로 작용하는 역사적 추세이기 때문이다. 이윤율이 장기적으로 저하하는 원인을 밝히는 것이 역사적 원인 분석이다. … 결국 이른바 축적 체제나 조절 양식에 문제가 있는 것이다. 즉 특정한 '구조'에 문제가 있어서 균형의 회복과 통상적인 경기 순환으로 전환되지 못하는 것이다. 그래서 '구조적 위기'인 것이다. 축적 체제나 조절 양식이라는 자본 축적의 구조는 현실에서는 자본주의 시스템의 특정한 제도와 정책의 조합으로 나타난다. 그리고 이런 제도와 정책은 근본적으로 특정 시기의 계급 역관계에 의해 규정된다."(박승호, 2016a: 15-16, 강조는 인용자)

박승호가 말하는 구조 위기의 논리를 다시 정리하면 '축적 체제/조절 양식의 위기->이윤율의 장기적 저하->자본주의 구조 위기'가 되어 바로 앞서 그가 이윤율의 장기 변동과 구조 위기 간의 관련성을 전면 부정한 것과는 달리 여기서는 이윤율의 장기적 저하가 자본주의 구조 위기의 직접적 원인이 되고 있다. 다만 문제는 특정 시기의 이윤율의 장기적 저하의 요인을 이윤율의 경향적 저하 법칙이 아니라 역사적으로 분석하는 것이고, 그 역사적 요인이 특정 시기의 축적 체제/조절 양식의 위기라고 주장할 뿐이다. 그러나 마르크스의 이윤율의 경향적 저하 법칙이 '항상적으로 작용하는 역사적 추세이기 때문'에 이 법칙으로 특정 시기의 이윤율의 장기적 저하를 설명하는 게 '동어 반복'이라는 박승호의 비판은 잘못된 것이다. 이윤율의 경향적 저하 법칙에서 이윤율의 크기를 결정하는 요인은 잉여가치율, 자본의 유기적 구성, 자본의 회전율 등이므로 특정 시기의 역사적 이윤율은 이들 변수의 크기에 의해 결정될 것이다. 또 이들 변수의 크기는 생산력 발전의 구체적 수준과 존재 형태, 세계시장의 조건, 계급투쟁의 상태 등 특정 시기의 특정한 역사 조건에 의해 규정된다. 따라서 이윤율의 장기 변동은 마르크스의 이론에 의거한다면 박승호처럼 뜬금없이 축적 체제/조절 양식의 문제를 끌어들여 설명해서는 안 되고, 이윤율의 경향적 저하 법칙에 입각해 이윤율을 결정하는 이들 변수의 크기의 종합에 의해 설명해야 한다.

'축적 체제/조절 양식의 위기->이윤율의 장기적 저하->자본주의 구조 위기'라는 박승호의 구조 위기 논리는 마르크스주의 좌파의 주장과는 달리 자신이 비판하는 조절이론의 논리를 따르는 것이다. 주지하다시피 레귤라시옹 학파는 포드주의 조정 양식(테일러주의/생산성 인덱스 임금)의 붕괴에 따라 그에 입각한 대량 생산/대량 소비의 축적 체제도 붕괴했고 테일러주의의 위기(생산성의 위기)와 인덱스 임금의 붕괴(분배의 위기)가 합작해 이윤율 저하의 위기를 가져왔다는 식으로 포드주의의 위기를 설명한다.[39] 반면 조절이론을 수용하는 경우에도 마르크스주의 논자들은 구조 위기에서 이윤율의 경향적 저하를 중시하고 이윤율의 장기적 저하가 오히려 특정한 축적 체제/조절 양식을 위기로 가져가서 구조 위기가 발생한다고 주장한다. 여기서는 이윤율의 특정한 수준이 특정한 축적 체제/조절 양식이 원활하게 작동하기 위한 필요조건을 이룬다. 케인스주의가 대공황 시기 이미 법적, 제도적으로 도입되었음에도 대공황을 극복하지 못하고 제2차 대전 종전 후에 비로소 안정적으로 작동하게 된 것도 세계전쟁을 통한 대규모 과잉 자본 파괴에 의해 종전 후에 비로소 이윤율의 조건이 개선되었기 때문이다. 마찬가지로 1970년대 케인스주의의 위기도 그 하나의 주요한 토대는 이윤율의 장기적 저하에 있었던 것이다. 물론 박승호가 말하는 '특정 시기의 계급 역관계'도, 그것에 의해 규

---

39 김성구(2011b) 참조.

정되는 특정한 축적 체제/조절 양식도 특정 시기 이윤율을 결정하는 주요한 요인이고, 그런 점에서 이윤율 조건과 계급 관계/축적 양식/조절 양식 간의 상호 결정 관계를 부정하는 것은 아니다. 문제는 지배적 규정 요인이 무엇이냐에 대한 관점의 차이라 할 수 있다.

구조 위기와 이윤율의 경향적 저하 법칙과의 관계에 대해 한 가지만 덧붙인다면, 이윤율의 경향적 저하는 자본주의의 구조 위기를 가져오는 기본적 요인이지만, 오늘날의 구조 위기는 자본주의가 독점자본주의, 국가독점자본주의 단계로 이행함에 따라 이 단계에 고유한 구조적 모순들이 발전함으로써 이 법칙으로만 포괄할 수 없을 만큼 복잡하게 되었다는 점이다. 말하자면 오늘날의 구조 위기는 자본주의 일반의 위기(=이윤율의 경향적 저하 법칙)에 독점 단계에 고유한 정체 경향, 그리고 국가독점자본주의의 구조 위기(인플레, 국가 재정 위기, 스태그플레이션, 신자유주의 금융 위기)가 중첩되어 그 분석은 자본주의 일반의 이론인《자본》만으로는 수행할 수 없고《자본》에 토대를 두면서도 독점자본주의론과 국가독점자본주의론의 이론적 매개가 불가피하다. 대체로 영미권 문헌에서는 독점자본주의론과 국가독점자본주의론의 문제의식이 결여되어 있어 구조 위기의 분석도 이윤율 저하의 실증 분석에 한정되어 있고 국가독점자본주의의 구조 위기도 이론적 토대, 이론적 매개 없이 현상적 분석에 머무르는 등 이론적 한계를 보인다.

3) 구조 위기와 자본주의 발전 단계

이렇게 자본주의 발전 단계와 구조 위기는 이론적, 역사적으로 불가분의 관계에 있고 자본주의 구조 위기를 논할 때 발전 단계의 문제를 간과할 수 없다. 이게 박승호가 제기하는 세 번째, 마지막 문제다. 그는 우리나라에서 강단의 마르크스주의 논자 중에서는 보기 드물게 자본주의 발전 단계의 문제를 인식하지만, 그러나 국가독점자본주의론의 발전 단계론에 대해서는 비판적이다. 내가 지난 글에서 정리했다시피 국가독점자본주의론은 자본주의 발전 단계를 크게 자유경쟁자본주의와 독점자본주의의 두 단계로 구분하고, 독점자본주의 단계 내에서 소단계인 국가독점자본주의를 설정하며, 국가독점자본주의는 다시 케인스주의적 국가독점자본주의와 신자유주의적 국가독점자본주의의 두 개의 형태 또는 변종으로 구별하여 자본주의 역사를 설명한다. 나아가 자본주의의 단계 발전은 세 번의 구조 위기와 이행을 매개로 설명하기 때문에 위기론과 단계론 그리고 이행론은 이론적으로 일관적이고 통일성을 유지한다(김성구, 2016: 30 이하). 물론 국가독점자본주의론에도 여러 이론적 경향이 존재하고 다양한 논의가 있지만 내 이론으로서 내세우는 국가독점자본주의론은 이상과 같다.[40]

자유경쟁과 독점 그리고 국가독점의 단계 구분을 하는 기준은 자본주의하에서 발전하는 사회화 즉 사적 소유와 시장 조절의 부정 형

---

40 국가독점자본주의론의 최근의 주목할 만한 성과에 대해서는 鶴田滿彦 · 長島誠 一(2015) 및 建部正義(2013) 참조. 특히 국가독점자본주의의 역사와 발전 단계에 대한 다테베 마사요시建部正義의 견해는 위에서 서술한 내 견해와 거의 완전하게 일치한다.

태인 사회화의 정도이며, 독점과 국가독점 자체가 사회화의 새로운 수준, 형태를 나타내는 것이어서 새로운 발전 단계를 구성한다. 그런 한에서 이 범주들은 자본주의 질서 내에서의 자본주의의 지양 형태며 미래 사회의 맹아적 요소로서 자본주의로부터 사회주의로의 이행을 나타내는 것이다. 이에 대해 박승호는 이와 같은 단계 구분의 기준이 모호하다며 전반적으로 국가독점자본주의론의 단계 구분에 비판적이다.

> "문제는 이런 단계-소단계-형태(변종) 구별이 모두 세 차례의 구조적 위기와 연관되어 있는데, 각각의 차이 또는 차별이 이론적으로 명료하지 않다. '사회적 소유와 계획'의 정도라는 기준이 질적으로 구별되는 것인지 양적으로 구별되는 것인지도 명확하지 않다. 왜 4단계로 구별하면 안 되는가? 예컨대, 경쟁적 조절-독점적 조절-국가독점적 조절-초국가독점적 조절로 단계 구분할 수도 있지 않는가? 결국 국독자론은 2단계론(+1소단계론) 또는 3단계론의 틀에 현실을 꿰맞추려고 하기 때문이 아닌가?"(박승호, 2016a: 17)

그러나 국가독점자본주의론 비판에 앞서 박승호는 먼저 자신의 발전 단계론을 명확히 제시할 필요가 있다. 나는 지난 글에서도 박승호의 발전 단계론을 '자유경쟁자본주의(자유방임자본주의/고전적자유주의)-독점자본주의-케인스주의(포드주의)-신자유주의(포스트 포드주의)'라는 도식으로 파악하고 이런 도식에서는 단계 구분의 기준이 일관적이지 않다고 비판(김성구, 2016: 33)했다. 특히 박승호는 제4차 구조 위기를 주장하고 이를 통해 새로운 축적 체제의 등장을 전망한다고 하니 앞으로 등장할 축적 체제까지 포함해 일관된 기준으로 자신의 발전 단계론을 제시해야 할 것이다.

박승호의 비판과는 달리 독점과 국가독점에서 표현되는 사회화의 정도는 질적으로도 양적으로도 구별되는 것이고 그 때문에 새로운 발전 단계를 상정할 수 있다. 독점의 소유는 주식회사에 기반을 둔 소유이고 주식회사는 주식의 사적 소유에 입각한 사회적 소유인 반면, 국가독점적 소유는 그 자체로 국가적 소유, 사회적 소유여서 사회화의 새로운 질, 새로운 단계를 나타낸다. 또한, 독점의 계획과 시장 지배는 사적 독점에 한정되고 그 범위도 제한적인데 반해 국가의 계획과 시장 조절은 사적 독점과 비교할 수 없게 광범위하고 시장경제 전반에 작용한다. 따라서 독점자본주의 단계와 구별되는 국가독점자본주의 단계의 설정이 필요한 것이며, 그럼에도 국가독점은 독점자본주의의 기반 위에서 기본적으로 사적 독점의 이해를 보장하고 독점적 재생산을 유지하기 위해 사적 독점과 유착하는 형태여서 독점자본주의와 구별되는 별개의 단계가 아니라 독점자본주의 단계 내에서 또 다른 단계 즉 소단계라 하는 것이다.

반면 제3차 구조 위기와 국가독점자본주의의 두 가지 형태에 대한 박승호의 비판은 충분히 할 수 있는 비판이고 나로서도 무조건 반박하고 싶지는 않다. 즉, 제3차 구조 위기를 배경으로 신자유주의 축적 체제, 신자유주의적 국가독점자본주의가 성립했는데도 제3차 구조 위기가 계속되고 있고 나아가 2008년 위기를 신자유주의 축적 체제의 구조 위기/금융 위기로서 파악하며 이것도 제3차 구조 위기의 연장선으로 규정한다는 내 테제가 일관성도 없고 혼란스럽다는 것이다.

"여기에서도 제3차 구조 위기가 1970년대 이래 현재까지 지속되고 있다고 보는 입장은 모순적이다. 신자유주의적 형태로 축적 체제가 바뀌었는데도 이윤율의 장기 저하를 극복하고 장기 상승 국면으로 전환하지 못했기 때문에 제3차 구조 위기는 지속되고 있다고 주장한다. 구조 위기를 이윤율의 장기 저하와 연관시키는 것의 문제점은 앞에서 지적했고, 여기서는 이런 주장이 사용하는 '축적 체제' 개념의 문제점을 지적하고자 한다. '새로운 축적 체제'가 등장했는데도 구조 위기가 끝나지 않았기 때문이다. 구조 위기의 전제조건으로 '새로운 축적 체제'를 말할 때의 축적 체제 개념은 장기 번영을 의미하는 장기적인 안정적 자본 축적 체제를 말한다. 그런데 신자유주의적 축적 체제는 이윤율의 장기 저하를 장기 상승으로 전환시키지 못했기 때문에 제3차 구조 위기가 지속되고 있다고 말할 때의 '축적 체제' 개념은 장기적인 안정적 자본 축적과는 거리가 멀다. 오히려 불안정하고 끊임없이 금융 위기에 시달리는 '신자유주의 위기 메커니즘'이다. … 이 서술에서 보면 신자유주의 형태의 국독자는 하나의 축적 체제가 아니라 "신자유주의 구조 위기" 또는 "신자유주의 위기 메커니즘"이다. 그렇게 되면 국독자가 케인스주의 형태에서 신자유주의 형태로 전환했다는 것, 즉 '변종'의 의미가 무엇인지 애매해진다. 그것도 제3차 구조 위기를 통해 형태 전환했다는 것인데, 제3차 구조 위기는 계속 진행 중이다. 그렇다면 '신자유주의 구

조 위기'는 제3차 구조 위기와 같은 의미인가? 혼란스럽다."(박승호,
2016a: 18-19)

　나 자신도 전에는 제3차 구조 위기를 1970-80년대의 위기를 지
칭하는 것으로 사용하기도 했고 때로는 지난 글에서처럼 1970-80년
대 이래 오늘날까지 지속되는 위기를 지칭하기도 했으므로 혼란스
러운 면이 없다고는 할 수 없다. 이런 혼란이 발생한 이유는 1970-80
년대 구조 위기를 배경으로 성립한 신자유주의 축적 체제, 신자유주
의적 국가독점자본주의가 구조 위기를 배경으로 등장한 이전의 축
적 체제 또는 발전 단계와 달리 장기 성장을 가져온 게 아니라 위기
의 체제였기 때문이다. 신자유주의 체제에서 제3차 구조 위기는 지
속되었고 성장은 둔화되었고 신자유주의 체제에 고유한 금융 투기
와 금융 위기가 새로이 중첩되었다. 그리고 이러한 위기 메커니즘 하
에서 2008년 대 금융 위기가 발생하였다. 케인스주의적 국가독점자
본주의의 위기, 신자유주의적 국가독점자본주의의 위기, 2008년 금
융 위기는 경기 순환에 따라 주기적 공황도 동반했지만, 기본적으로
구조적 성격의 위기였으므로 제3차 구조 위기가 케인스주의로부터
신자유주의로 위기의 형태를 바꿔가면서도 지속하고 있다고 했던
것이다. 제3차 구조 위기를 1970-80년대로 한정해서 명명하든 현재
까지 지속되는 위기를 지칭하는 것으로 사용하든 중요한 것은 1970-
80년대 이래로 오늘날까지 구조 위기가 지속되고 있다는 점이며, 그
구조 위기의 내용과 형태가 신자유주의 체제의 성립과 함께 변화했
다는 점을 인식하는 것이다. 따라서 2008년 금융 위기 이후를 특별히

제4차 구조 위기로 평가하지 않는다.[41]

신자유주의적 국가독점자본주의가 케인스주의적 국가독점자본주의와 달리 위기적 체제인 이유는 이 체제가 구조 위기에 대한 역사 발전에 조응하는 형태의 해결책이 아니었기 때문이다. 생산력의 고도화와 사회화의 일층의 진전에 따라 케인스주의적 국가독점자본주의의 위기는 케인스주의보다 더 높은 형태의 사회화를 통해서만 극복할 수 있는 건데, 신자유주의는 탈 조절이라는 이름으로 기존의 사회화 형태마저 해체시킴으로써 위기를 극복하고자 했던 반동적인 프로젝트였다. 그런 점에서 신자유주의 체제하에서 제3차 구조 위기가 지속되는 건 불가피하였다. 이행론의 관점에서 보면, 케인스주의적 국가독점자본주의와 신자유주의적 국가독점자본주의의 위기는 사회화와 사회주의로의 일층의 진전 없이는 국가독점자본주의의 위기가 더 이상 해결될 수 없음을 보여주는 것이고, 자본주의로부터 사회주의로의 이행에서 이행 형태로서의 국가독점자본주의의 역사적 지위를 재확인하는 것이라 할 수 있다.

4) 제4차 구조 위기?

41　또는 제3차 구조 위기를 세 개의 국면으로 나누어 정의할 수도 있다. 즉 첫 번째 국면: 1970-80년대 구조 위기를 가져온 두 번의 세계공황과 케인스주의의 위기 시기(케인스주의적 국가독점자본주의의 위기), 두 번째 국면: 1980년대 중반부터 2007년까지 신자유주의의 지배와 위기의 시기(신자유주의적 국가독점자본주의와 그 위기), 세 번째 국면: 2008년 금융 위기 이후 신자유주의 위기의 심화 시기(신자유주의적 국가독점자본주의의 위기 심화 또는 국가독점자본주의 자체의 위기).

이제 마지막으로 박승호의 제4차 구조 위기론에 대해 결론을 내고 이 절을 끝내도록 하자. 박승호에 따르면 구조 위기에서 새로운 축적 체제, 새로운 발전 단계로 변화하느냐 그렇지 않고 체제 이행으로 넘어가느냐 여부는 전적으로 노동계급의 투쟁에 따른 역사적인 것이고 사후적인 것이어서 제4차 구조 위기를 규정할 때 특정한 축적 체제를 미리 상정할 필요가 없다고 한다.

"이 점에서도 김성구가 구조 위기의 두 가지 전제조건으로 제시한 '새로운 축적 체제의 등장뿐 아니라 신자유주의하 장기번영'(…)에서 '새로운 축적 체제의 등장'은 전제조건이 될 수 없다. 왜냐하면 새로운 축적 체제의 등장은 역사적인 것이기 때문에 사전적인 것이 아니라 사후적인 것이기 때문이다. 제1차 구조 위기에서도 독점의 등장과 제국주의의 출현은 사전적이 아니라 구조 위기 속에서 생성된 것이었다. 또 제2차 구조 위기는 케인스주의적 조절형태의 등장에 의해서가 아니라 경제의 군사화와 제2차 세계대전에 의해 극복되었다. 케인스주의적 조절 형태가 제2차 세계대전 이후에 일반화된 것은 그것이 사전적으로 등장했기 때문이 아니라 제2차 구조 위기 과정에서 형성된 계급 역관계가 강제한 것이었다. … '새로운 축적 체제의 등장'이 구조 위기의 전제조건이 아닌 것이다. … 제3차 구조 위기(1970년대-1980년대 초반)는 케인스주의적 축적 체제에서 신자유주의적 축적 체제로 전환시켰다. 그러나 신자유주의적 축적 체제가 사전적으로 존재했기 때문에 구조 위기가 된 것이 아니다. 구조 위기 과정에서 신자유주의적 축적 체제가 생성되었다."(박승

새로운 축적 체제는 물론 구조 위기 속에서 사후적으로 확립되고 계급 역관계에서 결정되지만, 그러나 이전의 구조 위기의 역사를 보면 박승호의 주장과는 달리 구조 위기 속에서 이미 새로운 축적 체제의 형태가 발전했고 그 자체가 구조 위기하 계급투쟁의 주요한 대상이 되었다. 1873년부터 시작하는 제1차 구조 위기 때는 이미 카르텔, 트러스트 등의 독점화 조직과 함께 1870년대 말부터는 독일과 미국에서 카르텔, 트러스트라는 새로운 용어가 사용되기 시작했다. 세계대공황 시기인 제2차 구조 위기 때도 4년 공황의 끝자락인 1933년부터 뉴딜 법령의 제도화가 실행되어 케인스주의와 국가독점자본주의로의 전환이 명백하게 가시화되었다. 그리고 1970년대 제3차 구조 위기 때도 이미 1970년대 중반부터 주요 선진국들에서 파산한 케인스주의에 대항해 우파로부터 신보수주의/신자유주의 운동이 전개되었고, 또 좌파로부터는 급진적인 사회화 프로그램이 제출되는 등 1970-80년대는 국제적으로 새로운 축적 체제, 새로운 형태의 국가독점자본주의를 둘러싸고 전면적인 정치 투쟁이 벌어졌다.

이에 반해 2008년 위기 이후에는 어느덧 8년이 지나 하나의 순환이 끝자락에 들어가는 현재의 시점까지도 새로운 축적 체제의 어떤 단초도 찾을 수 없다. 그러기는커녕 위기에 빠졌던 신자유주의는 재건되었고, 선진 자본주의 국가 어느 곳에서도 신자유주의를 대체하기 위한 정치 세력의 성장을 볼 수가 없다. 이런 상황에서 박승호는 축적 체제의 등장은 사후적인 것이고 제4차 구조 위기는 현재 계급투쟁 속에서 진행 중이라는 추상적이고 무책임한 언사 속에서 어떤 현실적 근거도 없이 제4차 구조 위기를 말하고 있다. 그건 마르크스주의의 과학적 분석이라 할 수 없다. 결국, 박승호의 제4차 구조 위기론은 적어도 지금 시점에서는 자본주의 현실에 근거하지 않는 자의적이고 주관적인 주장에 지나지 않는다. 아무도 미래를 예견할 수는 없지만, 시간의 경과와 함께 박승호의 오류도 더욱 분명해질 것이다.[42]

5. 주기적 공황과 구조적 위기의 관계에 대한 이론적 쟁점에 관하여

나는 《자본》의 수준에서 논하면 구조 위기, 장기 불황은 이윤율의 경향적 저하 법칙 즉 일반적 이윤율의 경향적 저하에서 비롯되는 것이고, 주기적 공황은 현실 경쟁과 불균형 그리고 과잉 생산에 따른 시장 가격 이윤율의 하락에서 비롯되는 것이라며 구조 위기와 주기적 공황의 논리적 차원과 그 원인을 구별했는데(김성구, 2016: 27), 이에 대해 박승호는 주기적 공황과 구별되는 별개의 구조 위기는 존재하지 않고, 또 주기적 공황이든 구조 위기든 위기의 원인은 이윤율의 경향적 저하 법칙에서 찾아야 한다고 비판한다.

---

42 박승호(2016b: 11 이하)는 세계 장기 불황의 전망에서 초국적 자본의 구조조정과 신자유주의 구조개혁, 미국 유일 패권의 붕괴/해체 등을 거론하며 제4차 구조 위기의 논거로 삼고자 하지만, 신자유주의 구조조정도, 미국 유일 패권의 붕괴도 모두 이미 제3차 구조 위기와 함께 시작된 새로운 변화이지 제4차 구조 위기를 말할 수 있는 새로운 현상이 아니다.

"구조 위기와 주기적 공황이 '중첩'된다는 관점을 어떻게 보아야 할 것인가? 구조 위기가 역사적인 것이고, 그것은 '주기적 공황이 격화되거나 만성화되는' 것, 더 정확히 표현하자면 주기적 공황이 통상적인 경우보다 훨씬 더 격렬하고 광범하며 장기 불황 또는 장기 침체가 지속되는 것을 통해서 현실에서 드러난다면, '중첩'된다는 표현은 부적절하다. 주기적 공황이 일시적일지라도 균형 회복력을 통해 '통상적인' 경기 순환을 가져와야 하는데, 그러하지 못한 경우가 바로 구조 위기인 것이다."(박승호, 2016a: 21)

"김성구의 구조 위기와 순환적 공황에 대한 이런 구별은 마르크스가《자본론》3권 제3편 이윤율 저하 경향의 법칙에서 전개한 공황론을 부정하거나 전면 수정한 것이란 점을 우선 확인할 필요가 있다. 마르크스의 공황론은 이윤율 저하 경향의 법칙으로 순환적 공황의 원인을 해명하려고 했기 때문이다."(박승호, 2016a: 20)

"… 마르크스가 공황의 원인을 이윤율 저하 경향과 상쇄 요인들의 모순적 전개 과정에서 발생한 충돌, 달리 말하자면 이윤율 저하 경향과 이에 대한 상쇄 요인들의 작용이 잉여가치 생산 조건과 실현 조건 사이에 일으키는 모순과 충돌에서 찾으려고 한다는 점은 지적할 필요가 있다. … [그리고《자본론》제3권으로부터 인용하고 있다. - 김성구] '이윤율의 저하는 과잉 생산·투기·공황을 촉진하며, 과잉 자본과 과잉 인구의 병존을 일으킨다.'(《자본론》3권, 302쪽)."(박승호, 2016a: 20-21)

주기적 공황의 격화나 만성화를 통한 경기 순환의 특별한 형태 자체가 구조 위기여서 양자는 별개의 것이 아니라는 주장은 앞서도 언급했던 바처럼 이론적으로는 자본주의 일반, 역사적으로는 자유경쟁자본주의를 상정했을 때만 타당한 것이다. 그건 독점자본주의와 국가독점자본주의를 부정하는 이론 관점에서나 주장할 수 있는 것인데, 박승호처럼 독점자본주의와 현대 자본주의론을 견지하면서 이런 주장을 하는 건 이해하기 어렵다. 독점자본주의와 국가독점자본주의로 발전하면 이들 단계에 고유한 구조적 모순들이 발전하기 때문에 이들 모순이 이윤율의 경향적 저하에 중첩되어서 구조 위기의 양상은 복잡해진다. 또한 주기적 공황도 이들 모순에 규정되어 순환의 형태가 변용을 받게 된다. 따라서 오늘날 구조 위기는 중층적 구조로 되어 있어 단순한 주기적 공황의 특별한 양상을 넘어 국가독점자본주의의 구조 위기 양상을 포괄하고 있으며, 그러한 한에서 구조 위기와 주기적 공황의 중첩을 말하는 게 오히려 올바른 규정이다. 케인스주의의 구조 위기를 표현하는 스태그플레이션 자체가 국가독점자본주의의 위기 형태인 인플레이션의 악성화와 주기적 공황이 결합한 것이다. 지난 금융 위기에서 신자유주의 금융 위기와 주기적 공황이 중첩된 것처럼, 재정 위기와 달러 위기가 주기적 공황과 중첩되기도 했다. 그러면 구조적 위기의 관점에서도 주기적 공황의 관점에서도 위기가 심화될 수밖에 없다. 신자유주의 금융 위기와 주기적 공황 양자는 서로 같은 위기가 아니고, 재정 위기/달러 위기와 주기적 공황에서도 양자는 성격이 다른 두 개의 다른 위기다.

주기적 공황과 구조 위기 그리고 이윤율의 경향적 저하 법칙과 관련해서는 먼저 주기적 공황을 이윤율 저하 법칙으로 설명하는 공황론, 특히 영미권 마르크스주의 공황론 전통의 오래된 오류를 지적할 필요가 있다. 박승호도 이런 전통 위에서 이윤율 저하와 생산·소비 간 모순을 절충함으로써 자신의 공황론을 제시하고 있다. 그런데 앞서 말한 것처럼 이윤율의 경향적 저하 법칙에서 다루는 이윤율은 일반적 이윤율이다. 일반적 이윤율이란 생산 부문 간 경쟁을 통해 형성되는 모든 부문의 자본에 균등한 평균 이윤율을 말하고, 비용 가격에 이 평균 이윤을 더한 생산 가격은 자본주의 재생산의 균형을 맞추는 즉 수요와 공급을 일치시키는 일종의 균형 가격을 나타낸다. 그런데 자본주의하에서 일반적 이윤율과 생산 가격이라는 이 균형은 가격 기구의 작용과 부문 간 자본 이동을 통해 이루어지지만, 가격 기구의 작용을 통해 생산 가격으로부터 시장 가격의 일시적 이탈과 생산 가격으로의 끊임없는 수렴의 형태로 달성되는 게 아니라 경기 순환에 따르는 순환적 불균형과 괴리 그리고 공황을 통한 폭력적 조정을 통해 달성될 뿐이다. 즉, 호황 국면에서는 전반적 초과 수요 때문에 시장 가격이 생산 가격을 넘어 상방으로 계속 이탈, 괴리하고(반면 초과 수요에 의해 은폐되어 과잉 생산이 누적되고), 그 불균형은 결국 공황을 통해 폭력적으로 조정되는데, 그 조정도 공황과 불황 국면에서는 반대로 전반적 과잉 생산 때문에 시장 가격이 생산 가격 아래로의 계속적인 이탈과 괴리를 통해 이루어진다. 결국 조정의 끝자락을 지나 경기 회복의 국면에서나 과잉 자본·과잉 생산의 청산을 통해 자본주의 경제는 일시적으로나마 수요와 공급의 균형, '시장 가격=생산 가격'의 균형을 달성하고 일반적 이윤율과 생산 가격이 현실의 균형 속에서 실현되는 것이다. 이렇게 자본주의의 균형을 가져오는 기구는 부르주아 경제학에서 말하는 것과는 달리 가격 기구가 아니라 주기적인 공황이고 가격 기구는 오히려 경기 순환에서 불균형을 심화시키는 기구로서 작용한다. 마르크스의《자본》은 이러한 경기 순환의 운동을 추상하고 그 이념적 평균에서 자본의 운동을 서술한 것이며, 그에 따라 일반적 이윤율과 생산 가격도 경기 순환의 현실 과정에서 포착한 개념이 아니라 그 이념적 평균에서 서술한 개념이다. 다시 말해 일반적 이윤율과 생산 가격은 시장 가격의 끊임없는 변동을 통해 현실의 일상에서 형성되고 그런 일반적 이윤율과 생산 가격이 경기 순환을 따라 변동하는 것이 아니라 순환적 불균형을 동반하는 경기 순환의 이념적 평균에서 형성되는 관계를 개념화한 것이다.[43]

이는 부문 간 자본 이동과 이윤율의 균등화 과정을 통해서도 살펴볼 수 있다. 우선 경기 순환에서 일상적인 자본 이동을 통해 생산 부문 간 이윤율이 끊임없이 균등화되는 게 아니라는 점을 인식할 필요가 있다. 앞서 본 바와 같이 경기 순환의 일상에서는 생산 가격이 형성되지 않고 시장 가격은 이념적 평균에서 파악한 생산 가격으로

---

43   그럼에도《자본》제3권 제3편 제15장에서 마르크스는 이윤율의 경향적 저하 법칙의 내적 모순의 전개 속에서 이념적 평균의 수준을 넘어 주기적 공황의 문제를 다루고 있다. 이는 엥겔스가 편집한《자본》제3권이 초고(1864-65년의 제3초고)의 성격이 강한 미완성 저작이어서 여기에 연구 단계의 선취한 내용들이 서술의 형식을 따르지 않고 그대로 남아 있기 때문이다. 따라서 박승호처럼 마르크스가 경쟁론과 경기 순환론의 매개 없이 이윤율의 저하 법칙으로써 직접 공황을 설명한 것처럼 제15장에서의 마르크스의 서술을 인용하는 것은 커다란 오류가 아닐 수 없다. 이에 대해서는 김성구(2008a) 참조.

부터 순환적으로 상하방 이탈해서 운동한다. 다시 말해 예컨대 호황기에 시장 가격이 등귀한다고 해서 그게 일반적 이윤율의 형성을 통해 형성된 생산 가격이 등귀하는 것이 아니라는 말이다. 호황 국면에서는 왕성한 투자 수요에 의해 초과 수요가 전반적으로 발전하지만, 그 중심은 I부문이다. 따라서 I부문의 이윤율이 II부문보다 높은데, 그래도 고정자본 보전의 특수성 때문에 당장은 II부문으로부터 I부문으로의 자본 이동을 통해 양 부문 간 이윤율을 균등화시킬 수 없다. 이 시기는 I부문에 대한 신규 투자나 확대 투자를 통해서만 일정하게 양 부문 간 불균등을 조정할 수 있지만, 고정자본 공급의 비탄력성이라는 고정자본 투자의 특수성 때문에 이 신규 투자나 확대 투자가 I부문의 초과 수요를 증폭시키고 오히려 불균등을 심화시키는 요인이 된다. 이 때문에 호황 국면에서 과잉 생산이 은폐, 누적되는 중심 부문도 I부문이며, 따라서 생산과 소비의 모순에 따른 과잉 생산 공황은 II부문이 아니라 I부문에서 폭발한다. 결국, 불황 국면에서 과잉 자본이 청산되고 갱신투자가 가시화되는 경기 회복 국면에나 자본 이동을 통한 이윤율의 균등화와 생산 가격의 형성이 달성되는 것이다. 그렇다면 당연히 호황 국면에서 단기적으로 증가하는 이윤율이나 공황 국면에서 갑자기 폭락하는 이윤율의 운동을 이 일반적 이윤율로써 설명하는 것은 명백한 오류가 된다. 그건 생산력 발전의 중장기적 변화를 반영하는 일반적 이윤율의 변동에서 비롯되는게 아니라 수요와 공급의 균형 파괴, 전반적 초과 수요(호황)와 초과 공급(공황)에 따른 시장 가격과 시장 가격 이윤율의 변동에서 비롯되는 것이다. 그렇지 않고 이 운동을 일반적 이윤율로 설명할 수 있다고 하면, 호황 국면에서 증가하는 이윤율, 또 그 다른 표현인 가격의 등귀를 각각 일반적 이윤율의 저하 법칙으로, 가치와 생산 가격 개념으로 설명할 수 있어야 한다. 호황 국면에 자본의 유기적 구성이 고도화하고 또 임금 상승에 따라 착취율도 낮아지는데 왜 일반적 이윤율은 증가하는지, 또한 호황 국면에 기술 진보와 유기적 구성의 고도화에도 불구하고 왜 상품의 가치와 생산 가격이 등귀하는지 설명해야 한다. 어떻게 해도 그런 설명은 가능하지 않다. 호황 국면에서의 이윤율의 변동이나 가격의 변동은 일반적 이윤율이나 가치/생산 가격의 변동을 표현하는 게 아니기 때문이다. 이윤율의 경향적 저하 법칙은 이렇게 경기 순환의 평균을 통해 이념적으로 형성되는 일반적 이윤율이 순환과 순환을 거듭하면서 경향적으로 저하하는 것을 표현하는 법칙이며, 그런 점에서 이 법칙은 경기 순환의 국면 변화를 설명하는 게 아니라 자본주의의 장기 변동을 설명하는 법칙인 것이다.[44]

이제 박승호의 비판에 대한 이상의 반론을 정리하고 글을 끝내도록 한다. 박승호는 2008년 이후 현재의 경기 순환의 특별한 취약성을 근거로 해서 한편에서 자본주의의 현 상태가 경기 순환상의 회복 국면(유로존)과 호황 국면(미국)에 있다는 것을 반박하고, 다른 한편에서 제4차 구조 위기가 시작되었다고 하였으나, 이런 주장은 마르크

---

44 마르크스 공황론의 방법과 공황론 논쟁에 대해서는 김성구(2008b), 이윤율 저하설 비판에 대해서는 김성구(2010), 두 가지 이윤율 개념에 대해서는 高木彰(2009) 참조.

스주의 경기 순환론을 원천 부정하는 것이며, 제4차 구조 위기라 평가할 수 있는 현실적 근거가 되지 못한다. 또한, 구조 위기와 자본주의의 장기 파동, 이윤율의 경향적 저하 법칙 그리고 자본주의 발전 단계와의 관계에 대해서도 그의 비판은 근본적인 이론적 오해와 혼란에 입각해 있어 이른바 제4차 구조 위기뿐 아니라 구조 위기 자체도 올바로 설명할 수 없었고, 자본주의의 장기 변동을 규정하는 이윤율의 경향적 저하 법칙으로써 주기적 공황을 설명하는 것도 마르크스의 공황론에 대한 대표적인 오류의 하나라 할 것이다.

금융 위기 이후의 자본주의

미국 경제의 현황과 전망

박하순(민주노총 정책연구원)

※ 출처: 박하순,《미국 경제의 현황과 전망》, 민주노총 정책연구원 연구보고서 05-01, 2015. 1. 20.

1. 머리말

세계 경제와 한국 경제에 지대한 영향을 미치고 있는 미국 경제에 관해 알아보기로 하자. 미국 경제에 다양한 우려가 있어 왔다. 미국 경제가 지표상으로 회복 국면에 들어선 초기부터의 더블딥, 제로 이자율과 양적 완화로 인한 물가 폭등, 재정 위기 등이다. 현재는 디플레이션 우려가 등장하고 있다.

그리고 미국 경제에 대한 이해 자체도 다양하다. 일부에서는 미국 경제가 여전히 대불황에 빠져 있다고 여기고, 또 미국 경제가 곧 대불황으로 진입할 것이라 여기는 이들도 있다. 그래서 여기에서는 현재 미국 경제 상황을 가능한 한 정확하게 정리하고 간단한 전망을 해 보고자 한다.

2. 위기 및 회복 양상

1) 국내 총생산

미국 경제는 2008년 −0.3%, 2009년 −2.8%, 2010년 2.5%, 2011년 1.6%, 2012년 2.3%, 2013년 2.2% 성장했고, 2014년에는 1/4분기

−0.5%, 2/4분기 1.1%, 3/4분기 1.2% 성장했다.[45]

그리고 미국의 실질 국내 총생산액은 2009년 3/4분기부터 2014년 3/4분기까지 5년여 동안 대체로 회복 중이다. 그래서 실질 국내 총생산 기준으로 위기 이전 최고치를 넘어선 지 오래다. 더블딥 가능성이 얘기되었지만 그것은 현실화하지 않았고 미약하지만 성장세를 지속하고 있다. 2009년 3/4분기에 회복으로 돌아선 이후 2011년 1/4분기에, 2014년 1/4분기에 각각 −0.4%, -0.5%의 마이너스 성장을 했을 뿐 2개 분기 이상 연속해서 마이너스 성장(경기 침체의 기준)을 한 적이 없다([그림 4] 참조). 2014년 1/4분기에 예상치 않게 -0.5%의 상당폭의 마이너스 성장을 했으나 2/4분기에 1.1%의 플러스 성장을 했고, 3/4분기에는 1.0%(속보치) 성장률을 기록하고 있다.

한편 미국 경제에서 실질 총생산은 이번 위기에서 최저점에 이른 2009년 2/4분기의 총생산이 위기 이전 최고치를 기록한 2007년 4/4분기 총생산의 95.8% 수준이어서 최고치에 비해 4.2% 하락했고, 총생산이 하락한 기간은 6개 분기가 경과했으며(그중 한 개 분기는 전기 대비 플러스 성장을 하였다), 위기 이전 최고치를 넘어선 시기는 2011년 3/4분기에서였는데 이때까지 걸린 기간은 15개 분기, 즉 4년에서 1개 분기가 모자란 기간이었다.

그리고 2014년 3/4분기의 실질 국내 총생산은 위기 이전 최고치를 기록한 2007년 4/4분기보다는 8.1%, 이번 위기 최저치를 기록한 2009년 2/4분기보다는 12.9% 증가했다.

45　개략적인 계산이지만 연율 환산을 하지 않은 분기별 성장률에 4를 곱하면 연간 성장율에 약간 못 미치게 비슷해진다.

[그림 4] 미국의 분기 실질 국내 총생산지수(2010=1.00)(2003년 1/4분기-2014년 3/4분기)

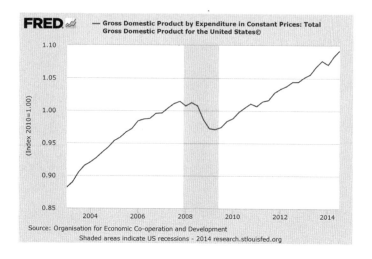

출처: 미국 세인트루이스 지역 연방준비은행(http://www.stlouisfed.org/)의
연방준비은행 경제 데이터(FRED, http://research.stlouisfed.org/fred2/)[46]

그렇다 하더라도 [그림 5]에서 보다시피 위기 이후 성장률은 다른 위기 이후 성장률에 비해 낮다. 위기가 다른 위기 때보다 깊었는데 회복세마저 낮은 것이다.

[46] 본 보고서 그래프 중 좌 상귀에 FRED 마크가 찍힌 그래프들은 동일한 출처임을 밝힌다.

[그림 5] 미국 연도별 경제 성장률(1985-2013년)

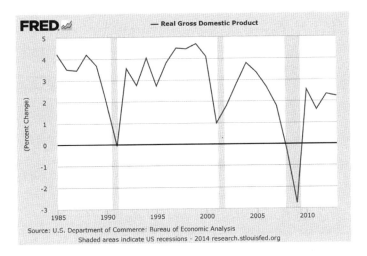

[그림 6] 미국의 실질 국내 총생산(1920-2013년)

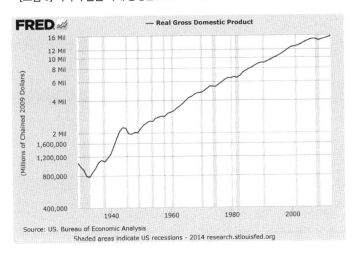

4장 - 미국 경제의 현황과 전망

참고로 실질 국내 총생산 로그 그래프[47]를 이용하여 미국의 과거 위기 정도와 비교를 해 보자. 이번 위기에서의 실질 총생산 감소는 1930년대 대불황이나 2차 대전 후 생산 감소에 비하면 얼마 되지 않는다는 것을 알 수 있다([그림6] 참조).

2) 산업 생산 및 가동률

제조업, 광업, 그리고 전기 및 가스 유틸리티 생산을 측정하는 산업 생산 지수도 위기 직전 2007년 11월에 기록한 최고치를 2013년 10월에, 즉 거의 6년 만에 넘어섰고, 2014년 11월엔 106.5(2007=100)를 기록해 위기 전 최고치 100.8에 비해 5.7%가 증가했다. 그리고 이번 위기에서 최저치를 기록한 2009년 6월에 비해서는 27.2%나 증가한 것이다([그림 7] 참조).[48]

한편 최근(2014년 12월) 가동률은 79.7%를 기록했는데 이는 1972년에서 2013년까지의 평균에 0.4%포인트 낮은 수준이고, 위기 직전(2007년 12월) 80.8% 수준에 비해서도 좀 낮다. 그러나 이번 위기에서 최저치를 기록한 2009년 6월에 비해서는 12.8%포인트 높은 수치이고, 1년 전에 비해서는 1.2%포인트 높다.[49]

---

47 y축 좌표는 예를 들어 4에서 8 사이의 구간길이가 8에서 16 사이의 구간길이와 동일하게 설정되어 있다. 그래서 수직의 길이가 동일하다면 같은 배수를 나타내고, 그래프 모양만으로도 증가율 또는 감소율을 비교할 수 있다.

48 http://www.calculatedriskblog.com/를 참조하라.

49 http://www.federalreserve.gov/releases/G17/Current/default.htm를 참조하라.

[그림 7] 미국의 산업 생산 지수 추이(1967년 1월-2014년 12월)(2007=100)

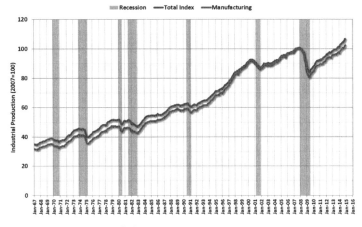

출처: Calculated Risk(http://www.calculatedriskblog.com/)

한편 미국의 전 산업 및 제조업 가동률은 경기 순환을 겪으면서 다음과 같은 모습을 보여준다. 우선, 1960년대 중반부터 1980년대 초반까지는 매 순환의 정점과 저점이 계속해서 대체로 하락하고 있다.[50] 그리고 1980-1990년대엔 가동률의 정점은 유지되고 저점은 내려가는 모습을 보이지만 정점은 이전 시기보다는 낮고 저점은 이전

50 이 시기는 대체로 장기적인 이윤율 저하의 시기라 알려져 있고, 그래서 자본주의 역사상 제3차 구조 위기 시기라 칭해지고 있다. 이 구조 위기 안에는 세 차례의 순환적 위기가 있었다. 일부에서는 이 구조 위기를 경과하면서 케인스주의적 국가독점자본주의가 신자유주의적 국가독점자본주의로 변모했다고 한다. 한편 가동률의 단기적 변동은 (축적률의 변화와 함께) 순환적 위기를 살피는 데 하나의 요소가 될 것으로 보인다. 왜냐하면 이 가동률의 단기적 변동은 "경기 순환에 따른 수급 변화와 시장 가격 변동"(김성구,《현대자본주의와 장기불황》, 그린비, 2011)에 의해 주로 결정되는 시장 가격 이윤율을 결정하는 한 변수가 될 것이기 때문이다.

시기보다는 평균적으로는 조금 높다. 즉 이 시기 가동률로 본 경기 순환의 진폭은 이전보다 작아 상대적으로 안정적인 모습을 보여주고 있다. 2000년대 이후엔 이번 사이클의 정점과 저점을 아직 알 수가 없어서 확정적으로 말할 수 없어 보인다. 그러나 이전 시기에 비춰 보면 정점도 저점도 낮아졌다고 해야겠다. 그래서 이번 위기까지는 크게 보면 60년대 중반 이후 대체로 가동률 추세가 하락하고 있었다고 얘기할 수 있을 것 같다. 가동률 하락 및 유휴 시설의 존재를 자본의 독점성과 연관해 본다면 60년대 중반 이후의 가동률 하락 추세는 일단 자본의 독점성 강화 지표로 읽을 수 있을 것으로 보인다 ([그림 8] 참조).[51]

[그림 8] 미국의 가동률, 전 산업과 제조업(1967년 1월-2014년 12월)

출처: Calculated Risk(http://www.calculatedriskblog.com/)

---

51 http://www.calculatedriskblog.com/를 참조하라.

국내 총생산보다는 진폭이 큰 산업 생산 지수를 로그 그래프로 그려보면 [그림 9]와 같다(제조업 생산 지수도 거의 유사한 모양이어서 생략했다). 이번 불황에서의 산업 생산 감소율은 1920년대 초반 불황, 1930년대 불황, 2차 대전 이후 불황 때보다 감소율이 덜하다는 것을 알 수 있다. 반면 위기 이전 최고치를 회복하는 데는 1930년대 불황 때보다 덜 걸렸지만, 1920년대 초반 불황 때보다는 오래 걸렸고, 2차 대전 이후 불황 때와 거의 비슷한 기간이 걸렸다.

한편 로그 그래프의 산업 생산의 기울기가 점점 낮아지고 있는 것으로 나타나고 있다.

[그림 9] 미국의 월별 산업 생산 지수(1919년 1월-2014년 11월)(2007=100)

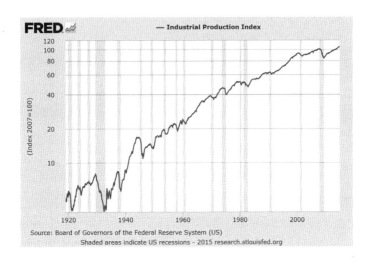

4장 - 미국 경제의 현황과 전망

3) 무역 수지

미국의 무역 수지([그림 10]의 맨 아랫선) 적자가 위기 이전 2000년대 중후반에 비해 현저히 줄어들었다. 위기 때 마이너스 성장에 따른 교역 규모 축소로 인해 적자가 줄었다가 경제가 성장하면서 다시 늘었는데 위기 이전에 비해서는 그 규모가 현저히 줄었다. 한편 2012년과 2013년에는 경제가 조금씩 성장하고 있음에도 적자가 국내 총생산 대비 비중에서 줄고 있을 뿐만 아니라 절대 수치에서도 줄어들고 있다(2014년에는 2013년에 비해서는 적자가 조금 늘었다). 이는 주로 석유에서의 적자(오른쪽 끝에서 맨 윗선)가 줄어든 때문이다. 셰일 오일 붐으로 인한 국내 생산 증가가 석유 수입을 상당한 정도로 떨어뜨렸고 유가도 하락시켰기 때문이다.[52]

한편 미국의 수출은 2014년 11월에 위기 이전 최고치에 비해 18% 늘었고, 1년 전 즉 2013년 11월에 비해서는 1%가 늘었다. 2014년 11월 수입은 위기 이전 최고치에 비해 2%가 늘어났고, 1년 전 즉 2013년 11월에 비해서는 2% 늘어났다.[53]

---

52   http://www.ft.com/intl/cms/s/0/ab25d64a-77e8-11e3-afc5-00144feabdc0.html#axzz2qMnflHrv를 참조하라. 미국의 셰일 오일 생산량(일 평균)은 2006년 31만배럴에서 2013년에는 11배 이상 증가한 348만 배럴을 기록했고, 이는 미국 석유 생산량의 45%, 세계 셰일 오일 생산량의 95% 및 세계 석유 생산량의 4%를 차지하고 있다(한국은행,《해외경제포커스》, 제 2014-9호).

53   http://www.calculatedriskblog.com/2014/10/trade-deficit-decreased-in-august-to.html를 참조하라.

[그림 10] 미국의 월별 무역 수지(단위: 10억불)(1998년 1월-2014년 11월)

출처: Calculated Risk(http://www.calculatedriskblog.com/)

4) 재정 수지 및 정부 부채와 이자 부담

미국의 재정 적자는 2009년 국내 총생산 대비 약 9.8%에 달하던 것이 급격히 줄어들어 2013년에는 4.1%로 줄었다. 미 의회 예산처의 예측에 따르면[54] 이 수치는 2014년엔 2.9%로 줄어드는데 그렇게 될 경우 5년 연속 줄어드는 것이다. 2015년에는 이 수치는 더 줄고, 2019년까지 국내 총생산의 3% 이하를 기록할 것으로 예상한다. 이 정도의 재정 적자는 2-3%의 경제성장률과 1-2%에 이르는 인플레이션율을 상정한다면 국내 총생산 대비 정부 부채 비율을 더 키우지

---

[54]   http://www.calculatedriskblog.com/2014/08/cbo-projection-budget-deficits-in.html를 참조하라.

는 않을 것이다. 물론 의회 예산처의 예측은 단지 예측일 뿐이고, 또 다른 경제 위기가 도래하면 국내 총생산 대비 재정 적자 비율은 다시 높아질 수밖에 없을 것이다. 그렇다 하더라도 2009년에 1.4조 달러에 달했고 국내 총생산 대비 재정 적자 비율이 9.8%에 달했던 시기에 비하면 현재는 엄청나게 양호해진 것이다([그림 11] 참조).

미 정부 부채의 국내 총생산 대비 비율은 2014년 1/4분기에 103%까지 상승했다가 3/4분기에는 101%로 줄어들었다([그림 12] 참조). 그리고 미 의회 예산국의 예측에 따르면 향후 이 비율은 크게 늘지 않는다. 물론 이는 앞서 이야기한 대로 새로운 경제 위기가 없을 경우에 한한 이야기일 것이다.[55]

한편 정부 부채에 지불하는 평균 이자율은 2013년 현재 2.43%로 아주 낮아진 상태다([그림 13] 참조). 그래서 부채 총계는 늘어났어도 연방 정부 지출 대비 지급 이자 비중은 오히려 줄어들었다. 1990년대 이 비중은 15% 이상을 기록하기도 했는데, 2013년에는 6.23%였다. 물론 지급 이자 비중이 줄어든 것은 지출 규모 자체가 늘어서이기도 하다.[56]

---

55 명목 경제 성장률(실질 경제 성장률+물가 상승률)이 정부 부채 증가율보다 높을 경우 장래 국내 총생산 대비 정부 부채 비율은 더 낮아진다. 즉, '새로운 국내 총생산 대비 정부 부채 비율' $= \dfrac{\text{정부 부채} \times (1+\text{정부 부채 증가율})}{\text{국내 총생산} \times (1+\text{명목 경제 성장률})} \times 100$ 에서 명목 경제 성장률이 정부 부채 증가율보다 크면 '새로운 정부 부채 비율'은 이전 정부 부채 비율보다 낮아지게 된다. 미 의회 예산국에 따르면 이런 추세가 2018년까지는 지속될 것으로 예상된다.

56 http://www.pewresearch.org/fact-tank/2013/10/09/5-facts-about-the-national-debt-what-you-should-know/ 를 참조하라.

[그림 11] 미 국내 총생산 대비 재정 수지

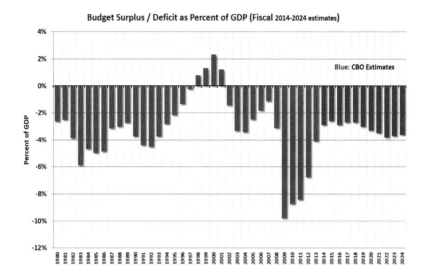

출처: Calculated Risk(http://www.calculatedriskblog.com/)
* 2014-2024년은 예측치

[그림 12] 미 국내 총생산 대비 총 정부 부채 비율(1966년 1/4분기-2014년 3/4분기)

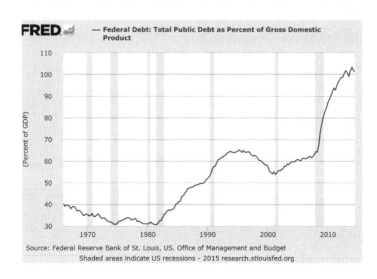

[그림 13] 미 정부 부채에 대한 평균 이자율

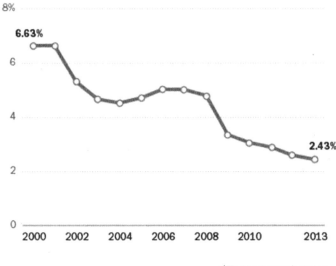

자료: Pew Research Center

5) 물가와 실업률

2014년 12월 전년 동기 대비 전 품목 소비자 물가 상승률은 0.7%
이고, 변동 폭이 심한 식품과 에너지 품목을 제외한 근원 소비자 물
가 상승률은 1.6%다. 여전히 상당히 낮은 수준이고 미 연준의 목표
치인 2% 미만이다. 특히 전 품목 소비자 물가 상승률은 10월 1.7%,
11월 1.3%에서 0.7%로 상당히 낮은 수준으로 하락했다. 이는 유가
하락 때문이라 해야겠다. 경제학적으로 더 의미 있는 근원 물가 상
승률은 10월 1.8%, 11월 1.7%에서 이번 달에 다시 1.6%로 하락했다.
2012년 8월 이래로 근원 소비자 물가는 계속해서 2% 이하에 머물고 있다.[57] 전 품목 물가로 보면 디플레이션 위험이 현저하지만 근원 물가로 보면 그런 정도는 아니다. 유럽과는 사정이 약간 다르다.

[그림 14] 미국의 전년 동기 대비 전 품목 소비자 물가(계절 조정) 상승률과 전년 동기 대비 근원 물가(계절 조정) 상승률(2003년 1월-2014년 12월)

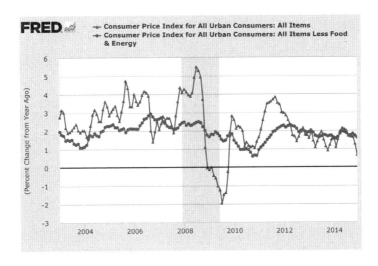

주: 전년 동기 대비 상승률

2014년 12월 미국의 실업률은 5.6%다. 이번 위기 기간에 실업률 최고치가 한때(2009년 10월) 10%를 기록한 적이 있었는데 그에 비하면 약 4.4%포인트 정도 낮아진 수치다([그림 15] 참조). 총 고용 규모

---

57 일부 보수주의자들은 계속해서 양적 완화로 인해 물가가 크게 상승할 것이라고 예상했지만 이런 사태는 벌어지지 않았다. 오히려 디플레이션 압력이 있는 상황이라고 해야겠다. 이들의 경제 상황에 대한 예측과 정책적 처방은 오류로 드러났다.

4장 – 미국 경제의 현황과 전망

는 2007년 11월에 기록한 위기 이전 최고치보다 84만 7천 명이 는 규모고, 사적 부문 총 고용 규모는 2008년 1월에 기록한 위기 이전 최고치를 이제 242만 5천 명 정도 넘어선 규모다. 이번 위기 중 2009년 12월에 기록한 최저 고용 규모에 비하면 총 고용 규모는 942만 9천 명이 는 규모고, 사적 부문 총 고용 규모는 2010년 2월에 기록한 최저치에 비하면 1,121만 9천 명이 는 규모다.

그러나 원하지 않는 단시간 노동 등 불안정노동까지 포함한 U6는 실업률이 5.6%인 현재 2014년 12월에 11.2%를 기록하고 있다. 이 수치는 2009년 말과 2010년 초에 17.1%를 기록해 가장 높아졌는데 이에 비하면 5.9%포인트가 낮아진 것이다. 2000년대 초반 IT버블 붕괴로 인한 경제 위기 와중에서 2003년 9월 이 수치가 가장 높아졌을 때 10.4%(실업률은 6.1%)인 것을 감안하면, 현재 경제가 회복 중이라 할지라도 불안정 노동 비율 자체가 매우 높은 상황이라 해야겠고, U6 비율과 실업률 사이의 격차는 현재 5.6%포인트인데 2003년 9월에는 이 격차가 4.3%포인트여서 그 격차는 현재 더 커졌다.

그리고 경제적 이유(일감 부족 및 경기 부진 등)로 인한 시간제 노동자 수는 2014년 12월 현재 679만 명에 이르고 이는 1년 전에 비해 97만 6천 명이 줄어든 것이다. 이 수치는 2006년 4월에 390만 명으로 하락했다가 2010년 3월 약 923만 3천 명에 이르러 최고치에 이르렀다. 그 이후 감소하며 그동안 약 244만 3천 명이 줄었지만 이번 위기 이전 최저치에 이르렀던 2006년 4월에 비하면 여전히 289만 명이 많은 규모다.

비경제적인 이유로 인한 시간제는 2014년 12월 현재 1,973만 명으로 1년 전에 비해 91만 4천 명이 늘었다. 이 수치는 경제가 호황에 다가갈수록 늘고 불황이 깊어지면 줄어든다. 이 수치는 위기 이전 2007년 3월 2,013만 4천 명으로 최고치에 이르렀다가 이번 경제 위기 중에는 2010년 5월 1,788만 3천 명으로 최저치에 이른 이후 증가하고 있는데 이 최저치에 비해 2014년 12월 현재 184만 7천 명이 늘어난 상황이다.

[그림 15] 미국의 실업률(1960년 1월-2014년 12월)

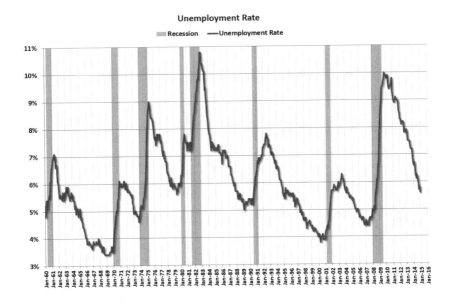

한편 경제 활동 참가율과 고용률을 살펴보면 고용 상황은 더욱 심각하다는 것을 알 수 있다. 고령화 요인을 제외하기 위해 청장년 그룹인 25-54세 그룹의 경제 활동 참가율과 고용률을 살펴보면, 2014년 12월 현재 각각 80.8%와 76.9%이다. 경제 활동 참가율은 추

세적으로 하락하고 있고, 고용률은 이번 위기 최저치로부터 2%포인
트 정도밖에 개선이 안 된 상태이다. 1990년대 후반기의 81-82%의
고용률을 달성하려면 갈 길이 멀다([그림 16] 참조).[58]

[그림 16] 25-54세의 경제 활동 참가율과 고용률(1960년 1월-2014년 12월)

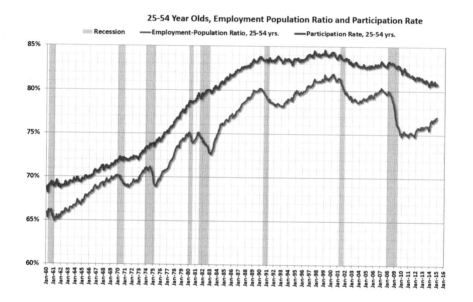

6) 주택 가격 추이

이번 위기에 영향을 준 주택 가격의 추이를 알아보자. 주택 가
격은 2012년 초반 이후 상승이 지속되고 있다. 3개월 가중 평균치
인, 계절 조정을 하지 않은 코어로직CoreLogic 주택 가격 지수로 보건대

58　미 노동 통계청(http://www.bls.gov/home.htm) 과 Calculated Risk(http://www.
calculatedriskblog.com/)를 참조하라.

2014년 11월 주택 가격은 전년 동기 대비 5.5% 상승했는데 이로써 주택 가격이 33개월 연속 전년 동기 대비 상승하고 있다. 최근 4개월 동안 5-6% 상승을 보여주고 있다. 그리고 전달에 비해서는 0.1% 상승하였다. 11월엔 주택 가격이 약세인 달인데도 상승하였다([그림 17] 참조).

한편 위기 이전 최고치에 다다르기 위해서는 여전히 갈 길이 멀거나 가까운 장래에는 도달이 불가능할지도 모르겠다. 그만큼 이번 위기 전에 거품이 심했다는 것이다.[59]

[그림 17] 코어로직 주택 가격 지수(2000년 1월=100)(1976년 1월-2014년 11월)

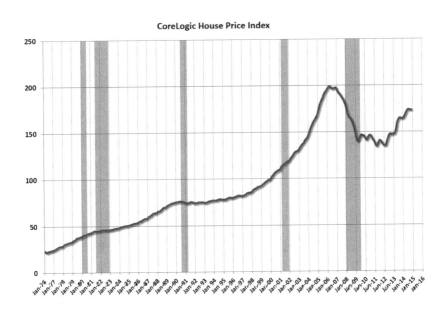

출처: Calculated Risk(http://www.calculatedriskblog.com/)

59   http://www.calculatedriskblog.com/를 참조하라.

7) 주가지수

미국의 주가지수는 위기 이전 최고치를 훌쩍 넘어선 상태다. 대형 우량주 지수인 S&P500 지수를 보면 이번 위기 이전 최고치를 훨씬 넘어서고 있다. 회복 초기에 유럽 위기와 미국의 국가 부채 신용 등급의 하락 등의 변수로 인해 주가 변동이 심했던 것으로 나타나고 있다. 그러나 최근에는 이런 변동이 약해지고 대체로 지속적으로 주가가 상승하고 있다. 한편 주식 시장의 거품 정도를 나타내주는 Q값(기업 실물 자산의 갱신 가격 대비 주식 시장에서의 기업 실물 자산 평가액의 비율)은 2015년 1월 현재 주식 시장 거품이 가장 심했던 1999년 수준에는 못 미치지만, 매우 높은 수준이라고 짐작된다. 한편 1999년과 2015년 1월 현재는 기업의 수익률과 이자율 등에 있어서 차이가 있어서 Q값의 단순 비교를 통해 거품의 정도를 이야기할 수는 없을 것이다.[60]

8) 가계 부채

미국의 가계 부채는 국내 총생산 대비 100%에 육박했다가 2009년을 전후로 상당폭 하락해 2014년 2/4분기 현재 80% 수준이다. 비교 대상인 캐나다에 비해 양호하다.

---

60   http://www.bea.gov/scb/pdf/2014/06%20June/0614_returns_for_domestic_nonfinancial_business.pdf 를 참조하라.

[그림 18] 미국의 주가지수 S&P500(2005.1.21-2015.1.15)

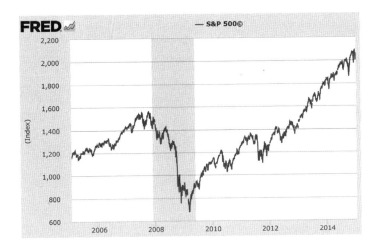

[그림 19] 미국과 캐나다의 국내 총생산 대비 가계 부채 비율(2005년 1/4분기-2014년

2/4분기)

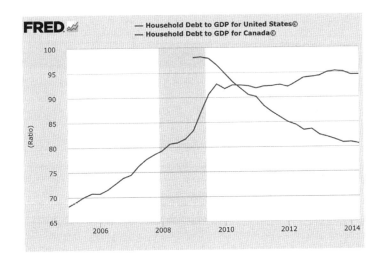

9) 미국의 순 해외 자산

2014년 2/4분기 현재 미국의 대외투자 자산은 약 25조 달러, 외국인의 미국 내 투자 자산은 약 30조 달러, 미국의 순 해외 자산(International Investment Position)은 약 −5조 달러에 이른다.[61] [그림 20]을 보면 위기 이전 미국의 대외 투자 자산과 외국인의 미국 내 투자 자산의 가치가 급증하다가 이번 위기 동안에 그 증가세가 주춤해졌다. 한편 미국의 대외 투자 자산의 가치의 증가가 주춤한 이유는 세계 여타 지역의 경제가 부진했고 여타 통화 가치가 하락했기 때문으로 보인다.

그리고 미국의 대외 투자 자산으로부터의 투자 소득은 2013년 기준으로 약 7,700억 달러, 외국인의 미국 내 투자 소득은 5,600억이다.[62] 투자 자산가액은 외국인의 미국 내 투자 자산이 약 5조 달러가

---

61 미국의 총 금융 자산은 2014년 2/4분기에 약 198조 달러다. http://www.bea.gov/scb/pdf/2014/10%20October/1014_us_net_international_investment_position.pdf를 참조하라. 그리고 미국의 고정 자산과 내구 소비재 가치는 약 56조 달러, 고정 자산 가치는 약 51조 달러(내구 소비재 가치는 약 5조 달러), 민간 부문의 고정 자산 가치는 약 38조 달러(정부 부문 고정 자산 가치는 12조 달러), 민간부문 비주거용 고정 자산 가치는 약 21조 달러, 민간부문 주거용 고정 자산 가치는 약 17조 달러다. 그리고 민간 부문 비 주거용 고정 자산 가치 중에 장비는 약 6조 달러, 구조물은 12조 달러, 지적 재산물은 약 2조 4천억 달러다. 정부 부문 고정 자산 중에는 장비는 구조물이 대부분으로 10조 달러이고, 장비 1조 달러, 지적 재산물 1조 달러에 달한다. 이들 수치와 미국의 대외 투자 자산 가액, 외국인의 미국 내 투자 자산 가액, 그리고 순 해외 자산 가액과 비교해 보라. 미국 경제분석청(http://www.bea.gov/index.htm)을 참조하라.

62 http://www.bea.gov/iTable/iTable.cfm?ReqID=62&step=1#reqid=62&step=6&isuri=1&6210=1&6200=1를 참조하라.

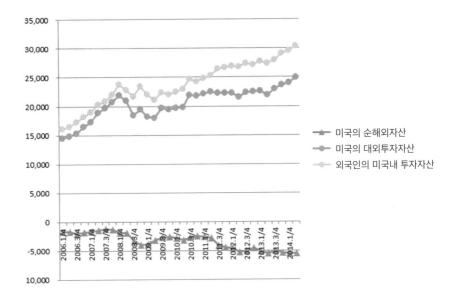

자료: 미 경제분석청(bureau of economic analysis)(http://www.bea.gov/)

많은데 이로부터 얻는 소득은 거꾸로 미국의 대외 투자 자산으로부
터의 소득이 더 높다. 이는 두 방향의 투자 자산에서의 수익률이 차
이가 난다는 것을 의미한다. 예를 들어 직접 투자 자산 수익률이 현
저히 차이가 난다. 즉 미국의 대외 투자 자산 중에 직접 투자가액은
경상 가격 기준으로 2013년에 약 5조 달러에 이르는데 이 직접 투자
의 경상 가격 기준 수익률은 2010년에서 2013년 사이에 9-10%에 이
르는 반면, 외국인의 미국 내 직접 투자 중에 직접 투자가액은 경상
가격 기준으로 2013년에 약 3조 원에 이른다. 이 직접 투자의 경상

가격 기준 수익률은 2010년에서 2013년 사이에 약 5-6%대에 그친다. 둘 사이에 격차가 매우 큰 것이다.[63]

한편 이번 위기를 경과하면서 미국의 대외 투자 자산으로부터의 소득과 외국인의 미국 내 투자 자산으로부터의 소득 사이의 격차가 더 커졌다([그림 21] 참조).

[그림 21] 미국의 해외 투자 소득과 외국인 미국 내 투자 소득(1990-2013년)(단위: 백만 달러)

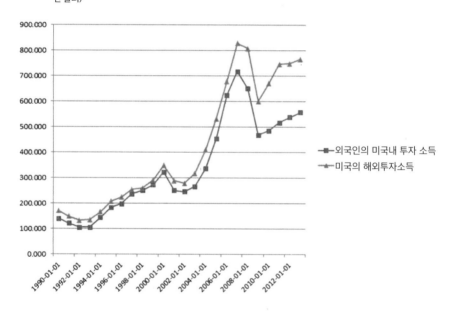

자료: 미 경제분석청(bureau of economic analysis)(http://www.bea.gov/)

63   http://www.bea.gov/scb/pdf/2014/09%20September/0914_outward_
      direct_investment_tables.pdf와 http://www.bea.gov/scb/pdf/2014/09%20
      September/0914_inward_direct_investment_tables.pdf를 참조하라.

10) 시간당 생산성 및 노동자의 몫

미국 비금융기업 노동자의 시간당 실질 생산 지수를 보면 1990
년대 후반과 2000년대 전반기에 크게 증가했다. 그러던 것이 2000년
도 후반에 정체 상태를 보이다가 경제 위기 및 구조조정 뒤 다시 잠
깐 상당폭 증가했다. 그 뒤 다시 정체 상태를 보이고 있다([그림 22] 참
조).

[그림 22] 미국의 비금융기업의 시간당 실질 생산 지수(2009=100)(1987년 2/4분
기-2014년 2/4분기)

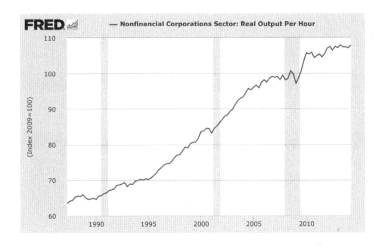

이는 시간당 실질 생산 증가율을 구해 살펴보면 보다 명확해진
다. 역시 1990년대 후반과 2000년대 초반 시간당 실질 생산 증가율
이 꽤 높았다. 그 뒤 경제 위기를 전후로 낮아지다가 2010년을 전후

　　　　　　　4장 - 미국 경제의 현황과 전망

로 하여 약 1년 동안 증가율이 폭증했다([그림 23] 참조). 이는 구조조
정으로 인한 노동 강도 상승의 효과로 짐작된다.

[그림 23] 미국의 비금융기업의 시간당 실질 생산 전년 동기 대비 분기별 증가율
(2009=100)(1987년 2/4분기-2014년 2/4분기)

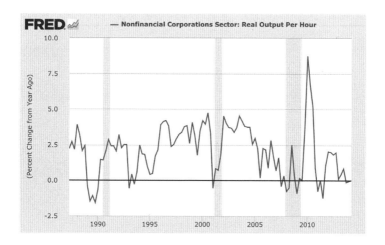

시간당 실질 급여 지수를 보면 1990년대 후반에 상당히 증가하
였다. 생산성 향상이 급여 증가로 이어진 것이다. 그런데 2000년대
초반 급여 지수는 별로 증가하지 않아 이 시기의 생산성 증가가 실
질임금 증가로 이어지지 않았던 것으로 보인다([그림 24] 참조). 이는
[그림 25]에서 보다시피 2000년대 초반의 노동 몫 지수의 현저한 감
소로 이어졌다고 할 수 있다.

또한 2010년을 전후로 한 대폭적인 생산성 향상과 실질 급여 증
가의 정체가 동시에 나타나고 있는데 이것이 2010년을 전후로 한 추

　　　　　　금융 위기 이후의 자본주의

가적인 노동 몫 지수의 하락 원인이라고 해야 할 것이다.

[그림 24] 미국의 비금융기업의 시간당 실질 급여 지수(2009=100)(1987년 2/4분기-2014년 2/4분기)

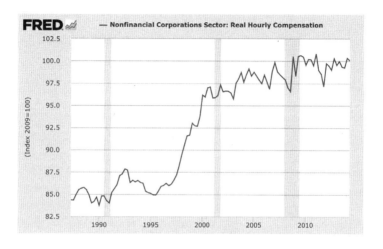

[그림 25] 미국의 비금융 부문 노동 몫 지수(2009=100)(1987년 2/4분기-2014년 2/4분기)

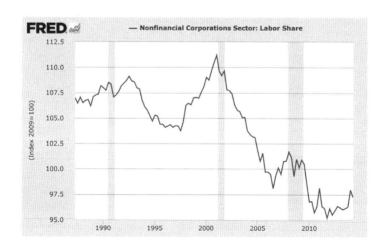

11) 자본의 수익성

미국에서의 자본의 수익성을 살펴보도록 하자. 미국 영업이익/
(고정 자산+재고 자산)의 백분율로 잰 비금융 법인 자본 수익률은
2009년 저점에서 크게 회복해, 2012년과 2013년에는 1980년대 초반
이후 최고치를 기록했던 1996년, 2006년과 똑같아졌다([그림 23] 참
조).[64]

[그림 26] 미국 비금융 법인 자본 수익률(1960-2013년)

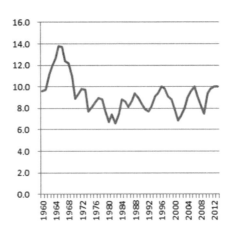

출처: 미 경제분석청(bureau of economic analysis)(http://www.bea.gov/)

---

64 http://www.bea.gov/scb/pdf/2014/06%20June/0614_returns_for_domestic_
nonfinancial_business.pdf와 http://www.bea.gov/scb/pdf/2006/05May/0506_
ProfitNOTE.pdf를 참조하라.

한편 이 수익률은 1960년대 중반 이후에서 1980년대 초반까지는 추세적으로 하락한 반면,[65] 1980년대 초반부터 1990년대 중반까지 수익률이 미약하나마 추세적으로 상승하다가 그 이후에는 일정한 진폭을 가지고 등락을 거듭하고 있다.[66]

65   이는 1960년대 중반-1970년대 초반 미국 자본주의(내지 세계 자본주의)를 구조적 위기, 즉 케인스주의적 국가독점자본주의의 위기로 규정하는 근거가 되고 있다. 물론 논자에 따라서는 현재의 국면까지를 이 구조 위기의 연장으로 보는 경우도 있고, 90년대 말 이후 위기를 이전 구조 위기와는 다른, 탄생하자마자 위기와 불안정을 노정했던 위기적 축적 체제인 신자유주의의 [구조적] 위기로 보는 경우도 있다. 물론 이런 축적 체제를 따지는 데는 시장 가격 이윤율(여기에서 수익률은 이것의 대용이다)의 변화가 아니라 장기 이윤율의 변화가 기준이 된다. 그런데 우리로서는 시장 가격 이윤율(그 대용으로서 수익률)의 단기 변화 말고 장기 추세는 장기 이윤율과 일정한 상관관계가 있다고 본다.

66   흔히 이윤율의 경향적 저하는 자본주의의 위기의 원인이라고 주장된다. 이때 위기와 이윤율이 각각 어떤 위기와 이윤율을 의미하는가는 학자마다 견해가 갈린다. 일례로 위기와 관련해서는 대표적인 공황론 전문가인 김성구(《현대 자본주의와 장기불황》, 그린비, 2011)의 경우, 10년 내외의 주기적 공황(순환적 위기)과 장기에 걸친 성장 정체 등을 낳는, 그래서 새로운 축적 체제를 통해 극복되는 구조적 위기로 나눈다. 이윤율과 관련해서는 역시 김성구는 시장 가격 이윤율과 생산 가격 이윤율로 나누는데, 10년 내외의 경기 순환상의 주기적인 과잉 생산 공황을 표현하는 것은 시장 가격 이윤율의 급락이고 이는 경기 순환에 따른 수급 변화와 시장 가격 변동에 의해 주로 결정된다. 반면 구조적 위기를 결정짓는 이윤율은 일반적 이윤율[=생산 가격 이윤율]인데 이는 가치관계에서 파악한 유기적 구성(=가변 자본/불변 자본)과 잉여가치율(=잉여가치/가변 자본)에 의해 결정된다. 그런 점에서 마르크스가 이야기한 이윤율의 경향적 저하 법칙은 김성구에게는 공황 시기에 발생하는 시장 가격 이윤율의 급격한 저하가 아니라 생산 가격 이윤율의 장기 저하를 일컫는 것이고 이는 다음과 같은 마르크스의 관점과 부합하는 것으로 보인다.

"지금까지 일반적으로 밝힌 바와 같이, 일반적 이윤율의 저하를 초래하는 바로 그 원인들이 이 저하를 저지하고 연기시키며 부분적으로는 마비시키기도 하는 반대 작용을 야기한다. 이 반대 작용은 그 법칙을 폐기시키지는 못하지만 그것의 효과를 약화시킨다. 이러한 반대 작용이 없었다면, 일반적 이윤율의 저하 그것이 아니라 오히려 그 저하의 상대적 완만성[마르크스는《자본론》3권 3편 13장 '법칙 그 자체'에서는 '점진적인' 이라는 표현을 사용한다: 인용

기업 이윤 비중(대 국내 총생산)도 늘어나고 있다. 2000년대 초반 이후 증가하던 기업 이윤 비중은 이번 위기에서 약간 하락했으나 다시 상승하여 1970년 이래 최고치를 기록하고 있다.

[그림 27] 미국의 근로 소득/국내 총생산과 세후 기업 이윤/국내 총생산 추이(1970-2013년)

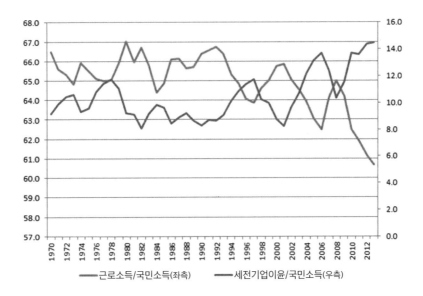

━━ 근로소득/국민소득(좌측)　　━━ 세전기업이윤/국민소득(우측)

자]을 이해할 수 없었을 것이다. 따라서 그 법칙은 단지 경향으로서 작용하며, 그 경향의 효과는 어떤 특수한 상황에서만 그리고 장기에 걸쳐서만 뚜렷하게 나타나게 된다"(마르크스,《자본론》(김수행 역, 제1개역판) 3권 3편 14장 '상쇄 요인들', 286쪽).

그런데 김성구의 말대로 일반적 이윤율[=생산 가격 이윤율]이 시장 이윤율의 변동 속에서 경향적으로 관철된다고 한다면 시장 이윤율의 장기 추세를 가지고 구조적 위기 여부를 짐작할 수도 있지 않을까 한다. 한편 본문에서의 미국 비금융법인 자본 수익률은 일종의 시장 가격 이윤율이라고 해야겠다. 그리고 김성구는 자본주의의 변모에 따라서는 때에 따라 생산 가격 이윤율이 상승하는 시기도 있다고 보는데 이는 위의 마르크스의 인용문에서 "이 저하를 … 부분적으로 마비시키"는 시기에 해당하는 것으로 보인다.

자료: 미 경제분석청(bureau of economic analysis)(http://www.bea.gov/)

[그림 28] 순 고정 자산 저량 지수(2009=100)

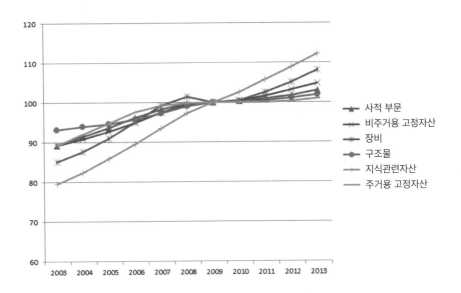

범례:
- 사적 부문
- 비주거용 고정자산
- 장비
- 구조물
- 지식관련자산
- 주거용 고정자산

자료: 미 경제분석청(bureau of economic analysis)(http://www.bea.gov/)

반면 국내 총생산에서 차지하는 근로 소득의 비중은 줄어들고 있
다. 이는 한편으로는 경제 성장률에 비해 상대적으로 임금 상승률이
낮은 데서 연유하기도 하고, 다른 한편으로는 고용률의 감소에서도
연유한다고 하겠다.

결국, 회복의 양상이 자본과 노동에 차별적으로 나타나고 있다고
해야겠다. 회복의 효과가 노동에는 돌아가지 않고 있다는 것이다([그
림 27] 참조).

12) 자본 축적

이런 가운데에서도 사적 부문의 자본 축적은 지속되어 순 고정 자산은 조금씩 늘고 있다. 이 중에서 비주거용 자산은 주거용 자산에 비해 증가세가 조금 크고, 비주거용 고정 자산 중에서는 지식 관련 자산 증가세가 가장 크다. 그 다음으로 장비, 구조물 순이다. 장비의 실질가액은 2009년과 2010년에 2008년보다 적었으나 그 이후 회복해 지금은 2008년, 즉 위기 이전 최고치를 넘어선 상태다([그림 28] 참조).

3. 맺음말: 전망에 대신하여

미국 경제는 이전 경제 위기들에서보다는 미약하나마 회복을 지속하고 있다. 한편 재정 수지와 무역 수지도 상당 폭 개선되어 예전에 비하면 매우 양호한 상태라 하겠다. 국내 총생산 대비 가계 부채 비중도 줄어들었다. 위기를 경과하면서 생산성은 증가하고 노동자에 대한 보상은 정체해 노동자의 몫은 지속적으로 줄고 있다. 대신 국내 총생산에서 차지하는 자본의 몫은 증대하고 있다.

한편 자본의 수익성은 경기 순환 사이클을 따라 일정한 진폭을 두고 오르내리는데 영업 이익/(고정 자산+재고 자산)의 백분율로 잰 비금융법인 자본 수익률은 2009년 저점에서 크게 회복해, 2012년과 2013년에는 1980년대 초반 이후 최고치를 기록했던 1996년, 2006년과 똑같아졌다.

이런 사정은 주가지수에 반영되어 주가 수준은 위기 이전 최고치를 훌쩍 뛰어넘은 상황이다. 가장 문제는 주택 가격과 고용 상황이다. 주택 가격은 꾸준히 회복하고 있으나 예전 최고치에 비하면 한참 미달하고, 가까운 장래에 이 최고치를 회복할지도 불투명하다. 고용 상황의 개선은 경제 회복세에 비해 부진하다. 그러나 최근에는 실업률이 5.6%로 하락하는 등 이전보다는 조금 나아지고 있다. 그러나 경제 활동 참가율이나 고용률로 본 고용 지표는 여전히 열악하다고 해야겠다.

물가는 양적 완화 조처에도 불구하고 여전히 2% 이하에 머물러 일부에서는 디플레이션을 우려하고 있을 정도다.

그렇다 하더라도 미국 경제가 위기 상태에서 전혀 빠져나오고 있지 못하고 있거나, 붕괴가 심화되고 있는 상황은 아니라 해야겠다. 신자유주의 금융 위기와 주기적 과잉 생산 공황이 결합한 이번 위기에서도 경기 순환 사이클은 작동하고 있다. 그러나 정부 부채의 과다 등의 이유로 재정 정책이 적극적으로 고려되고 있지 않은 상황에서, 이자율이 0에 접근해 있고 양적 완화를 실시해도(즉 금융 완화를 해도) 회복은 아주 더디게 진행되고 있다고 할 것이다. 자본의 수익성 회복에 따라 자본 축적도 지속되고 있다.

한편 이런 상황에서 미국 경제 및 세계 경제와 관련하여 "자본주의의 붕괴"를 여전히 주장하거나, 미국 경제 내지 세계 경제와 관련해 현재 심각한 불황 상황에 있으면서 이후 더욱 나빠질 것으로 예상하는 이들도 있다. 이를 어떻게 볼 것인가? [그림 23]을 보면서 이야기해 보자. 통상 미국 경제에서 비금융법인 자본이 최고 수익률을 기록한 뒤 2-4년간 수익률이 하락하고 나서 위기가 찾아온다. 2013년을 최고 수익률을 기록한 해라고 한다면 이번의 회복이 새로운 공황으로 이어지는 해는 2015년에서 2017년 사이가 되지 않을까 예상된다. 그런데 한편으로는 이번 위기에서의 회복세, 특히 고용(심각한 불안정 노동)의 회복세가 매우 느리다는 점, 유럽은 이제 회복 국면으로 들어섰다는 점, 미국 산업 순환(주기적 공황)에 상당한 영향력을 미치는 주택 시장이 대침체를 경험해 이것을 완전하게 회복하는 데는 상당한 시간이 걸릴 것이라는 점 등을 감안하면 (느린) 회복 기간이 다른 위기 때보다 더 오래 갈 가능성도 있어 보인다. 다른 한편 신자유주의 아래에서 금융 위기 가능성의 제고, 중국의 위기 가능성 등이 있다고 한다면 위기가 의외로 빨리 예상치 못하게 찾아올 가능성도 있을 것이다. 그러나 이런 것들을 정확히 예측해 이후 위기 시점을 확정할 수는 없을 것이다.

결국, 미국 경제는 금융 불안정을 핵심으로 하는 신자유주의적 구조 위기가 해소되었다고 할 수는 없겠으나 2007년부터 시작되어 2009년 초중반 최저점에 이른 이번 경제 위기로부터 더블딥 없이 현재로서는 회복의 길을 밟고 있다는 것이다. 그러나 과도한 부채, 긴축 정책 등으로 인해 그 회복 양상은 매우 더딘 모습을 보이고, 민중의 삶은 여전히 진흙 속에 있다.[67]

---

67   한편 케인스주의자로 분류될 수 있는, 버냉키 미 연준의 후임 의장의 강력한 후보였던 로렌스 서머스는 얼마 전 미국 경제의 "장기 불황론"을 제기했다. 90년대 이후 일부 부문에 거품을 일으키면서까지 성장을 했으나 성장률이 그리 높지 않다는 것이다. 역시 케인스주의자 폴 크루그먼 교수도 80년대 중반 이후 거품에 기초한 성장이 없었다면 미국 경제는 '유동성 함정'에 지속적으로 빠질 위험이 있었다고 주장했다. 그렇다 하더라도 이들이 이야기하는 장기 불황이 마이너스 성장의 지속을 의미하는 것은 아니고 여기서 얘기하는 미미한 회복과 유사하다.

5장

신자유주의 통화 동맹과 유로존 위기

김성구(한신대 국제경제학과)

※ 출처: 김성구, 〈신자유주의 통화동맹과 유로존 위기〉, [민주사회와 정책연구] 제30호, 2016.

1. 문제 제기

2008년 미국 금융 위기로부터 촉발된 세계 경제 위기는 금융 위기와 과잉 생산 공황 그리고 국가 채무 위기가 어우러지면서 두말할 것도 없이 1930년대 대공황 이래 자본주의 최대의 위기였다. 그러나 2013년 이래 금융 위기와 국가 채무 위기가 진정되었고, 또 경기 순환상으로도 세계 경제는 경기 회복 또는 호황 국면에 들어선 상태다. 그럼에도 세계 경제의 회복과 호황은 불안정하고 미약하며 국가에 따라 불균등하게 진행되고 있다. 특히 유로존은 2010-2012년 국가 채무 위기의 중심으로서 유로존 붕괴 우려가 고조되었을 뿐 아니라 2011년 4/4분기부터 2013년 1/4분기까지 더블딥에 빠졌었고, 그후 아직도 경기 회복이 취약한 상태다. 반면 금융 위기의 진앙이었던 미국은 2009년 3/4분기부터 불황을 벗어나 경기 회복 국면으로 넘어갔고, 이미 2012년 이래 회복 국면을 지나 호황 국면으로 진입했다. 2008년 금융 위기가 미국의 서브프라임 모기지 론의 부실에서 비롯되었음을 상기하면, 미국이 아니라 유로존이 금융 위기의 후폭풍을 집중적으로 받고 지금도 경기 회복이 지체되고 있는 현상은 분명 이례적인 것이다. 이는 지난 금융 위기의 일반적 성격과 다른, 유로존에 특수한 요인들이 유로존의 위기에 작용하였음을 의미한다.

유로존 위기는 다른 지역과 달리 중층적 수준의 분석을 요구한다. 즉, 세계 금융 위기와 그 결과라는 일반적 분석과 유로존에 특수한 요인들의 분석, 그리고 유로존 개별 국가들의 개별적 요인들의 분석이라는 세 가지 수준의 분석을 종합할 때만 유로존 위기의 전체상

금융 위기 이후의 자본주의

을 올바로 파악할 수 있다. 특히 유로존 붕괴 여하와 더블딥 같은 유로존 위기의 특별한 양상을 이해하기 위해서는 유로존 국가들의 개별적 요인들을 넘어 유로존에 특수한 위기 요인들이 무엇인지를 분석하는 두 번째 수준의 분석이 특히 중요하다. 유로존의 특수한 고유한 요인들이란 다름 아닌 유럽경제통화동맹EMU에 내재한 문제들을 말한다.[68]

EMU에 대한 비판적 이해를 위해서는 한편에서 EMU에 이르는 유럽 통화 통합의 역사, 말하자면 EMU의 전사를 살펴보지 않으면 안 된다. EMU와 함께 도입된 단일 통화 유로Euro는 유럽통화제도EMS의 고정 환율을 최종 고정함으로써 만들어진 것이며, 또 EMU의 문제는 이미 EMS의 모순 속에서 작동하던 것이기 때문이다. 다른 한편 EMU는 독일 헤게모니와 강경한 신자유주의 원칙에 입각해 설계되었기 때문에, 이에 대한 비판적 이해 없이 EMU의 구성 오류와 모순들을 파악하기는 어렵다. 유럽중앙은행ECB은 엄격한 물가 안정 목표, 완전한 독립성 보장 등 독일 연방은행을 모델로 했고, EU 조약에는 독일 신자유주의인 사회적 시장 경제가 조약의 하나의 토대로서 자리 잡고 있다. 독일 헤게모니는 또한 재정 통합 없는 통화 동맹을 가져왔고, 최종 대부자로서의 ECB의 역할은 제한되었다.

유로존의 위기대응책은 기본적으로 EMU 건설 조약인 EU 조약

68　첫 번째 수준의 분석과 관련해서는 이미 많은 문헌들이 나와 있지만, 특별히 김수행·장시복 외(2012), 김성구(2010)를 참조하면 좋겠다. 한편 유로존 PIIGS 국가들의 위기도 들여다보면 개별 국가마다 사정이 서로 다른데, 개별 국가의 개별적 위기 요인들의 분석도 이 글의 주제는 아니다.

에 의해 규정되었다. EU 조약은 유로존 내의 불균형과 위기에 대한 일체의 고려 없이 신자유주의 원칙에 의거해 구성되었기 때문에, 이에 대한 개입 수단을 갖추지 못했다. 결국 유로존은 금융 위기와 국가 채무 위기에 직면해 유럽안정기구ESM 설립 등 EU 조약을 개정하고 최종 대부자로서의 ECB의 역할을 강화함으로써 위기 개입에 나설 수밖에 없었지만, 신자유주의 통화 동맹의 근간을 수정하는 것은 아니었다. 오히려 안정및성장협약SGP을 강화하고 신재정 협약을 체결하는 등 신자유주의 긴축은 강화되었고, 더블딥은 불가피한 귀결이었다.

이상의 문제의식 아래 이 글은 이하 2절과 3절에서 역사적, 이론적 측면에서 EMU를 비판적으로 고찰함으로써 유로존 위기의 근원을 규명하고, 4절에서 이에 규정된 유로존의 위기 대응책을 비판적으로 검토할 것이다. 그리고 5절에서 이로부터 유로존 위기를 극복할 방안과 전망을 약간이나마 조명하고자 한다. 유럽 통합과 통화 동맹 자체 역사도 그렇고 이에 관한 문헌도 실로 방대해 국내에서는 그 역사와 선행 문헌의 연구 성과를 따라가기 쉽지 않은 상황이다. 이 글은 신자유주의 통화 동맹 비판이라는 관점에서 제한적이지만 선행 문헌의 연구 성과 위에서 유로존의 현재 위기를 분석하고 전망하고자 한다.[69]

---

69 유로존의 구성 오류와 유로존 위기의 가능성은 유로 도입 이전에도 이미 폴드 그로웨(De Grauwe, 1998), 마틴 펠드스타인(Feldstein, 1997) 등에 의해 지적된 바 있고, 볼드윈&지아바치(Baldwin&Giavazzi, 2015a)에서도 유로존 위기에 대한 이른바 컨센서스 견해라며 여러 경제학자의 접근된 관점을 제시하면서 유로존 구성의 오류 등 위기의 원인과 약간의 대안을 검토하고 있다. 이들은

2. 국제 통화 위기와 유럽 통화 통합

유럽 통합은 냉전이라는 전후 세계 자본주의의 구체적 조건과 그 아래 미국-유럽의 경쟁 관계, 독일-프랑스-영국 간의 국민적 이해관계 그리고 각국 내의 정치 지형에 의해 구체적으로 규정되었다 (Busch, 1978, ch.1). 1958-68년 관세 동맹이 완성되었고, 1993년에는 공동 시장, 그리고 1999년에 경제통화동맹이 출범했다.[70] 이와 같은 통합의 진전에서 핵심적인 문제는 국민국가의 정책 주권을 초국적 공동체에 양도하는 문제다. 관세 정책과 무역 정책, 환율 정책, 통화 정책 등은 세계 시장에서 국민국가 간 경쟁의 주요한 수단들인 바, 이러한 정책 주권의 양도에는 각국 (독점)자본 간 이해관계가 날카롭게 대립할 수밖에 없다. 유럽 통합의 모순과 갈등의 근저에는 근본적으로 이러한 국민국가 간 대립 관계가 깔려 있다.[71] 이런 대립 관계는

유로존 위기의 원인으로서 역내 불균형 심화와 위기관리 메커니즘 결여, 특히 ECB의 최종 대부자 역할의 부재, 재정 통합의 제한 등을 주목하는 등 본고에서 다루는 주요 쟁점을 거론하고 있지만, 그 근저에 있는 신자유주의의 문제는 인식하지 못하고 있다.

70   유럽 통합의 시초라 할 수 있는 유럽석탄철강공동체ECSC는 1952년 출범했다. ECSC 건설 조약인 파리조약은 50년 기한으로 만료됨에 따라 2002년 ECSC는 유럽공동체EC에 통합되었다. 1958년 로마조약에 의해 건설된 유럽경제공동체EEC는 1993년 EU 조약(통상 마스트리히트 조약으로 칭함)에 의해 EC로 개명되었고, 2009년 리스본 조약에 의해 EU가 명실상부한 통합체의 법인격을 갖춤에 따라 EC 조약은 유럽연합삭동방식FEU 조약으로 변경되고 EC는 해소되었다. 따라서 유럽 통합체는 시기에 따라 EEC, EC, EU로 명칭이 변해왔는데, 이 글에서도 그때그때 시기에 맞춰 유럽 통합체의 명칭을 바꿔가며 사용할 것이다.

71   자본주의 경제 통합 및 유럽 통합의 토대와 추동력 그리고 모순과 한계에 대

유럽 통합체의 조직과 구성뿐만 아니라 그 의사 결정 방식에도 반영되어 있다. 유럽 통합체는 다른 경제 통합에서는 볼 수 없는 특별한 조직 구성 즉 국민국가의 구성을 갖추고 있는데, 이는 유럽 통합이 단순한 경제 통합을 넘어 하나의 유럽(유럽합중국)을 지향한다는 정치적 이상의 표현이다. 그에 따라 EEC는 출범부터 초국적 수준에서 입법부(유럽의회), 행정부(집행위원회), 사법부(사법재판소)의 권력구성을 갖추고 있었지만, 그러나 초국적 기관으로의 권력 이양을 제한하고 공동체 내에서 국민국가의 이해관계를 대변하고 관철하기 위한 특별한 기관인 각료 이사회가 추가되었다. 각료 이사회는 회원국 정부의 장관들로 구성되는 기관임에도 불구하고 의회가 권력의 중심이 되는 국민국가와 달리 EEC 내에서는 이 기관이 결정적인 권력을 행사했다. 조직 구성의 측면에서 보면 유럽 통합이 진전된다는 것은 이 기관의 권력을 공동체의 입법부와 행정부로 이양하는 것, 그리고 이 기관의 의사 결정 방식을 만장일치제로부터 특별 다수결로 변경하고 그 대상을 확대하는 것을 의미한다. 특히 입법권, 예산권, 행정부 통제권 등 의회 본연의 권력을 각료 이사회로부터 유럽의회로 이양하는 문제가 핵심문제라 할 것이다.[72]

한 마르크스주의적 관점, 특히 국가독점자본주의론의 관점에서의 자세한 논의는 Gündel(1967), 편집부(1986, 제6장) 참조.

72 국민국가의 정책 주권 포기와 이양의 문제를 둘러싸고 유럽 통합에서는 두 개의 관점 즉, 국가 연합Staatenbund vs. 연방 국가Bundesstaat[또는 정부 간 협력주의 vs. 연방주의]가 대립하였다. 전자는 국민국가의 주권 이양에 반대하고 국민국가들의 연합으로서 공동체를 지향하는 반면, 후자는 주권 이양을 통한 연방 형태의 초국가로의 통합을 지향한다. 전자는 영국과 드골 하의 프랑스가 대표하였고, 후자는 독일, 프랑스, 베네룩스 3개국에 의해 대표된다. 그러나 후자

1) 스네이크 제도로부터 EMS로

국민국가 간 대립 관계는 특히 세계 경제가 위기 국면으로 전환되는 시기에 첨예화되고, 이때 유럽 통합도 위기를 맞게 된다. 1970-80년대 세계 경제의 구조 위기와 브레턴우즈 체제의 붕괴를 배경으로 일층의 유럽 통합이 좌초되었던 것도 이런 이유 때문이다. 당시 EEC는 관세 동맹의 완성을 토대로 해서 이미 1980년까지 10년 기한으로 경제 통화 동맹의 계획을 실현하고자 했으나 실패하고 말았다. 1971년 미국 달러의 금 태환 폐기 후에도 브레턴우즈 체제의 고정 환율 제도를 유지하고자 했던 스미소니언 체제가 1973년 결국 붕괴했고, 그에 따른 선진 주요국들의 변동 환율제로의 이행 속에서 고정 환율제로부터 통화 통합으로 나아간다는 EEC의 구상은 실현될 수 없었다. 또한 세계적인 구조 위기 하 비관세 장벽이 확대되고 보호주의 경제 정책이 강화되는 경향 속에서 관세 동맹을 넘어 생산 요소와 서비스의 자유 이동을 목표로 하는 공동 시장의 완성 과제도 실현될

에서도 그것은 진정한 연방주의가 아니라 지금까지도 국민국가의 이해관계에 의해 엄격한 한계가 놓여 있었고, 현실적으로는 Staatenverbund(양자의 중간 형태를 취하는 이 독일어에 대한 적합한 국역 용어는 없다)의 형태로 통합이 진전되었다. 연방정치교육센터Bundeszentrale für Politische Bildung(1999, 51-52), 존 핀더 Pinder&시몬 어셔우드Usherwood(2010, 제2장) 참조. 유럽 통합의 진전과 함께 오늘날 EU에서는 유럽의회가 입법권, 예산권, 행정부통제권에 있어 각료 이사회와 권력을 공유할 정도로 상당 정도 각료 이사회로부터 유럽의회로의 권력 이양이 이루어졌고, 또 각료 이사회의 의결 방식이 특별 다수결에 이어 이중 다수결로 변경되었고 이중 다수결의 대상도 크게 확대되었다. 하지만 아직도 수입 예산의 전권은 각료 이사회에 있고, 정치/군사/외교 영역은 대부분 각료 이사회의 전권에 속하며, 그 의사 결정도 군사/외교 영역은 만장일치를 요구하는 등 국민국가의 권력에 의해 그어진 통합의 한계는 넘어설 수 없었다.

수 없었다. 다만 1979년 바스켓 통화 유럽통화단위ECU와 환율조정 메커니즘ERM에 입각한 (조정 가능한) 고정 환율 제도인 유럽통화제도 EMS가 출범함으로써 EEC는 세계적인 변동 환율제의 지배하에서도 단일 통화와 유로로 가는 초석을 마련할 수 있었다.[73]

EEC는 스미소니언 체제의 붕괴에도 불구하고 역내 통화 간에는 좁은 변동 폭을 갖는 고정 환율제이고 대외적으로 달러에 대해서는 변동 환율제인 스네이크 제도(공동 변동 환율제)를 운영하였다. 그러나 석유 위기와 인플레 그리고 경제 공황 하에서 경쟁력이 불균등한 역내 국가 간 고정 환율을 유지하는 것은 불가능했다. 물가 수준이 안정적이고 국제 경쟁력이 강한 서독의 마르크는 투기적 매입까지 가세해 통화 가치가 올라가고, 물가 상승률이 높고 국제 경쟁력이 낮은 국가들의 통화 가치는 하락하는 상황에서 고정 환율을 유지하기 위해서는 그렇지 않아도 국제수지 적자에 시달리는 경쟁력이 낮은 국가들이 막대한 보유 외환을 잃게 되기 때문이다. 또 고정 환율제하에서 국제수지 적자를 줄이기 위해서는 긴축 정책을 사용해야 하는데, 경제 위기 정세 아래 긴축 정책은 경제 성장과 고용을 희생해 실업을 더욱 증대시킬 것이므로 정치적으로 쉽지 않은 결정이다. 따라서 고물가-저생산성 국가는 고정 환율제-긴축 정책인가 아니면 변동 환율제-확장 정책인가의 선택에서 후자로 선회할 수밖에 없다. 결국, 영국, 아일랜드, 이탈리아, 프랑스 등이 차례로 스네이크에서 이탈, 단독 변동제로 이행했고, 스네이크 제도는 마르크권의 미니 스

---

73   이에 대해서는 다나카 소코(田中素香 외, 2006, 제4장), IPW(1982, ch. 3, ch. 4), 로호프&트렝클레(Lohoff&Trenkle, 1996, 2-7) 참조.

네이크로 전락해 실패하고 말았다.[74]

EEC의 스네이크 제도는 달러 가치의 하락과 불안정에서 비롯되는 역내 통화 간 환시세의 분열 상태를 방지하고 달러에 대한 유럽의 통화 자립을 도모한 것이었다. 또한, 역내 공동정책 중 가장 중요한 부분인 공동 농업 정책의 가격 체계가 유럽계산단위^{EUA}로 표시되는 상황에서 역내 통화 간 환시세의 변동에서 비롯되는 가격 체계의 교란을 방지하기 위해서도 고정 환율 제도가 요구되었다. 이 때문에 EEC는 스네이크 제도의 좌절 속에서도 1970년대 말 미니 스네이크를 확대, 강화해서 EMS로 가는 길을 열어놓았다. 위기의 시대에 역내 고정 환율 제도가 정착될 수 있었던 것은 무엇보다 EEC 국가들 내에서의 신자유주의적 긴축 정책으로의 전환과 그에 따른 정책적 통일이었다. 즉, 인플레적 확장 정책으로 공황을 극복하고자 했던 국가들이 스태그플레이션을 맞아 정책적으로 파산했으며, 이를 배경으로 1970년대 말/80년대 초 영국, 서독 등에서 신자유주의 정권이 들어섰고, 1981년 사회화 프로그램을 내걸고 집권한 프랑스 사회당 미테랑 정권조차 집권 2년도 지나지 않아 서독을 따라 긴축 정책으로 전환했다. 유럽에서의 신자유주의적 전환은 불가피하게 성장과 고용을 희생하는 것이었고, 1980년대 이래 유럽에서 대량 실업은 고착화되고 말았다. 하지만 물가 상승률 인하를 통한 경쟁력 제고 정책의 방향으로 각국의 경제 정책이 통일됨에 따라 1980년대 후반에 이르면 EMS 참가 국가 간 물가 상승률 격차는 축소되었고, 역내 국가

---

74 田中素香 외(2006, 101-104, 106-109), 로호프&트렝클레(Lohoff&Trenkle, 1996, 2-7).

간 중심 환율의 변경도 더 이상 일어나지 않을 만큼 EMS는 안정되었다(田中素香 외, 2006, 109-113).[75]

1980년대 중반 이래 세계 경제의 순환적 호황은 EMS 안정의 중요한 초석이었다. 세계 경제의 호황 속에서 주변국이 겪어야 하는 긴축과 고정 환율제의 부담은 완화될 수 있었기 때문이다. 이러한 배경 아래 EEC는 통화 통합에 앞서 시장 통합을 추진했다. 시장통합 없이 통화 통합은 불가능하기 때문이다. 단일한 유럽중앙은행에 의한 단일한 금리 정책을 시행하기 위해서는 금융 서비스와 자본 이동의 자유가 전제되어야 한다. 1985년 EEC집행위원회는 "내부시장의 완성"이라는 백서를 정상회의에 제출하였고, 백서에서 역내 시장을 가로막고 있는 세 가지 내부 장벽, 즉 물리적 장벽·기술적 장벽·조세적 장벽을 제거할 것을 제안했다. 이 백서는 정상회의에서 승인되었고, 1986년 유럽 단일의정서 체결의 토대가 되었다. 유럽 단일의정서는 1992년 말 시한으로 EEC 역내 시장의 완성을 법적으로 확정하였다. 또한, 집행위원회는 내부 장벽의 비용과 시장 통합의 이익을 분

75 물론 EMS 내에서 중심 국가(서독, 프랑스, 베네룩스 3국, 덴마크)와 주변 국가 간 물가 상승률 격차는 잔존하고 있었다. 그에 따라 중심-주변 간 국제 경쟁력의 차이와 주변 국가들의 경상 수지 적자는 존속되었지만, 중심 국가와 주변 국가 간 이자율의 격차와 역내 시장 1992에 따른 시장 통합 및 자본 이동 자유화로 인해 중심 국가로부터 주변 국가로 대규모 자본 유입이 이루어졌으며, 이를 통해 주변 국가의 경상 수지 적자가 메워지고 고정 환율은 안정적으로 유지될 수 있었다(田中素香 외, 2006, 113-114). 말하자면 이 시기 자본 이동의 자유화와 금융 시장의 지배도 역설적이지만 EMS 성공의 주요 요인이었다(Lohoff&Trenkle, 1996, 7-11). 결국, EMS의 성공적인 정착은 중심-주변 국가 간 이런 모순 구조 위에 세워진 것이었으며, 후에 단일 통화 유로의 도입으로 이 모순 구조는 더욱 심화되었고, 주변 국가들의 채무 위기가 전개되는 주요한 메커니즘의 하나가 되었다.

석한 체키니 보고서를 통해 역내 시장 프로젝트를 경제학적으로, 이
데올로기적으로 뒷받침했다.[76] 이 보고서 또한 신자유주의 시장 통합
의 이익만을 계산하고 시장 통합이 가져오는 국민국가 간의 불균형
과 대립, 독과점의 지배에 의한 경쟁 효과의 제약, 경제 공황과 위기
분석의 결여 등 근본적인 한계를 갖고 있었다.[77]

2) EMS와 EMU: 독일 헤게모니와 신자유주의

EMS는 독일 마르크가 사실상 기축 통화 역할을 수행하였다.
EMS는 브레턴우즈 체제의 비대칭적 국제수지 조정 제약과 변동 환
율제의 불안정성으로부터 탈피하고자 바스켓 통화/고정 환율제/대
칭적 조정을 도모한 것인데, 현실적으로는 이 제도 또한 서독과 여타
국 간의 비대칭적 조정 제약에 의해 지배되었던 것이다. 이른바 '불
가능한 삼각형'[78]에 따라 살펴보면 서독은 자본 이동의 자유하에서

76 체키니 책임 하에 이루어진 Costs of non-Europe은 EEC시장의 분할에 따른
   비용과, 역내 시장 완성에 관한 집행위원회 백서에서 나타난 장벽 제거의 예
   상 이익을 계량 분석한 방대한 연구였다. 그 요약서가 체키니(1992)로 간행되
   었는데, 여기서 체키니는 EEC 시장 분할로 인한 손실 규모, 다시 말하면 시장
   장벽의 제거와 시장 통합이 이루어졌을 경우의 이익이 2,000억 ECU 이상이
   고, 이 시장통합은 EEC의 역내 총생산[GDP]을 향후 4-7%만큼 추가적으로 증대
   시킬 것이라고 전망했다. 체키니(1992, 157, 180)의 미시경제적 효과와 거시경
   제적 효과 요약 [표] 참조.

77 공동시장 및 통화 동맹의 신자유주의적 구상과 그 결과 또는 전망에 대한 비
   판은 Arbeitsgruppe Alternative Wirtschaftspolitik(1989, 286ff), 후프슈미트
   (Huffschmid, 1989, 39ff), Huffschmid(1997), 골트베르크(Goldberg, 1989, 61ff),
   Lohoff&Trenkle(1996), 마이어(Mayer, 1997) 등 참조.

78 불가능의 삼각형이란 먼델(Mundell, 1963)과 플레밍(Fleming, 1962)으로부터

달러에 대해 변동 환율을 채택하고 금융 정책의 자립성을 보유한 반면, 여타 참가국들은 자본 이동의 자유하에서 마르크에 대한 고정 환율을 유지하는 대신 금융 정책의 자율성을 포기했다. 이는 서독 연방 은행의 금융 정책에 대한 여타 국가 중앙은행들의 종속과, 기축 통화국 서독과 여타 국가 간의 비대칭성을 의미하는 것이다. 이런 결함과 비대칭성을 극복하기 위해 단일 통화 유로와 1국 1표의 의결권에 기초한 유럽중앙은행의 창설을 통해 참가국 간 대칭성을 보장할 것이 요구되었다(田中素香 외, 2006, 117-119). 결국, 1988년 프랑스에 의해 통화 통합이 제안되었고 독일이 이를 수용함으로써 유럽이사회의 주문에 따라 통화 통합의 방안을 연구할 들로르 위원회가 설치되었다. 들로르 위원회는 1989년 경제통화동맹EMU에 관한 보고서를 공표하였으며, 1992년 EMU 건설을 위한 마스트리히트 조약이 조인되었고 1993년 발효되었다.

마스트리히트 조약과 부속의정서에는 EMU의 3단계 시간 일정과 함께 1999년 제3단계(단일 통화 도입)로의 시작 전에 충족되어야 하는 수렴 기준이 명시되어 있었다.[79] 즉, 단일 통화에 참가하기 위해서는 인플레율, 공적 채무, 이자율, 환율 등 4개의 수렴 기준을 모

전개된 개방 거시경제 모델에서의 목표 상충, 즉 고정 환율제, 금융 정책의 자립성, 자본 이동의 자유 세 가지를 동시에 충족시키는 것은 불가능함을 나타내는 말이다.

[79] 수렴 기준은 현행 FEU 조약 126조(이전 EC 조약 104조)와 140조(이전 EC 조약 121조 1항, 122조 2항 2, 123조 5항) 및 관련 부속의정서에 적시되어 있다. 여기서 현행 FEU 조약은 리스본 조약 후 통합 정리된 형식의 조약(kosolidierte Fassung)을 말한다, 리스본 조약에서 EC 조약이 FEU 조약으로 개정되었다.

두 충족해야 했다. 인플레율은 가장 물가가 안정된 3개국의 평균보다 1.5%포인트 이상 높지 않아야 하고, 공적 채무에 대해서는 재정 적자가 경상 가격 GDP 대비 3%를 넘어서는 안 되었다. 채무 총액은 경상 가격 GDP 대비 60% 이내로 제한하며, 장기 자본 시장 이자율은 물가가 가장 안정된 3개국 평균의 2%포인트를 넘어서는 안 되고, 환율은 ERM 내에서 수렴 검사 전 2년 동안 회원국 통화에 대해 상하 2.25%의 변동 폭을 유지해야 한다는 것이다. 이는 인플레와 재정 적자를 강력하게 규제해 강한 유로화를 유지하겠다는 것이며, 신자유주의적 긴축을 국제법으로 강제해 유럽의 신자유의화를 돌이킬 수 없게 제도화한다는 것을 의미한다.[80]

실제 EMU로 가는 길에서 4개의 수렴 기준은 그대로 적용될 수 없었다. 인플레율과 관련해서는 원래 물가가 가장 안정된 3개 국가의 인플레율이 비교적 높은 상태라도 그러한 상태에서 통화 동맹이 시작되게 되어 있었고, 또 1993년 8월 유럽 통화 제도 내에서의 통화 위기로 인해 환율 변동 폭이 상하 15%로 확대됨으로써 환율 기준은 사실상 포기된 거나 마찬가지였다. 그뿐만 아니라 공적 채무에 대해서도 GDP 대비 국가 채무 비율은 신축적으로 적용되었다. GDP 대비 국가 채무 비율이 100%가 넘는 이탈리아, 벨기에도 유로 도입에 참여할 수 있었다. 그에 따라 엄격한 수렴 기준에 입각해 이를 충족하는 국가들만으로 EMU를 구성한다는 마스트리히트 조약의 원래 계획은 수정되었다. 신자유주의 통화 동맹에서 일종의 '균열'이 발생

---

80   수렴 기준에 대한 상세한 비판은 Lohoff&Trenkle(1996, 31ff) 참조.

했던 것이다. 당시 독일 연방의회 기독교민주연합CDU/기독교사회연합CSU 원내대표 쇼이블레Wolfgang Schauble(현 독일 재무부장관)가 계획했던 핵심 유럽 구상과 소⼩통화 동맹은 현실화될 수 없었다. 후프슈미트 (Huffschmid, 1997, 10-11)가 전망한 바처럼 수렴 기준을 완화하고 신축적으로 적용함으로써 유로 도입을 거부한 영국, 덴마크(그리고 스웨덴)을 제외한 12개국 모두가 참여하는 대⼤통화 동맹이 성립하였다. 결국, 유럽 통화 동맹은 회원국 간 이질적인 경제 구조를 그대로 안고 출범함으로써 역내 불균형의 심화가 불가피하게 예정되었다. 왜냐하면 통화 동맹으로 통화 정책과 환율 정책 주권을 공동체로 이양한 위에서, 또 제한적이지만 재정 정책도 재정 적자 기준에 의해 압박받는 상태에서 중심 국가와 주변 국가 간 경쟁 강화에 의한 불균형의 심화를 조정할 수 있는 정책 수단이 부재하기 때문이다. 마스트리히트 조약의 긴축 정책은 1997년 안정및성장협약SGP을 통해 재정 적자 국가에 대한 처벌 조항이 도입, 강화되었고, 후에 SGP는 마스트리히트 조약의 법 문서로 격상되었다.[81] 하지만 2000년대 초 유럽의 경기 침체 속에서 SGP에도 불구하고 재정 기준을 지킬 수 없는 국가가 적지 않은 상황에서 재정 적자 기준을 초과하는 국가에 대해 처벌 조항을 적용하는 것은 가능하지 않았다. 결국, 재정 적자국에 대한 제재 적용이 이루어지지 않다가 2005년 재정 적자에 산입하지 않는 예외 지출을 인정하고 경기 상태가 나쁜 시기에는 장기에 걸친 재정 개선을 용인하는 등 협약의 규정이 완화되었다(田中素香 외,

---

[81]   SGP의 법적 토대는 현행 FEU 조약 126조(이전 EC 조약 104조)와 관련 부속의 정서다.

이런 균열과 완화에도 불구하고 통화 동맹에서 신자유주의 재정 기준은 완고하게 견지되었다. 그것은 국민국가의 재정 적자를 감축하고자 한다는 점만이 아니라 공동체 수준에서 국민국가의 재정을 통합하지 않고 여전히 국민국가에 재정 주권을 맡겨 놓는다는 점에서도 신자유주의 원칙에 합당한 것이었다. 국민국가의 재정 주권은 재정 적자 기준에 의해서만 제약을 받을 뿐이었다. 경제 통화 동맹이 재정 동맹 없는 통화 동맹으로 귀착된 것은 통합의 원칙에 관한 문제와 관련된다. 유럽 통합에서 '연방국가/연방주의 대 국가 연합/정부 간주의'라는 두 가지 접근 방식의 대립에 조응해 통합의 원칙으로서 '초국가성supranationality 또는 공동체 방식community method 대 보조성subsidiarity 의 원칙'이 대립했다. 초국가성의 원칙은 공동체로 국민국가의 권한을 이양해 초국가적 권한과 기관을 갖춘다는 것이지만, 여기에는 조약에 따른 개별적 권한 위임의 원칙이 적용된다. 보조성의 원칙은 이러한 권한 이양이 국민국가보다 공동체가 더 효율적으로 수행할 수 있는 영역에 한정된다고 한다. 또 비례성proportionality의 원칙에 따라 통합에 관한 권한에 대해 조약에서 명시적인 규정이 없는 경우 이런 관계에 조응해서 공동체의 권한 범위를 정하게 되어 있다. 그렇다면 초국가성의 원칙은 기본적으로 보조성의 원칙에 의해 제약될 수밖에 없다. 보조성의 원칙에 따르면 국민국가의 권한이 원칙이고 공동

---

82   SGP에 대한 개관과 효과, 정책 논란에 대해서는 Staatssekretariat für Wirtschaft(2003), 김균태(2004) 참조.

체의 권한은 부차적이고 예외적인 것이 된다.[83] 마스트리히트 조약에 따른 통화 주권의 이양이 독일 헌법에 위배된다는 헌법 소원이 제출된 것도 이런 문제의 표현이었다. 독일 헌법재판소는 1993년 10월 이에 대해 보조성의 원칙을 확인하고 통화 주권의 이양은 합헌이라고 판결했지만, 동시에 공동체가 아니라 독일 연방의회가 권력의 토대라는 것을 명시했다. 마스트리히트 조약은 국가 연합을 지향하는 것이지 유럽 국민에 근거하는 하나의 초국가(연방국가)를 지향하는 것은 아니라는 점도 명확히 했다(Bundeszentrale für Politische Bildung, 1999, 58-59). 이렇게 유럽 통합에는 보조성의 원칙에 의해 엄격한 한계가 그어져 있고, 유럽 통합을 주도하는 독일에서는 이 한계가 헌법재판소 판결 사안으로서 변경 불가능한 원칙이 되었다. 따라서 앞으로도 유로존이 통화 동맹을 넘어 재정 동맹으로 나가는 길은 원천적으로 봉쇄된 것이라 해도 과언이 아니다.[84]

3. 신자유주의 통화 동맹의 모순과 결함: 내재된 위기들

단일한 ECB와 유로, 그리고 단일한 금리 정책에도 불구하고 재정 정책은 국민국가의 권한으로 남겨놓은 이른바 재정 분권주의는

---

83   개별적 권한 위임의 원칙과 보조성의 원칙, 비례성의 원칙은 EU 조약 (kosolidierte Fassung) 5조(이전 EC 조약 5조)에 명문화되어 있다.

84   EU는 독일 신자유주의 헤게모니 하에서 보조성의 원칙뿐 아니라 '사회적 시장 경제'도 조약의 토대의 하나로서 명문화하였다.[EU 조약 제3조(이전 EU 조약 2조).]

EMU가 원활하게 작동하는 데 근본적인 제약 요소가 된다.[85] ECB의 가장 중요한 정책 과제는 물가 안정이고, 따라서 통화 정책은 원칙적으로 긴축적으로 운용할 수밖에 없다.[86] 기본적으로 유로존은 경제 불황 시 ECB의 확장 정책이 제한되어 있고, 그런 만큼 재정 정책의 확장에 의존하는데, EU의 재정수단은 극심하게 빈약해서 불황에 대처할 방도가 마땅치가 않다. 문제는 불황 국면만도 아니다. ECB는 유로존의 국가별 가중 평균한 소비자 물가가 2% 이내의 수준이 되도록 단일한 금리 정책을 운용한다. 유로존 국가들이 동일한 경기 순환에 놓여 있지 않다면, ECB의 단일 금리 정책이 호황에 있는 국가나 불황에 처한 국가나 어느 국가도 만족시킬 수 없게 된다. 이 경우 국가별 경제적 불균등을 고려하여 유로존의 완전 고용을 유지하기 위해서는 재정 정책에 의존할 수밖에 없는데, 국민국가의 재정 권한은 유로존에 이양되지 않았기 때문에 유로존은 합당한 재정 정책을 집행할 수 없다. 결국, 국민국가의 재정 정책만이 경기 순환과 거시 경제적 불균형에 대응할 수 있지만, 마스트리히트 조약과 SGP는 국민국가의 재정 적자도 GDP 대비 3% 이내로 엄격하게 제한하고 있다. ECB의 중앙 집권적 금리정책과 재정 분권주의 그리고 마스트리

---

85 아이자와 코에츠相沢幸悦는 EMU에서 통화 주권과 재정 주권의 괴리를 단일 통화 유로의 치명적 결함이라고 본다(相沢幸悦, 2015, 230).

86 현행 FEU 조약 127조(이전 EC 조약 105조) 1항, 282조 2항에는 ECB가 이 녹표를 침해하지 않는 한에서만 EU의 일반적인 경제 정책을 뒷받침한다고 되어 있다. 이는 ECB가 독일 연방은행을 모델로 해서 설립된 데서 비롯된다. ECB의 정치적 독립성과 회원국 정부 및 EU 기관에 대한 ECB의 직접 신용 금지 등도 같은 맥락이다. 이에 대해서는 강유덕(2014, 15 이하) 참조.

히트 재정 기준에 입각해 있는 EMU 내에서 완전 고용을 실현하기 위한 거시경제 정책은 원칙적으로 작동될 수 없게 된다(田中素香 외, 2006, 제5장).

그럼에도 EMU가 유로존의 완전 고용과 고성장에 기여할 것이라는 EMU 경제학자들의 주장은 공동 시장에 관한 체키니 보고서의 장밋빛 전망과 마찬가지로 기본적으로 거시경제적 불균형이 시장 기구의 작동을 통해 조정될 수 있다는 신자유주의 신념에 근거하고 있다. 즉, 단일한 유로에 의해 환율 변동을 통한 수출 증대 및 성장 유도가 불가능하더라도 유로존 내에서 임금과 물가가 신축적으로 조정이 되거나 노동력의 역내 이동이 자유롭다면, 불황에 빠진 국가가 실질 임금의 하락을 통해 수출 증대와 완전 고용을 달성할 수 있다는 것이다. 그러나 공동 시장과 통화 동맹을 이룬 단계에서도 유로존의 노동 시장은 국민적으로 조직되어 있고, 노동력의 자유 이동은 실현되지 못한 실정이다. 노동 사회 정책은 거의 전적으로 국민국가의 권한이고, 사회 보장 정책이 국민국가별로 상이한 상태에서 노동력의 국가별 이동은 자유로울 수가 없다. 또한 노동조합에 의한 임단협을 통해 임금과 노동조건이 결정되기 때문에, 임금의 신축적 조정도 기대할 수 있는 게 아니다. 여기에 국가별 문화와 언어 장벽도 노동력의 역내 이동을 제약하는 중요한 요소로 작용한다. 이 때문에 시장 통합 이후에도 국경을 넘는 노동력 수는 별로 증대하지도 않았고, 노동 인구에서 차지하는 EU 국적 외국인의 비율은 벨기에를 제외하면 여전히 2-3% 미만으로 낮은 편이다. 결국, 시장 기구의 작동에 의해 역내 불균형이 조정된다는 주장은 현실을 무시한 신화에 지나지

금융 위기 이후의 자본주의

않는다.[87]

실제로는 유로화 출범 이후 역내 불균형이 시장 기구에 의해 조정된 게 아니라 오히려 심화되었다. 이런 불균형 구조는 사실 EMS 아래서 고착된 것이었다. 서독 같은 중심 국가는 강력한 긴축 정책을 통해 물가 상승을 억압하고 물가 상승보다도 임금 상승을 더 억압함으로써 노동 생산성 대비 실질임금을 저하시켜 국제 경쟁력을 강화한 반면, 지중해 지역 주변 국가들은 반대로 노동 생산성 대비 실질 임금이 상승하여 국제 경쟁력이 약화되었다. 고정 환율이라 하더라도 사실상 서독의 통화는 경제적 토대에 비추어 보면 약세 통화고 주변국 통화는 강세 통화인 셈인데, 이런 환율로 유로화가 출범했

---

87 田中素香 외(2006: 67-69, 145-148), 유승경(2012) 참조. 이런 주장은 유럽 단일 통화를 이론적으로 뒷받침한 최적통화지역이론에서도 볼 수 있다. 개별 논자에 따라 강조점이 다르긴 하지만, 대체로 이 이론에 따르면 노동력의 자유 이동과 임금/물가의 신축성이라는 조건이 구비되어 있다면, 일부 국가만이 경기 침체에 빠지는 비대칭적 경제 충격에도 균형 회복이 가능해서 단일 통화 지역이 유지될 수 있다는 것이다. 먼델(Mundell, 1961), 맥키넌(Mckinnon, 1963) 등은 일찍이 1960년대에 선구적으로 이 이론을 제시하였다. 물론 유로존 지역이 이런 조건을 정말 충족하는가 여하를 둘러싸고 이견이 있어서 아이켄그린(Eichengreen, 1991) 같은 논자들이 먼델과 달리 이런 조건이 구비되어 있지 않다는 이유로 최적통화지역이론에 근거해 유럽 단일 통화를 비판한 바 있다. 사실 단일 통화와 초국적 통화, 최적통화지역이론은 케인스주의 경제학의 전통에 있는 것이고, 자유주의와 신자유주의 경제학에서는 하이에크Hayek의 자유은행론이나 바우벨Vaubel의 병행통화론에서 보는 바처럼 초국적 단일 통화제도를 거부하고 국민통화 간 경쟁을 통한 선출을 주장한다(김균 · 문우식, 1997, 제2장). 이렇게 보면 케인스주의 경제학이 시장 기구의 작동을 통한 균형 회복이라는 현대 경제학의 신화를 (신)자유주의 경제학과 함께 공유한다는 것(이른바 케인스주의-신고전파 종합의 전통)도 부정할 수 없다. 이에 대한 비판은 막시모바(Maximova, 1973, ch. 6) 참조.

고, 유로화하에서도 이 메커니즘은 계속 작동했다.[88] 중심 국가의 경상 수지 흑자, 주변 국가의 경상 수지 적자 구조는 불가피했다. 그러나 불균형 구조가 심화되어도 실질 임금의 조정이나 노동력의 국제적 이동을 통한 불균형의 해소는 일어나지 않았다. 앞서 말한 바처럼 경상 수지의 불균형은 오히려 자본수지의 불균형으로 상쇄되었던 것이다. 중심 국가로부터 주변 국가로의 대규모 자본 유입을 통해 주변 국가의 경상 수지 적자가 메꿔졌는데, 주지하다시피 유입된 중심 국가의 자본은 주변 국가의 적자 재정과 국채 발행, 그리고 은행 대출의 토대가 되었다. 이 불균형 구조와 메커니즘이 2008년 이래 유로존의 금융 위기와 국가 채무 위기가 발생하는 주요한 한 계기가 되었다. 그럼에도 불구하고 마스트리히트 조약은 EU에 의해서든, ECB를 통해서든, 회원국 정부에 의해서든 위기에 빠진 국가에 대한 일체의 구제금융을 금지[No-Bail-Out-Clause: FEU 조약 125조(이전 EC 조약 103조) 1항]함으로써 위기에 개입해 확산을 차단하고 위기를 관리할 수 있는 수단을 갖고 있지 못했다.[89]

EMU의 결함은 재정 통합 없는 통화 동맹만의 문제가 아니다. EMU가 초국적 중앙은행 ECB에 토대를 두고 있지만, ECB는 국민 국가의 중앙은행과 달리 '국가 없는 중앙은행'이다. 왜냐하면, EU는 초국적 권력을 갖는 '초국가'가 아니기 때문이다. 유로는 '국가 없는 통화'라 할 수 있다. 사실 재정 통합이 없다는 것 자체도 유럽 국가의

---

88 Huffschmid(1997, 13), 相沢幸悦(2015, 231), 문우식(2012), 유승경(2012) 참조.

89 Hickel(2011), Baldwin & Giavazzi(2015b,18ff), De Grauwe(2015, 99ff) 참조.

부재를 표현하는 것이어서 따지고 보면 두 문제는 같은 문제다.[90] 중앙은행의 발권력은 징세권을 가진 국가를 상정하는 것이고, 중앙은행은 은행의 은행으로서, 또 정부의 은행으로서 최종 대부자로서의 역할을 수행한다. 은행 파산에 의한 시스템 붕괴나 국가 재정 파탄으로 인한 위기를 방지하거나 수습하기 위해서는 무엇보다 최종 대부자로서의 중앙은행의 역할이 중요하다. 또한, 은행 위기의 사전 방지를 위한 감독 체계와 은행 파산 절차 등에 대한 제도 장치를 구비해야 하는 것도 중앙은행의 주요한 과제다. 그러나 ECB는 최종 대부자로서의 역할도 제한되어 있고, 유로존 차원의 은행감독 체계도 결여되어 있었으며, 은행 파산 절차 등도 갖추지 못했다. ECB는 회원국 정부에 대한 직접적 신용 공여나 발행 시장에서의 국채 인수가 금지[FEU 조약 123조(이전 EC 조약 101조) 1항]되어 있고, 또 회원국 정부에 대한 구제금융도 금지되어 있다.[91] 시장 통합과 유로하에서 은행들이 국경을 넘어 활동하는데도 은행 감독과 파산 절차에 관한 권한

90 EU는 정치연합의 구상을 실현하기 위한 모든 전제를 결여하고 있다. 첫째로, 유럽 자본은 존재하지 않고 국제화(유럽화)의 담지자는 국민 자본들이다. 둘째, 상이한 자본 그룹들에 대해 통합적인 기능과 권위를 갖고 국민 자본의 일반적 이해를 정식화하고 관철할 수 있는 국민국가에서와 같은 유럽 국가는 존재하지 않는다. 셋째, 단일한 조세 체계와 사회 보장 체계, 하부 구조, 공공 서비스 등 재분배 체계가 유럽 수준에서는 존재하지 않는다. 그 지표로서 국가 부문과 사회 보장의 비중은 EU 회원국 평균에서 각각 GDP의 51%, 30%인 반면, EU 자체는 각각 1.2%, 0.3%에 머물고 있다(Huffschmid, 1996, 110-111).

91 ECB와 각국 중앙은행에 의한 EU나 회원국에 대한 직접적 신용 제공이나 직접적 채권 매입을 금지하면, 회원국 정부는 사적 은행으로부터 높은 금리로 자금을 조달해야 한다. 사적 은행은 ECB나 중앙은행으로부터 낮은 금리로 자금을 조달하니까 ECB는 사적 은행의 영업을 보장하고 회원국 정부에게는 채무 부담을 필요 이상으로 높이는 결과를 가져온다.

과 제도는 전적으로 회원국 정부의 권한에 속했다. 말하자면 위기에 대한 중앙은행의 대응능력을 ECB는 갖추지 못했던 것이다(田中素香 외, 2006, 143).

EU가 시장 통합을 넘어 통화 통합으로까지 경제 통합이 진전되는 속에서 나타난 이런 제약과 결함을 극복하기 위해서는 재정 통합과 중앙은행 강화 같은 연방주의 방식의 통합, 나아가 이를 가능하게 하는 정치 통합으로 나갈 것이 요구된다. 그러나 앞서 본 바와 같이 보조성 원칙의 지배하에서 일층의 경제 통합에는 근본적인 제약이 놓여 있고, 경제 통합의 진전에도 불구하고 정치 통합은 실패를 거듭했다. 정치 통합, 정치 공동체 건설의 실패는 유럽 초국가의 건설이 불가능하다는 것을 말해준다. 정치 통합의 실패가 통화 동맹과 유로화에 대해 부정적인 효과를 미칠 것은 두말할 것도 없다. EU는 대외적으로 달러에 대해 유로를 대항 헤게모니 통화로 정착시키는 데 커다란 한계를 갖게 될 것이다. 유로존의 신자유주의 긴축은 내수 침체를 불가피하게 하므로 성장의 유지를 위해서는 공격적인 대외 팽창이 필수불가결한 요소다. 그런데 독일 연방은행 모델에 기반해 설립된 ECB의 가장 중요한 목표는 물가 안정과 강한 유로의 유지이기 때문에, 강한 유로와 유로존의 대외 경쟁력 강화는 모순될 수밖에 없다. 따라서 EU로서는 EMS에서의 독일 전략, 즉 긴축 강화를 통한 물가인상 억제와 그에 따른 사실상의 마르크 평가 절하 그리고 대외 경쟁력 강화에 의해 EMS 지역으로 팽창한다는 독일의 전략을 유로존 차원에서 적용하고자 할 테지만, 이와 같은 대외 팽창을 가능하게 했던 EMS 내에서의 독일 헤게모니에 대응하는 유럽 헤게모니가 정치 공동체의 실패로 인해 세계 시장에서 존재하지 않는다. 독일의 사실상의 약세 통화를 EMS 국가들이 용인한 것과는 달리 세계 시장에서 미국도 일본도 유로화의 사실상의 약세를 수용하지 않을 것이다. 국제적인 환율 전쟁이 벌어질 것이고, 강한 유로와 유로존의 대외 경쟁력 제고의 모순은 해결될 수 없게 된다(Huffschmid, 1997, 12ff).

4. 유로존의 신자유주의 위기 대응책

1) 구제금융 기구와 방화벽 구축

유로존의 신자유주의 교조와 통화 동맹의 설계 오류는 결국 현실의 위기 속에서 커다란 비용을 지불하고서 비로소 정정의 길을 모색하게 되었다. 그러나 그것은 기본적으로 역내 불균형 구조를 중심국, 주변국의 공동의 책임하에 연대적인 정책 조정을 통해 해소하는 것이 아니라 기존의 통화 동맹 틀에서 주변국에 신자유주의 규율을 강화함으로써 주변국의 경제회복을 지연시키고 중심국, 주변국 간 경제 격차를 더욱 확대하는 것이었다.[92] 우선 EU는 마스트리히트 조약의 구제금융 금지의 규정을 위반하면서까지 구제금융을 조직하는 등 위기에 대한 방화벽을 구축했다. 즉, 2010년 그리스 1차 구제금융은 사실상 불법적으로 유로존 회원국의 쌍무간 지원과 IMF 자금을

---

92 高田太久吉(2014, 98 이하).

동원해 조직된 것이었다.[93] 같은 해 유럽재정안정기금EFSF과 유럽재정안정화기구EFSM를 갖춘 이후 조직된 아일랜드 구제금융부터 비로소 합법적인 외양을 갖출 수 있었다.[94] 그러나 EFSF는 3년 기한의 한시적인 기구였고, 또 이 기금이 마스트리히트 조약 위반이라는 논란에서 벗어날 수 없게 됨으로써 결국 유로존 국가들은 2012년 2월 마스트리히트 조약 개정(유로존 국가들을 위한 안정기구와 관련하여 FEU 조약 136조 확대)을 조인하고 항구적인 구제금융기구인 유럽안정기구ESM로 EFSF를 대체하기에 이르렀다.[95] ESM도 독일 헌법재판소 판결

---

93   FEU 조약 제122조(이전 EC 조약 100조) 2항에는 통제를 벗어난 심각한 난국의 경우 각료 이사회가 특정 회원국에 대한 EU의 지원을 결정할 수 있게 되어 있지만, 국가 채무 위기에 이 조항을 적용할 수 있는지는 논란거리가 되었다.

94   유로존의 구제금융은 다음과 같다. 2010년 그리스 1차 구제금융 730억 유로(실적치, 유로존 회원국의 쌍무 간 지원 529억 유로 및 IMF 201억 유로), 2010년 아일랜드 구제금융 675억 유로(EFSM 225억 유로 EFSF 177억 유로 및 IMF 225억 유로), 2011년 포르투갈 구제금융 795억 유로(EFSM 260억 유로 EFSF 260억 유로 및 IMF 275억 유로), 2011년 그리스 2차 구제금융 1,732억 유로(EFSF 1,445억 유로 및 IMF 287억 유로), 2012년 스페인 구제금융 1,000억 유로(ESM 413억 유로: 실적치, 긴급 은행구제금융 형식으로 긴축조건 회피), 2013년 키프로스 구제금융 100억 유로(ESM 90억 유로 및 IMF 10억 유로), 2015년 그리스 3차 구제금융 860억 유로(ESM). 이상 BMF(2015) 참조.

95   EFSF는 유로존 국가들에 의해 설립된 특수 목적 회사로서 자본 시장에서 자금을 조달하고 신용을 공여하는 바 신용 한도는 4,400억 유로로 묶여 있다. ECB의 자본 지분 비율에 따라 유로존 국가들이 보증한다, EFSM은 FEU 조약 제122조에 근거한 EU 규정[Verordnung (EU) Nr. 407/2010]에 의거해 EU 예산으로 600억 유로를 조달한다. ESM은 일종의 국제 금융 기관으로서 ESM 참가국에 대한 대출과 은행 재 자본화를 위한 금융 지원을 한다. 비상시에는 발행시장과 유통 시장에서 ESM 참가국의 국채를 매입할 수 있다. 단, 금융 지원은 재정 협약 가입국에 한해서 허용한다. 자본금은 7,000억 유로, 신용 공여/보증 한도는 5,000억 유로(신용 한도 대비 2,000억 유로는 초과 자본금)며, ECB 자본금 지분에 따라 각국이 분담한다. 각국의 투표권은 ESM 자본 지분에 따르

금융 위기 이후의 자본주의

까지 가는 우여곡절을 겪었다. EFSF, ESM 등 재정 관련 협약의 체결은 모두 회원국 의회의 동의를 받아야 비로소 발효되는 것이고, 심지어 확정된 구제금융의 매 집행분까지도 회원국 의회의 의결을 거쳐야 하므로, 구제금융과 방화벽은 EU 회원국 전체의 지루한 힘겨루기와 어려운 정치적 결정 속에서 구축되었다. 현실의 위기 전개에 대해 EU의 결정과 대응책은 언제나 시기를 놓칠 수밖에 없었고, 시간적 지체 속에서 위기는 매번 절정으로 치닫곤 했다.

2) ECB의 최종 대부자 역할 제고

유로존 위기의 심화에 따라 ECB도 기준 금리 인하, 지급 준비율 인하 그리고 공개 시장 조작을 통한 통상적인 유동성 공급만이 아니라 비전형적 통화정책 수단 즉 자산 매입 프로그램APP을 도입하였다. 즉, ECB는 2010-2012년 유통 시장에서의 국채 매입 프로그램인 Securities Markets ProgrammeSMP을 운용하여 2,100억 유로 규모의 국채 및 사채를 매입했고, 이례적으로 2011년 12월과 2012년 2월 두 차례에 걸쳐 1조 유로 규모의 장기 저리(3년 만기 1% 금리) 대출인 LTRO도 실행했다. 2014년 말부터는 2016년 9월까지 기한으로 매월 600억 유로 규모의 국채 및 사채를 매입하는 확대 자산 매입 프로그

고, 특별 다수결의 경우 80% 찬성을 요구한다. 따라서 각각 27.1%, 20.4% 지분을 가진 독일과 프랑스는 만장일치나 특별 다수결 사안에 대해 단독으로 거부권을 갖고 있다. 이상은 BMF(2013d) 참조.

램EAPP도 가동되고 있다.[96] ECB의 기준 금리는 공개 시장 조작 중에서도 단기 MRO의 이자율을 통해 조절하는데, 기준 금리의 인하에도 불구하고, 더욱이 더 이상 기준 금리를 인하할 수 없을 정도임에도 불구하고, 디폴트 위험으로 인해 채무 위기 국가의 국채 이자율이 높은 상태여서 ECB의 통화 정책은 전달 경로의 훼손으로 투자 진작 효과를 기대할 수 없었다. 또한, 디폴트 위험으로 치닫는 채무 위기 국가의 국채 시장 안정도 유로화의 안정을 위한 ECB의 시급한 과제였다. ECB는 자산 매입 프로그램 즉 양적 완화를 통해 채무 위기 국가의 국채 가격을 안정시키고 기준 금리 인하를 통한 투자 진작으로써 유로존의 성장과 고용을 뒷받침하고자 했다. ECB의 양적 완화는 EFSF/ESM의 설립과 1조 유로의 LTRO에도 불구하고 더욱 심화되던 유로존 채무 위기를 진정시키는 일등공신이었다. ECB는 2012년 9월 무제한적인 규모에서의 무기한 국채 매입 프로그램인 전면적 통화 거래OMT를 선언했는데, OMT가 오늘날까지도 실행되지 않고 있음에도 불구하고 그 선언 이래 유로존 국채 시장은 안정될 수 있었다. ECB의 OMT는 유로존 위기 진화의 중대한 전환점이었다(Baldwin & Giavazzi, 2015b, 21). 자산 매입과 양적 완화는 유통 시장에서의 국채 매입이지만, 금융 기관 보유 국채의 ECB 매입은 발행 시장에서

---

96   ECB(n.d.) 참조. ECB의 공개 시장 조작은 주로 1주일 만기 자금을 공급하는 MRO와 3개월 만기 자금을 공급하는 LTRO로 구성되는데, 이런 점에서 장기저리 LTRO는 분명 이례적이다. EAPP는 third covered bond purchase programme(CBPP3), asset-backed securities purchase programme(ABSPP), public sector purchase programme(PSPP)으로 구성된다. PSPP는 2015년 3월, ABSPP는 2014년 11월, 그리고 CBPP3는 2014년 10월에 시작되었다.

금융 기관의 국채 매입을 촉진함으로써 사실상 회원국 정부의 국채 발행을 간접 지원하는 것이 된다. 이런 점에서 ECB의 제한 없는 국채 매입은 최종 대부자로서의 중앙은행의 역할을 제고시키는 것이다. 이로부터 위기 시에 최종 대부자로서의 중앙은행의 역할이 얼마나 중요한가를 엿볼 수 있다.[97]

그러나 바로 같은 이유로 ECB의 이런 조처들은 특히 독일로부터 마스트리히트 조약 위반이라는 비판에 직면하였다.[98] ECB 이사회에서의 OMT 의결 시에도 독일 연방은행 총재만 반대한 것으로 알려졌다. OMT는 아직 어떤 국가에 의해서도 신청되지 않은 상태지만, 독일 헌법재판소에 위헌 소송까지 제기되었다. 이에 반해 ECB는 자산 매입 프로그램이 유통 시장을 대상으로 하는 것이어서 발행 시장에서의 직접적인 국채 매입을 금지한 조약의 위반이 아니고, 미국, 영국, 일본 중앙은행에서도 양적 완화로서 실행되는 통화 정책 수단

[97] 종종 혼동하고 있지만, OMT와 EAPP는 별개의 상이한 프로그램이다. OMT 프로그램은 ESM의 지원 하에 있는 특정 위기 국가들의 안정을 위한 국채 매입인 반면, EAPP는 OMT와 별개로 디플레 위험의 방지를 위해 다양한 국가의 국채 및 사채를 매입한다.

[98] 공개 시장 조작의 LTRO는 ECB가 일정 기간 만기 후 금융 기관에 되파는 조건하에 국채를 매입하는 일종의 Repo 거래인 반면, OMT/SMP/APP의 자산 매입은 한 번의 최종 거래다. 매입한 국채의 가격이 하락하거나 디폴트가 발생하면 ECB가 손실을 떠안아야 한다. ECB의 잠재적 손실하에서 대규모 유동성이 공급되기 때문에 LTRO와 달리 OMT/SMP/APP를 둘러싸고는 FEU 조약 상 물가 안정 목표에 대한 ECB의 의무 조항 위반[FEU 조약 119조(이전 EC 조약 4조) 2항, 127조(이전 EC 조약 105조) 1항]과, ECB를 통한 회원국 정부를 위한 자금 지원 금지 조항(FEU 조약 123조 1항) 위반이라는 논란이 뒤따랐던 것이다. 최종 대부자로서의 ECB의 역할과 관련한 논쟁은 강유덕(2014, 66 이하) 참조.

의 일부라고 주장한다(ECB, 2015). OMT에 대해서도 ECB는 마찬가지로 적법하다고 주장하고, 또 자산 매입 프로그램과 OMT는 불태화 정책을 통해 본원 통화량 증가로 이어지지 않는다고 반박한다. 물가 안정 의무에 대한 위반이 아니라는 것이다(ECB, 2012, 8-9). 위헌 소송과 관련하여 독일 헌법재판소는 OMT가 현행 FEU 조약 119조, 123조, 127조 위반이라는 관점하에 유럽 사법재판소의 조문 해석을 의뢰했고, 2015년 6월 16일 유럽 사법재판소는 OMT가 적법하다고 판결했다. 이로써 유로존의 위기 속에서 최종 대부자로서의 ECB의 역할은 강화되었다.[99]

물론 구제금융과 방화벽의 구축, ECB의 개입 확대가 신자유주의로부터의 이탈을 의미하는 것은 아니다. 구제금융과 국가 개입은 원래가 위기 시 신자유주의의 구성 요소이지만[100], 유로존에서는 마스트리히트 조약의 이데올로기적 교조 때문에 부정되었을 뿐이었다. 그뿐만 아니라 EFSF/ESM의 구제금융은 재정 규율과 재정 긴축을 강화하는 조건으로만 제공되었고, 긴축을 강제하는 재정 협약 가입국을 대상으로 한 것이었으며, 또 ECB의 OMT도 EFSF/ESM에 의해 승인된 국채로 제한되었다. 구제금융과 ECB 개입하에서 유로존의 신자유주의는 오히려 공고해졌던 것이다. EFSF/ESM의 구제금융도, ECB의 국채 매입 프로그램과 장기 저리 LTRO도 납세자의 부

---

[99] ECB의 이런 역할 강화에도 불구하고 ECB가 '국가 없는 중앙은행'이라는 근본적인 한계와 제약으로부터 벗어나는 건 아니다. ECB는 결코 미국 연준이나 영국, 일본의 중앙은행과 같은 중앙은행으로서의 권능을 가질 수 없다.

[100] 예컨대 1980-90년대 미국 저축대부조합 파산, 1998년 LTCM 도산 위기 그리고 2008년 금융 위기 시 중앙정부와 연준의 구제금융을 상기하라.

담 하에 위기에 처한 금융 자본을 지원하고 신자유주의 금융 지배를 재건하는 '손실의 사회화'의 일환이었다. 기본적으로 EU는 2008년 금융 위기가 구조 개혁의 미비, 그에 따른 경쟁력 결여, 그리고 재정 정책과 금융 시장 조절의 결함 때문에 발생했다는 독일의 신자유주의적 관점에 압박받을 수밖에 없었다. 구제금융과 방화벽은 신자유주의 기조 위에서도 발생할 수 있는 금융 사고에 대한 보완물일 뿐이었다. 그에 따라 EU에서는 재정 정책 감시 강화, 경제 정책적 조정, 금융 시장 조절, 그리고 방화벽 구축 같은 대응책이 EMU의 안정을 위한 조처로서 실행되었다(BMF, 2013a). 즉, 재정 정책과 금융 시장에 대한 규율 강화와 사전 예방 및 교정 절차의 강화를 통해, 다시 말해 신자유주의 정책 강화를 통해 경제 체질을 개선함으로써 불균형과 부실이 재정 위기와 금융 위기로 발전하는 것을 방지하며, 위기 발생 시에는 구제금융과 방화벽을 통해 개입한다는 것이었다.

3) 신자유주의 재정 규율 강화

유로존 내 재정 정책의 조정과 재정 규율의 강화는 우선 SGP의 강화로 나타났다. 2011년 말 이른바 식스팩Six-Pack을 통한 SGP의 새 규정이 적용되었고, 2013년 5월 투팩Two-Pack이 추가되었다.[101] 식스팩에 따라 기존의 GDP 대비 3% 적자 기준 외에도 구조적 균형 예산

---

101 Six-Pack은 EU의 5개 규정과 1개 지침으로 구성된 법안 패키지를 말하고, Two-Pack은 두 개의 규정을 지칭한다. 보다 자세한 내용은 강유덕 외(2012, 76 이하) 참조.

이라는 중기 목표가 전면에 부각되었고, 국가 채무에 대해서도 GDP 대비 60% 채무 한도를 초과하는 국가는 매년 1/20씩 삭감 의무가 제시되었다. 또한, 과대 적자 처리 절차에서 단계적 자동 처벌 절차가 도입되었고, GDP 대비 0.2(-0.5)%의 무이자 예치금 및 벌금으로의 전환을 규정했다. 이미 적자 예방 조처에서도 GDP 대비 0.2%의 무이자 예치금 제재를 가하게 되어 있다. 교정 조처에서도, 예방 조처에서도 집행위원회의 제재 결의는 유로존 각료 이사회가 특별 다수결로 거부하지 않는 한 유효한 것이다. 나아가 재정 정책을 넘어 EU 개별 국가의 경제 정책을 감시하는 절차도 도입되었다. 경제적 불균형에 대한 예방과 교정 절차는 거시경제 및 거시금융 지표들로 구성된 스코어보드Scoreboard (불균형 상태 점검표)를 통해 이루어지는데, 교정 절차에서는 재정 정책에서처럼 불균형 제거 의무를 이행하지 않는 유로존 회원국에 대해서는 벌금을 부과한다. 이렇게 강화된 SGP는 2012년 3월 25개 EU 국가(미참가국: 영국, 체코)가 체결한 안정및조율과조정협약(이른바 재정 협약, EFC)에 의해 더욱 보완되었다. 2013년 1월 발효된 재정 협약은 항구적으로 의무적인 통일된 재정 규정을 2014년 1월 1일까지 각국의 헌법이나 법령에 반영하도록 강제했고, 불이행 시에는 유럽 사법재판소에 소송하고 판결에 따르지 않으면 GDP의 0.1%까지 벌금을 부과하도록 하였다. (GDP 대비 총 채무가 현저하게 60% 이하가 아닌 한) 매년 구조적(즉 경기 순환 및 일시적 효과를 제거한) 신규 재정 적자는 GDP 대비 0.5% 한도를 지켜야 하며, 그렇지 않을 경우 적자 감축 처리 절차와 처벌 조항이 적용된다. 여기서도 회원국의 특별 다수결로 집행위원회의 제재 제안을 거부할 수 있다. 독일은 이미 2009년 헌법을 개정, 신규채무를 구조적 적자 0.35% 내로 제한하는 채무브레이크Schuldenbremse를 도입함으로써 재정 협약을 EU에 관철하기 위한 선제적 조처를 단행했다.[102]

4) 금융 규제와 은행 동맹

재정 규율에 대한 강화와 함께 금융 기관의 보증 및 책임 강화, 금융 시장의 안정, 투명성 제고, 금융 감독 강화 등 금융 시장의 조절을 위한 유럽 차원의 조처들도 실행되었다. 무엇보다도 은행의 위기가 국가의 공적 자금 투입과 납세자의 손실 부담으로 이어지지 않도록 주주와 투자자의 손실 분담을 명시하였고, 은행 위기와 재정 위기 간 악순환의 고리를 끊고자 했다.[103] 우선 은행의 건전성과 안정성을 높이기 위해 Basel III 관련 EU의 이행 지침[Capital Requirements Directive IV(CRD IV, 2013.6)]과 EU 규정[Verordnung Nr. 575/2013(Capital Requirements Regulation, 2013. 6)]이 제정되었고, 이에 따라 은행의 자기 자본 비율 규제가 보다 엄격해졌다. CRD IV는 각 회원국에서 2019년까지 단계적으로 이행하게 되어 있다. BIS

---

102 BMF(2013a), BMF(2013b) 참조. 이와 같은 재정 정책 및 경제 정책의 조정과 규율 강화는 유럽 학기제European Semester의 운용과 연계되었다. 2011년부터 실행된 유럽 학기제는 6개월의 확정된 시간일정에 따라 EU와 회원국 간 경제/재정/고용 정책상의 조율을 도모한 제도다.

103 유럽집행위원회(Europäische Kommission, 2014, 7)에 따르면, 2008년 10월부터 2012년 12월 간 은행을 구조하기 위해 자본 충당 5,919억 유로(2012년 EU GDP의 4.6%)를 지원하였고, 보증까지 포함하면 수치는 2008-2010년 간 1조6천억 유로(EU GDP의 13%)에 이른다.

기준 자기 자본 비율은 기존 8%의 구성을 강화하였고[자기 자본 비율-Kernkapitalquote Tier 1은 4%→6%, 보완 자본Ergänzungskapital Tier 2는 4%→2%], 추가로 자본 유지 완충 부분 2.5% 및 경기 대응 완충 부분 0-2.5%를 신설하였다. 유럽은행감독청EBA의 스트레스 테스트를 기반으로 시스템 관련 대형 은행들은 2012년 6월까지 핵심 자기 자본 비율-harte Kernkapitalquote이 9%가 되도록 강화되었다. 또한, 2012년 7월 파생 금융 상품 장외 거래에 관한 EU 규정European Market Infrastructure Regulation, EMIR에 의해 특정 파생 상품 거래는 장외에서 직접 거래 당사자 간이 아니라 중앙청산소를 거쳐 정리되어야 하며, 앞으로는 장내 거래를 포함하여 모든 파생 상품 거래는 중앙 명부에 신고하게 되어 있다. 그밖에 2009년에는 EU 신용 평가 규정에서 신용 평가 기관에 대한 책임과 감독을 강화하고, 벌금, 배상 의무를 부과하였으며, 헤지 펀드, 투자펀드, 그림자은행에 대한 규제도 추구하였다(BMF, 2013c).

금융 감독 강화는 2011년 1월 유럽금융감독제도ESFS의 출범으로 나타났다. ESFS는 3개 유럽 금융 감독 기관(은행: EBA, 보험회사: EIO-PA, 증권: ESMA)과 유럽시스템위험위원회ESRB 그리고 회원국 해당 감독 기관으로 구성되는데, 금융 시장 규제는 유럽 수준에서 결정하고 그에 대한 준수 여하는 회원국 감독 기관에 의해 감시되는 일종의 타협 체제다. 이와 별도로 '은행과 국가 간의 악순환'을 끊기 위해 유럽은행 동맹이 요구되었다. 유럽은행들은 미국에 비해 규모가 작지만 각국의 GDP 대비 자산 총액의 비율은 매우 높은 반면(ING, Bank of Cyprus, Rabobank Group, Santander 등은 100%가 넘는데 미국은 어떤 은행도 1/8을 넘지 않는다), 미국과 달리 은행 정리는 공동의 과제가 아니

다. 이로 인해 은행 구제는 국가 채무 위기를 가져온다. 또한 유럽 은
행들이 국경을 넘어 활동하는데도 은행 감독은 국민국가의 소관이
어서 감독은 제한될 수밖에 없다. 단일한 은행감독이 없다면, 공동의
예금 보장도 있을 수 없고, 단일한 정리 기구도 있을 수 없다. 그래서
세 개의 기둥(단일감독기구, 단일정리기구, 예금보장 공동기준)으로 구성되
는 은행 동맹이 필요하다.[104] 유럽집행위원회(Europäische Kommission,
2015)에 따르면, 은행 동맹은 단일은행감독기구SSM와 단일은행정리
기구SRM, 그리고 단일규정집으로 구성된다.[105] 2014년 11월 SSM과
함께 ECB가 EU의 단일 감독 기준을 발전시키고, 유로존 국가들의
6,000개 은행에 대한 감독권(그 중에서 자산총액 300억 유로 이상 또는 각
국 GDP 대비 20% 이상을 점유하는 123개 대은행에 대해서는 직접적인 감독권)
을 떠맡았다.[106] SRM은 2016년 1월부터 EU 회원국에 적용되는 정리

---

104 Demary(2014, 7-10, 11ff). Demary는 신자유주의 질서 경제학의 관점에 입각
     해 있다.

105 단일규정집의 핵심은 다음 3개의 지침이다. 자기 자본 지침(Capital
     Requirements Directive IV, CRD IV): Richtlinie 2013/36/EU, 2013. 6. 26, 예금
     보장 지침(Deposit Guarantee Scheme Directive, DGSD): Richtlinie 2014/49/
     EU, 2014. 4. 16, 정리 지침(Bank Recovery and Resolution Directive, BRRD):
     Richtlinie 2014/59/EU, 2014. 5. 15. 은행 동맹은 비유로존 국가들에는 임의
     적용된다.

106 이에 따라 ECB내에서 통화 정책과 은행 감독 간의 이해 대립의 문제가 발생
     할 수 있다. 이 때문에 통화 정책의 전권은 ECB 이사회에 부여하고, ECB 내에
     은행감독위원회를 설치하였으며, 은행감독위원회 6인 임원에 대한 ECB 이
     사회의 인사권과, 은행감독위원회의 의결권 행사에서의 ECB 이사회의 최종
     권한을 보장했다. 금융 안정을 위해 물가 안정이 훼손되어서는 안 된다는 것,
     ECB의 반 인플레 통화 정책이 최고의 목표로서 보장된 것이다. Demary(2014:
     12-14).

지침Bank Recovery and Resolution Directive, BRRD에 근거하여 정리기관인 SRB와 정리기금 SRF로 구성되며, SRF는 은행 동맹 가입국 모든 은행들로부터 550억 유로를 조성한다. 정리 절차에서는 납세자의 부담을 막기 위해 주주와 채권자의 손실 분담을 명시하였다. 공동의 예금 보장과 관련해서는 현재 회원 국가에 의해 은행당 1인당 10만 유로까지 예금 보장이 되고 있는데, 늦어도 2019년까지 은행 동맹과 관련하여 유럽 차원의 단일한 예금 보장 제도 설립 여하를 결정할 예정이다. 은행 동맹은 은행과 국가의 위험 결합을 완화해서 은행 위기와 국가 채무 위기의 상호 심화를 방지하지만, SRF를 통한 은행 구제 비용의 사회화를 도모하는 것이어서 회원국 간 기금 조성과 분담을 둘러싼 이해관계가 대립할 수밖에 없다.[107]

5. 맺음말

유로존의 위기를 유로존에 고유한 특별한 원인이라는 차원에서 보면 EMU 자체에 내재한 신자유주의의 모순과 오류에서 비롯된 것임을 알 수 있다. EU는 현실의 위기 앞에서 뒤늦게 EU 조약의 개정과 함께 EFSM/EFSF/ESM을 통한 제한적 구제금융을 승인했다. 자산 매입 프로그램과 대출 확대를 통해 최종 대부자로서의 ECB의 역할도 제고되었고, 은행과 국가의 악순환을 끊기 위한 은행 동맹이 출

---

[107]   은행 동맹의 내용과 관련 쟁점에 대해서는 유럽위원회Europäische Kommission(2014), Europäische Kommission(2015), Demary(2014) 참조.

범했다. 그러나 다른 한편 GSP의 강화와 신 재정 협약의 체결 등 재정 정책과 경제 정책의 신자유주의적 기조는 강화되었고, 구제금융은 신자유주의 긴축과 공공 부문 구조조정의 조건으로만 제공되었다. EMU는 위기 속에서 단지 신자유주의적으로 보완되었을 뿐이고 위기의 근원인 신자유주의적 설계 오류는 근본적으로 정정되지 못했다. 따라서 장차 새로운 공황이 내습하면 유로존의 재정 위기와 국가 채무 위기는 다시 불거질 수밖에 없고, 경제 침체의 국면에서 재정 긴축을 강제하면, 당연히 경기 침체는 심화될 수밖에 없다.

EU와 유로존의 성장 둔화와 고실업은 사실 어제오늘의 일이 아니다. 돌이켜 보면 EU의 장기 불황은 1999년 EMU와 1993년 역내 시장 그리고 1979년 EMS로까지 거슬러 가는 교조적인 신자유주의의 관철에서 비롯된 것이다. EMU는 유럽의 이런 신자유주의를 한 단계 더 강화했을 뿐이다. 그것은 유로존에 성장 둔화와 고실업을 넘어 국가 채무 위기라는 미증유의 위기를 초래했다. EU와 유로존이 국가 채무 위기를 근본적으로 해소하고 장기 불황에서 벗어나기 위해서는 무엇보다 신자유주의를 폐기하고 EMU를 다시 설계하지 않으면 안 된다. 유로존의 신자유주의에 대한 대안적 해법으로 이미 여러 진보적 방안이 제출되고 검토되었다.[108] 우선 긴축의 완화 내지 폐지와 확장 정책으로의 전환이 필요하다. 설령 재정 건전화가 필요하다 해도 부유층 증세 등 진보적인 세제 개편을 통해 재정 지출을 확대할 수 있다. 시장 경쟁을 강화하는 신자유주의 구조 개혁도 사회

---

108 Arbeitsgruppe Alternative Wirtschaftspolitik(2011, 189ff), Bontrup(2011), Hickel(2011), 글로벌정치경제연구소(2013, 81 이하) 등 참조.

연대의 방향으로 전환되어야 한다. 또한, ESM의 증액이나 유로 공동 본드[109]의 발행, 나아가 EU의 재정 확대와 재정 통합 등을 통한 재정 연대의 강화도 요구된다. 이와 함께 재정의 권한도 각료 이사회로부터 유럽의회로 일층 이양되어야 한다. 그리고 ECB의 최우선 목표는 물가 안정이 아니라 성장과 경기 부양을 위한 통화 정책으로 전환되어야 할 것이다. 물가 안정 목표는 전형적으로 신자유주의 경제 정책이다. 사적 금융 자본의 구제책으로 기능하는 구제금융도 문제다. 구제금융에는 채무국의 부채 탕감과 금융 자본의 손실 처리가 전제되어야 하고, 신자유주의 긴축 조건의 부과가 아니라 성장을 통한 채무 상환이 도모되어야 한다.

문제는 유럽에서의 신자유주의가 EU 조약 즉 국제법으로 확립된 사안이어서 회원국 정부의 정책적 재량으로 바꿀 수 있는 게 아니라는 점이다. 진보 대안을 관철하기 위해서는 조약의 개정이 필요한데, EU의 현재 정치 지형을 보건대 모든 회원국의 비준이 필요한 이런 조약 개정은 상당 기간 불가능할 것이다. 많은 논자가 유로 공동 본드나 재정 동맹을 대안으로 언급하고 있지만, 유로존 변방의 국가들이 유로존 내에서 핵심 국가들과의 재정 연대하에 근본적으로 위기를 극복하는 길은 현실적으로 존재하지 않는다. 그리스 시리자 같은 좌파 정권이 유로존 내에서 진보 정책을 집행할 공간은 없다고 해도 과언이 아니다. 결국, 불균등한 경쟁력과 국제수지의 불균형 그리고 채무 위기와 신자유주의 긴축에서 벗어나기 위해서는 라파비차

---

[109]   유로 공동 본드에 대한 논의와 관련 문헌은 박진호(2011) 참조.

스의 주장처럼 유로존 탈퇴만이 현실적인 좌파 대안일지 모른다.[110] 그러나 여기에도 자국 통화의 평가 절하에 따른 과도한 부채 상환 증대 등 과도기의 여러 난관과 부작용을 감안해야 한다. 유로존 진보 진영은 다른 자본주의 국가들과 달리 신자유주의 현실과 진보적 대안 사이에 넘기 어려운 커다란 간격에 직면해 있다.

---

110 라파비차스(Lapavitsas, 2011)는 유럽 통합주의 좌파에 대해 최종 대부자로서의 ECB의 역할 제고나 유로 본드 같은 재정 연대 등 이들이 제시하는 대안이 유로존 내에서 계급 간, 중심-주변국 간 이해대립의 문제를 해결할 수 없다면서 채무국 주도의 디폴트와 유로존 탈퇴, 긴축 정책 폐지와 은행 국영화 등을 좌파 대안으로 제시한다.

6장

장기 불황에서 아베노믹스까지
– 현대 일본 자본주의 분석의 또 다른 시각

류승민

1. 서론

잃어버린 10년을 훌쩍 넘어 '잃어버린 20년'이라 불리는 일본 경제를 어떻게 봐야 할 것인가? 이 글은 이러한 일본 경제의 심각성에 대해 이무라井村 · 기타하라北原를 중심으로 일본 마르크스주의 경제학자들의 다음과 같은 논의를 소개하려 한다.

첫째, 1990년대 장기 불황에 관한 논의다. 이들에 따르면, 1970년대 이후 '현대 자본주의의 변질', 즉 전후 자본주의 성장 구조의 파탄과 신자유주의의 등장이라는 세계 경제 구조 속에서 일본 경제는 '수출 의존적 성장 구조'를 확립해 예외적인 성장을 거두었는데, 이것이 결과적으로 1980년대 후반의 버블을 형성했다는 것이다. 그런데 그 버블 붕괴 이후 전개된 경제 위기 속에서 일본 경제를 회복시킬 새로운 재생산 구조가 등장하지 못했으며, 결국 이것이 1990년대 장기 불황의 근본적 원인이라는 것이 이들의 주장이다.

둘째, 2000년대 일본 경제의 상황 및 아베노믹스 등장 배경과 그것에 대한 비판을 살펴보려고 한다. 2000년대에 들어서도 일본 경제는 여전히 어려움에서 벗어나지 못한 것 같다. 물론 일본 경제 역시 2008년에 시작된 세계적 경제 위기의 영향을 피할 수 없었고, 동일본 대지진과 원전 사고 등의 충격도 컸다. 그러나 일본 경제의 고질적인 문제, 즉 새로운 재생산 구조의 확립은 잘 이루어지지 않았으며, 이러한 상황에서 일본의 재도약을 도모하는 정책으로서 주목받았던 아베노믹스 역시 그 한계를 뚜렷하게 보여주고 있다.

2. 1970년대 이후의 현대 자본주의
- 이무라 · 기타하라의 '현대 자본주의의 변질'론[111]

일본 경제의 장기 불황을 어떻게 봐야 하는가? 장기 불황의 근본적 원인으로서 일본 경제가 가진 구조적 원인에 관해서는 이후에 살펴볼 것이다. 그러나 일본 경제의 장기 불황 이전에 일본 경제의 예외적인 고성장과 그 붕괴 과정의 세계 경제적 맥락은 어떠했을까? 즉 1970년대에 일어난 세계 경제의 급격한 변화 과정에서 일본 경제를 봐야 할 것이다. 이를 위해 먼저 이무라 · 기타하라의 현대 자본주의에 관한 논의를 살펴보려고 한다.

이무라 등은 1970년대 이후 현대 자본주의를 '현대 자본주의의 변질'이라고 규정한다.[112] 그 '변질'의 의미는 무엇인가?

제2차 세계대전 종료 이후, 자본주의는 매우 큰 변화를 겪었다. 자본주의 국가들은 소련 및 동유럽의 '냉전'에 대항하기 위해, 우월한 군사력 · 정치력 · 경제력을 가진 미국 주도하에 강력한 국제적 협조 체제(NATO, IMF, GATT)를 구축했다. 더불어, 사회 보장 체제의 확립, 고고용 유지, 노동자의 권리 확대 등을 위한 정책을 추진했다. 이에 기초해 국가가 경제 과정에 대규모로 그리고 지속해서 개입해

---

[111] 이들의 현대 자본주의론은 기본적으로 국가독점자본주의론에 기초하고 있다. 이들의 논의를 소개하고 비판적으로 검토한 것으로서 김성구(2011)를 참고할 수 있다.

[112] 이하 내용은 井村喜代子(2005)의 《서장》을 주로 참고.

금융 위기 이후의 자본주의

고도성장을 유지했다. 그 결과, 경제 부흥 이후 약 1960년대 중반까지 자본주의 국가들은 패전국을 포함한 지속적인 경제 성장·고고용을 실현할 수 있었다. 이것이 바로 현대 자본주의의 특징이다. 그런데 70년대에 발생한 '현대 자본주의의 변질'은 지속적인 고도성장·고고용을 지탱하던 국제적 시스템이 붕괴하고, 그것을 실현했던 국가 정책이 파탄 났다는 것을 의미한다(井村喜代子, 2005, 8).

즉 '변질'이란 전후 현대 자본주의의 부흥을 가져왔던 요인들이 더 이상 작동할 수 없게 되었다는 것을 의미한다. 이무라 등은 '변질'을 낳은 세 가지 요인을 다음과 같이 지적한다.

'변질'의 첫 번째 요인은 전후 브레턴우즈 체제라 불리는 세계 경제 질서의 붕괴, 특히 금·달러의 교환 정지와 변동 환율제로의 이행(초기 IMF 체제의 붕괴) 때문에 생겨났다. 초기 IMF 체제, 즉 전후 금·달러 교환을 통한 고정 환율 제도에서 가장 중요한 것은 국제수지 균형을 통한 환율 안정이었고, 이를 기초로 자본주의 국가들은 생산성 향상 및 그를 통한 국제 경쟁력 향상을 통해 경제를 성장시킬 수 있었다. 그러나 이 체제가 안정적으로 기능한 것은 짧은 기간이었을 뿐이고, 60년대 중반이 되면 제 기능을 하지 못하면서 붕괴하게 된다(井村喜代子, 2005, 11). 바로 대외적 군비 지출, 대외 원조 빛 민간의 대외 투융자 등을 통한 미국의 과도한 달러 살포 때문에 금·달러 교환 비율이 유지될 수 없었기 때문이다. 결국, 이 체제는 붕괴하여 변동

환율제도로 이행하게 된다.[113]

이러한 국제 통화 시스템 변화의 의미는 무엇인가? 이것이 단순히 미국 경제의 쇠퇴를 나타낼 뿐일까? 이무라 등에 따르면, 이제 미국은 '금 · 달러 교환'이라는 규제를 더 이상 받지 않고 성장 정책을 위한 통화 · 신용 팽창과 재정 적자 확대를 지속할 수 있었고, 이것과 더불어 '금 · 달러 교환' 때문에 실시해 왔던 대외 투융자 규제를 철폐하여 금융 자유화를 추진했으며, 이를 통해 미국 금융 시장의 활성화 및 미국 금융 패권의 강화를 도모할 수 있게 되었다(井村喜代子, 2005, 13). 그리고 이러한 통화 · 신용 팽창과 재정 적자 확대는 공황에 대한 정부의 저지 능력을 한층 강화시켜 주기도 했다. 이미 '초기 IMF 체제'에서도 공황기에는 항상 정부가 개입했지만, 그 저지 능력은 '금 · 달러 교환'이라는 틀에 제약당하고 있었다. 하지만, 이러한 저지 능력의 확대는 자본주의 경제에서 공황의 고유한 기능, 즉 과잉 자본의 해소를 통한 축적 조건 회복 역할을 억제하는 것이기도 했다. 즉 정부 개입을 통해 공황은 막았지만, 과잉 자본이 잔존하는 가운데 경제 상황은 더 이상 개선되지 못한 것이다. 결국 "경제 정체가 극복되지 않은 상황에서 과잉 유동성이 누적적으로 증가할 가능성"이 높아지게 되었다(井村喜代子, 2005, 18-19).

이어서 '변질'의 두 번째 요인은 바로 신자유주의의 등장이었다. 신자유주의의 등장으로 인해 전후 자본주의의 고도성장 및 고고용

---

113 1971년 닉슨 대통령이 금 태환 정지를 발표했고, 이후 금 · 달러 교환 비율을 조정한 스미소니언 체제가 들어섰지만, 이 역시 달러 가치 하락에는 속수무책이었다. 결국 1973년에 변동 환율제로 이행하게 되었다.

을 유지하는 정책은 폐기되었다. 이 고도성장 및 고고용 정책도 일정 기간은 성공적이었지만, 1960년대 중반에 들어 새로운 설비 투자 소비 및 수출 시장이 더 이상 확대되지 못함에 따라 그 한계를 보이기 시작했다. 그리고 이러한 투자 및 성장 둔화의 상황에서 '금·달러 교환'의 정지, 1차 오일 쇼크, 전 세계적인 물가 상승 등의 사건이 복합적으로 작용하여, 세계 경제는 1974-75년에 대불황에 빠지게 되었는데, 이는 기존 정책의 종언을 선언하는 셈이었다(井村喜代子, 2005, 21).

결국, 미국에서 레이건 정부가, 영국에서 대처 정부가 들어서면서 신자유주의 정책이 본격적으로 추진되기 시작했다. 신자유주의 정책 내용을 명확하게 규정하기는 어렵지만, 일반적으로 규제 완화, 민간 활력의 이용, 경쟁 시장 원리를 강조하고 있다. 그러나 "신자유주의는 대전 이후 자본주의 체제의 보호를 위해 어쩔 수 없는 제도나 규제 속에서, 자본주의 경제에 부담이 되거나 불필요한 것을 제거하여, 자본주의 경제의 활성화를 도모하는 것을 목표로 한 것"이기 때문에, 민간에게 맡기거나 경쟁 원리를 따르는 것이 반드시 정부의 약화를 의미하는 것은 아니다. 오히려 신자유주의의 선도 국가인 미국은 전 세계에 금융 자유화, 규제 완화, 시장 경쟁 원리를 강요하면서, 자국 이익 보호가 필요할 때는 필요한 분야에서 규제 및 정책을 강화해 왔다. 그리고 다른 나라들에서도 두 가지 측면이 병존하고 있었다는 점에서, 신자유주의는 이율배반적 성격을 지닌다고 할 수 있다(井村喜代子, 2005, 23).

마지막으로, 이무라 등이 드는 '변질'의 세 번째 요인은 국제 금융 시스템의 변화와 그로 인한 투기 활동의 항상화다. '초기 IMF 체제'에서 '금·달러 교환'과 고정 환율 제도는 환율 안정을 강제하는 틀이었기 때문에 외환 시장에서 투기를 억제하는 역할을 수행하기도 했다. 그러나 '초기 IMF 체제'의 붕괴 이후 환율 제도가 변동 환율제로 이행하면서, 투기의 행태는 그 이전과 성격을 달리하게 되었다. 그 이전 시기의 투기 행위는 일시적으로 생겨나서 이러한 역할, 즉 호경기에 누적된 과잉 생산을 은폐하며 호경기를 더욱 과열시키고, 투기의 실패에 따른 과잉 생산의 폭로 역할을 수행했다(井村喜代子, 2005, 25). 그러나 투기의 행태는 항시적이 되었는데, 이러한 사태의 근본적 원인은 미국의 계속되는 경상 수지 적자 상황과 달러 가치의 계속된 불안정성이었다. 게다가 파생 상품과 헤지펀드의 활성화는 이를 더욱 촉진하는 요인이었다. 결국, 전 세계 곳곳에서 실체 경제의 상황과 무관하게 투기적 거래에 의해 금융 시장이 요동치는 일이 빈번해진 것이다.

이렇게 1970년대를 기점으로 현대 자본주의가 변질하기 시작한 상황에서 일본 경제는 다른 선진 자본주의 국가들과 달리 대불황에서 빠르게 벗어나 예외적인 성장을 거두기 시작했다. 이러한 성장이 어떻게 가능했는가? 그리고 이것이 어떤 점에서 80년대 후반의 버블 형성 및 붕괴의 근본 원인이라고 할 수 있는가? 다음으로 井村喜代子(2000, 2005)의 논의를 중심으로 이 점들을 살펴볼 것이다.

3. 버블 경제의 전사: 1970-80년대의 일본 경제

일본 경제에 대한 기존의 주류적 논의들은 주로 버블의 붕괴와 뒤이은 장기 불황에 초점을 맞추고 있다. 더구나 버블의 형성 과정에 대해서도 주로 자산 시장, 즉 부동산이나 주식 시장의 동향에만 주목하고, 그러한 버블 형성의 실체적 구조에 대해서는 논의하지 않고 있다. 그렇다면 그 실체적 구조를 어떻게 파악해야 하는가? 이를 위해서는 1980년대 후반만을 볼 것이 아니라, 좀 더 거슬러 올라가 1970년대의 일본 경제의 구조, 특히 수출 의존적 경제 구조를 살펴볼 필요가 있다. 이미 지적했듯이 이무라는 1970년대 현대 자본주의의 변질이라는 맥락에서 일본 경제의 특수성을 강조하고 있다. 이를 요약하면 1970년대 세계적인 대불황 속에서 일본 경제는 이전과는 다른 형태의 수출 의존적 경제 구조의 확립을 통해 예외적인 성장을 거둘 수 있었고, 이것이 버블 형성의 단초를 이루었다고 한다. 그렇다면 일본 경제의 전개 과정은 어떠했는가?

1) 1970년대 현대 자본주의의 변화와 일본의 수출 의존적 경제 대국의 실현[114]

---

[114] '수출 의존적 경제 대국의 실현'이란 전적으로 해외 의존도가 높다는 것을 의미하는 것은 아니다. 일본은 기본적으로 내수 경제의 비중이 높으며, 수출 및 해외 의존도의 정도는 이전보다 현재가 훨씬 높은 상황이다. 여기에서 '수출 의존적 경제 구조'란 질적인 측면, 즉 수출 산업을 중심으로 한 설비 투자의 증대 및 그것의 파급력이 경제에 미치는 영향이 높아졌다는 점을 강조하고 있는 것으로 보인다.

1970년대, 특히 74년과 75년의 세계적인 대불황 속에서 일본 경제 역시 큰 위기에 빠졌다. 이 세계적인 대불황은 자본주의의 소위 세 번째 구조적 위기로 불리는 것인데, 그것의 원인은 바로 2차 대전 이후 선진 자본주의 국가들의 지속적인 성장을 가져왔던 조건들[115]이 더 이상 그 효과를 발휘하지 못했기 때문이다. 이를 통해 자본주의 체제는 전례 없는 변화를 겪게 되었는데, 그중에서도 주목할 만한 변화로 금융 부문의 자유화 및 성장을 들 수 있다. 특히 미국의 경우 브레턴우즈 체제의 붕괴에 의해 금·달러의 교환이 정지되면서, 한편에서는 국제수지 적자 및 재정 적자를 고려하지 않고 국내 및 대외적 경제 정책을 수행할 수 있게 되었으며, 다른 한편에서는 달러 가치 유지를 위한 대외 투융자 규제를 철폐하는 등 적극적인 금융 자유화를 실시해 국내 산업의 쇠퇴 속에서 자금 금융업을 활성화하고, 미국의 금융 패권을 확대할 수 있는 길을 열었다. 그리고 이것은 이후 금융 버블의 형성 및 붕괴라는 국제적 금융 혼란의 계기가 되기도 했다 (井村喜代子, 2000, 294-302).

미국 달러 중심의 세계 경제 질서 붕괴와 스태그플레이션이라는 전례 없는 대불황의 여파를 일본 경제 역시 피할 수 없었다. 일본의 경우 생산의 정체와 투자 감소가 다른 선진국들보다 심각했다. 위기의 정도가 심각했던 것은 우선 막대한 규모의 설비 투자가 이루어졌기 때문이다. 이것이 가능했던 이유는 우선 베트남 전쟁으로 인한 수

---

115 미국이 주도한 세계 경제 질서의 확립(브레턴우즈 체제), 생산성의 증대 및 투자와 소비의 증대, 그리고 일시적인 불황을 조절할 수 있는 케인스주의 정책 등을 들 수 있다.

출 증대였다. 게다가 1970년대 초 미국이 금 태환 정지를 선언하면서, 일본 정부는 적극적인 금융 완화 정책과 재정 정책을 펴기 시작한다. 이를 통해 정부는 수출 연관 산업을 위해 엔화 가치의 상승을 막고, '일본 열도 개조론'을 주장하여 적극적인 성장 촉진 정책을 폈다. 그리고 이러한 정책들 때문에 설비 투자의 규모는 더욱 팽창할 수 있었다. 그러나 1차 석유 파동이 일어나자 경기 자극 정책으로 이미 오르고 있던 물가가 폭등하기 시작하면서(광란 물가), 일본 정부는 기존의 총수요 증대 정책을 억제 정책으로 전환할 수밖에 없었다. 바로 이것이 계기가 되어 설비 투자가 과잉이었다는 것이 드러났고, 일본 경제는 심각한 불황에 빠져들었다. 그런데도 일본은 다른 선진국들과 달리 특유의 수출 확대를 통해 위기에서 탈출할 수 있었다. 그리고 이러한 위기 탈출 방식은 베트남 특수로 확립된 수출 의존적 경제 구조를 더욱 촉진하는 것이기도 했다(井村喜代子, 2000, 303-307). 세계적 대불황 속에서 수출 확대가 가능했던 이유를 이무라는 다음의 세 가지로 들고 있다.[116]

첫째, 감량 경영의 실시다. 70년대 초부터 경제가 불안해지면서 일본 정부는 기업에 대한 협조를 강조하는 분위기를 형성했고, 이러한 배경에서 감량 경영이 추진되었다. 기업들은 이를 통해 노동 비용과 금융 비용을 절약하고 생산의 효율성을 높이려 노력했다. 특히 노동 비용 절약은 대량 해고와 임금 삭감을 통해 이루어졌다. 그리고 생산의 효율화는 1960년대에 시작된 QC 사이클과 ZD 활농의 상화와

---

[116]   이하 井村喜代子(2000) p.314-323 참고.

함께, 일본 경제단체협의회가 제시한 '전원 참가 경영'이라는 이름으로 기업 협력 혹은 기업 일체화를 위한 방식이 강력하게 추진되었다.

둘째, 생산 방식의 기술적 측면에서, IC(집적회로)와 컴퓨터를 기초로 생산 기술이 개량되고 그것들이 다양하게 응용되어, 일본 기업들의 국제 경쟁력이 강화되었다. 특히 일본 정부의 산업 정책 변화에 주목할 필요가 있다. 1970년대 이후 일본 정부는 국내 산업 전체의 국제 경쟁력 강화보다 첨단 IC 관련 산업과 컴퓨터 산업과 같은 일부 산업의 육성 정책을 적극적으로 펴기 시작했다. 1970년대 중반 대불황 속에서, 산업 구조를 중화학 공업에서 지식 집약형 산업으로 전환해야 한다는 주장이 높아지면서, 그것의 핵심으로 간주된 IC와 컴퓨터 산업이 주목받게 되었다. 정부는 이들 산업을 육성하기 위해 자본 자유화를 연기했고, 국산화를 위해 강력한 지원 정책을 폈다.

셋째, 위와 같은 감량 경영과 IC와 컴퓨터 관련 산업에서의 기술 개량 및 신제품 개발로 국제 경쟁력이 상승했기 때문에, 일본 경제는 수출을 확대시킬 수 있게 되었다. 그리고 이것을 기반으로 국내 경제 역시 회복할 수 있었다. 그런데 이때의 수출 확대는 몇 가지 점에서 이전과는 성격이 다르다는 지적이 있다. 우선 일본의 경우 전후 경제 성장 과정에서 수출은 지속해서 성장했는데, 이 시기의 수출 증대는 특히 '일부 품목의 집중 호우와 같은 수출증대'라는 것이다. 물론 '일부 품목'이라는 특징은 이전부터 나타난 것이지만, 이 시기에는 이 특징이 더욱 두드러졌다. 그렇다면 이 시기의 '일부 품목'이란 무엇인가? 바로 컬러TV, VTR, 라디오 등의 가전제품과 IC, 승용차, NC 공작 기계 등이다. 이 중에서도 가전제품과 승용차가 중요한 수출품이었고, 이들은 모두 이미 언급했듯이 감량 경영에 의한 비용 절감과 IC 기술 응용의 산물이었다.

하지만, 이러한 수출 의존적 경제 구조는 불황 탈출의 동력이기도 했지만, 양날의 칼이기도 했다. 우선 수출 확대를 통한 무역과 경상 수지 흑자는 엔화 가치 상승 요인으로 작용했는데, 이것에 대응해 수출 확대를 유지하기 위해서는 비용 절감에 더욱 힘써야 했다. 또한, 수출 확대는 일부 품목에 한정되어 있었기 때문에, 이 품목을 생산하는 산업들로 인한 엔화 가치 상승은 다른 산업에 불리하게 작용했다. 그래서 종래 수출 산업이나 환율 변화에 대응력이 약한 중소기업들은 침체를 겪을 수밖에 없었다.

그리고 일부 산업의 수출 증대로 인한 무역 수지 흑자는 당연히 무역 상대국과의 마찰을 불러일으켰다. 따라서 일본 정부는 이에 대한 대응책으로 쌀 등의 농산물 수입 확대 정책을 추진했고, 그 결과 국내 농산물의 경쟁력 약화와 더불어 농산물 자급률이 하락했다. 미국과의 무역 마찰은 1970년대에 시작되어 1980년대에 더욱 심각한 문제가 되었다. 그리고 이러한 마찰을 피하고자 국내 산업의 해외 이전이 시작되었는데, 특히 아시아 지역에 직접 투자가 가속화되면서, 국내적으로 산업 공동화 문제도 부각되기 시작했다.

따라서 일본은 1970년대 중반의 대불황에서 탈출하면서, 일부 소수 품목을 중심으로 수출을 확대하며 경제를 발전시켜 나가는 구조가 확고해졌다.[117] 따라서 일본 경제의 구조는 국민 생활의 안정적 향

---

117 이에 대해 후지타(藤田実, 2016, 60)는 "전후 중화학 공업은 그것의 생산이 설비 투자를 증가시켜서, 고용과 임금 증대를 통해 가계 최종 소비를 확대시키는

상과는 점점 멀어진 것이다.

2) 1980년대 일본 경제: 투자와 소비의 활성화

위에서 본 것처럼, 수출 확대를 통한 지속적인 무역 흑자는 80년대에도 계속되어 예외적인 성장을 이어가게 하는 동력이 되었고, 80년대 후반 버블 형성의 기본적인 토대가 되었다.

이러한 예외적인 성장을 바탕으로 80년대 일본에서 나타난 중요한 변화는 바로 신자유주의 경제 정책의 시작이다. 이미 81년 레이건 대통령의 집권으로 미국은 이른바 신자유주의 정책들을 강력하게 추진했는데, 일본도 82년에 들어선 나카소네 정권이 동일한 성격의 정책들을 추진했다. 이 정권은 '민간 활력의 활용', '규제 완화 및 시장 경쟁 원리 도입', '경제 활동의 효율화'를 전면에 내세웠다. 이런 구호 아래 나카소네 정권은 공기업을 민영화하고, 미국의 요구에 따라 금융 자유화를 추진해 외환 거래 규제를 풀었으며, 아무런 준비 조치 없이 파생 상품 거래를 허용했다. 규제를 완화하고 민간 활력을 활용한다는 명분으로 시행한 조치는 대규모의 도시 재개발 및 지방 개발 정책이었는데, 이것은 70년대 추진된 '일본 열도 개조론'의 수준을 넘어선 것으로서, 80년대 후반 부동산 버블 형성과 지자체 재정

순환을 만들어 낸 것이 아니라, 수출 증대가 중화학 공업의 생산을 증가시켜서, 설비 투자를 증가시키는 구조였다. 이러한 구조는 1960년대 확립되어, 현재까지 일본 경제의 성장 구조로서 이어져 오고 있다. (이러한-필자) 수출-설비 투자 주도의 재생산 구조가 확립되면, 수출 경쟁력을 유지하기 위해 저비용 생산이 필요조건이 된다"고 지적한다.

금융 위기 이후의 자본주의

위기의 직접적인 토대가 되었다(井村喜代子, 2000, 333, 353-356).

이렇게 수출을 통한 예외적인 성장과 신자유주의 개혁을 통한 일련의 경제적 자유화 조치는 80년대 투자 붐을 이루는 데 큰 영향을 미쳤다고 볼 수 있다. 다시 말해 신자유주의 개혁의 토대가 된 수출 증대가 수출 산업 관련 분야 투자 증대로 호경기를 이끌었다면, 신자유주의 정책을 통한 '민간 활력 활용' 정책은 보다 광범위한 분야에서 투자 붐을 일으키는 데 일조하며 호황을 더욱 확대했다.

그러나 이러한 일본의 경제 호황은 바로 미국의 희생이 없었다면 불가능했다. 미국의 일본에 대한 무역 적자 규모는 1985년 당시 4백억 달러를 넘어서게 되었고, 이로 인해 미국과 일본 간의 무역 마찰은 더욱 심각해졌다. 결국 미국은 고질적인 무역 적자 문제 해결을 위해 최대 대미 흑자국이던 일본을 비롯해 독일에도 환율 조정을 강력하게 요구했는데, 이것이 바로 1985년 9월에 있었던 플라자 합의였다(井村喜代子, 2000, 365-371).

플라자 합의는 일본 경제에 타격을 주었다. 엔화의 평가 절상이 수출에 부정적인 영향을 미쳤기 때문이다. 그러나 플라자 합의의 영향은 오래 가지 않았다. 왜냐하면, 일본의 수출 주도산업은 환율 문제를 극복할 수 있는 여력이 있었기 때문이다. 엔화의 평가 절상에 대응해 수출 주도산업은 예전보다 더욱 철저한 감량 경영과 다품종화를 위한 신규 설비 투자를 철저히 시행함으로써, 한편에서는 환율로 인한 가격 상승 문제를 해결하고, 다른 한편에서는 새로운 수출 시장을 적극적으로 개척할 수 있었다. 그리고 이를 통해 무역 수지 및 경상 수지를 회복시킬 수 있었다(井村喜代子, 2005, 49-58).

다른 한편, 내수 시장에서도 투자가 활성화되었다. 나카소네 정권의 민간 활력 활용을 추구하는 신자유주의 정책을 통해 금융 자유화(국제화), 도시재개발, 리조트 개발, ME 기술 및 정보화의 발전은 수도권 및 대도시로의 업무 및 인구 집중 현상을 가져왔으며, 이를 통해 토목 및 건설업이 붐을 맞이하게 되었다. 게다가 주된 수출 산업 분야였던 ME 기술 및 정보화가 발전하면서, 수출 산업 이외의 제조업이나 3차 산업들도 이를 적극적으로 보급했고, 이를 계기로 관련 설비 투자가 늘어났다. 그리고 플라자 합의 이후의 적극적인 금융 완화 정책은 왕성한 투자에 유리한 조건을 마련해 주었다(井村喜代子, 2005, 59-62).

이러한 투자 증대가 플라자 합의의 타격을 극복하고 또다시 호황을 야기한 동력이었지만, 이와 더불어 호황을 지속시킨 요인은 바로 소비 지출의 확대였다. 기본적으로 고용과 함께 소득이 늘어 소비 지출의 증대를 가져왔으며, 광고 등의 소비 자극 요인 및 초저금리에 따라 소비자 신용이 증대한 것도 영향을 미쳤다(井村喜代子, 2000, 435-436).

4. 버블의 붕괴와 장기 불황: 1990-2000년대의 일본 경제

1) 1980년대 후반의 버블 형성과 붕괴

일본 경제의 버블에 관해서는 전례 없는 주가 상승과 부동산 가격 상승의 사례가 널리 알려져 있다. 그러나 버블 형성의 기초로서 바로 막대한 설비 투자가 이루어졌다는 사실에 주목할 필요가 있다. 그리고 위에서 논의했듯이, 그러한 투자 증대가 이루어질 수 있었던 것은 바로 수출 의존적 경제 구조의 확립을 통한 예외적인 성장이 토대가 되었기 때문이다. 그리고 부동산 및 주식과 같은 자산 시장의 거품을 야기한 또 하나의 기초는 브레턴우즈 체제의 붕괴로 전 세계적인 금융 자유화가 진전된 상황에서 일본 역시 신자유주의적 구조 개혁을 통해 무절제한 통화 팽창에 근거한 투기적 활동이 가능해졌다는 점이다. 버블 형성의 토대가 이렇다면, 그것의 붕괴 역시 거기에서 근본 원인을 살펴볼 수 있을 것이다.[118]

버블 형성 과정에서 우선 주목할 것은 80년대 중반 이후 일본 경제에 상당한 규모의 유동 자금이 풀려 있었다는 점이다. 그리고 이것이 자산 수요 증대 및 그로 인한 가격 상승을 가능하게 했다. 이러한 유동 자금은 어디에서 온 것인가? 우선 플라자 합의 이후 시행된 금융 완화 정책의 장기간 지속에서 배경을 찾을 수 있다. 금융 완화 정책은 플라자 합의로 인한 엔고 불황 대응책이었지만, 경제가 위기에서 벗어난 이후에도 계속되었고, 심지어 토지와 주식 가격이 상승하던 상황에서도 유지되었다. 둘째, 대기업의 자금 조달 방식 변화가 유동 자금 형성에 일조했다. 대기업들은 70년대 중반부터 감량 경영 차원에서 차입으로 인한 자금 조달 비중을 줄이고 있었으며, 80년대에는 수출 증대, 대외 투자 수익 확대 등으로 수익이 급증했기 때문

---

118 이하 서술하는 내용은 井村喜代子(2005, 87-128)를 참고했다.

에, 대기업의 차입금 의존도는 상당히 낮아졌다. 이러한 상황에서 금융 기관들은 새로운 융자처를 찾을 필요가 있었고, 그것이 바로 부동산 투자 분야였다. 셋째, 이것 역시 기업의 자금 조달 방식의 변화와 관련된 것인데, 금융 자유화와 주가 상승을 배경으로 대기업들이 에쿼티 파이낸스equity finance를 통해 대규모 자금 조달을 시작했다는 점이다. 대기업들은 전환 사채나 워런트를 사용해 자금을 조달하고, 이렇게 조달한 자금을 다시 주식 구매에 사용했는데, 이를 통해 주가는 더욱 상승했다. 이러한 상황에서 대기업들은 본래 사업과 무관하게 자산 시장에서의 이윤 추구를 목표로 금융 자산을 대규모로 운용하거나, 막대한 부동산 관련 투자를 수행하는 경향이 강하게 나타났다. 특히 금융 대기업의 경우에도 논뱅크non bank라는 여신 전문 회사를 설립해 부동산 관련 투자에 뛰어들기도 했다. 논뱅크 대출은 80년대 후반에 급증했는데, 이것이 가능했던 것도 위에서 지적한 이유로 시중에 풍부한 유동 자금이 존재했기 때문이다. 넷째, 당연히 자산 시장에 대한 투기적 성격의 투자가 늘어나면서, 은행 등 금융 기관들은 융자를 확대하기 위해 경쟁했다. 이러한 융자 경쟁의 배후에도 일본은행(중앙은행)의 저금리 정책이라는 강력한 지원이 있었다.

이렇게 풍부한 유동 자금이 자산 시장에 유입되면서, 당연히 주식과 부동산 가격의 버블이 나타났다.[119] 그리고 이러한 버블이 호황

---

119 주가 상승과 부동산 가격 상승에는 일본 경제 고유의 측면이 있다. 주가 상승에 관해서는 일본 기업의 고유한 제도인 상호 주식 보유 제도의 역할이 중요한 것으로 여겨지고 있다. 상호 주식 보유 제도는 M&A로부터 기업을 보호하여 기업의 안정적 성장에 기여한 것으로 평가받고 있는데, 이러한 일본의 기업 지배 구조에 대한 분석으로서 전창환(2002)을 참고할 수 있다. 부동산 역시

을 견인하기도 했다. 그러나 주목해야 할 점은 80년대 후반의 호황 원인이 버블이 아니라는 것이다. 버블을 낳은 실체 경제적 구조, 즉 설비 투자의 확대가 어떻게 가능했는지에 주목해야 한다. 아무튼, 이렇게 형성되기 시작한 버블은 경기를 더욱 끌어올려 스스로 팽창하기 시작했다. 이에 따라 기업들과 개인(소비자)들의 행태 역시 변하기 시작했다. 앞서 지적했듯이, 일본에서도 신자유주의 정책을 통해 금융 자유화 및 규제 완화가 진전되면서, 기업들이 투기적 이익 획득에 몰두해 본연의 업무와 무관한 사업에 뛰어드는 경우가 많았다. 특히 대기업의 경우 상승한 주가를 근거로 에쿼티 파이낸스를 통해 거액의 자금을 조달해 주식을 다시 매입하고, 또한 가격이 상승한 보유 부동산을 담보로 차입을 늘려 토지를 매입하고 투기적 이익을 추구하려 했다. 기업들의 투기적 이익 몰두는 일반 기업들이나 금융 기관들도 마찬가지였다. 그리고 정부의 개발 정책과 금융 기관의 대출 경쟁 때문에 유통 대형 점포나 관광 시설, 스포츠 레저 시설 등의 건설이 무모하게 확대되었다.

또한, 버블의 형성은 국민에 다음과 같은 영향을 미쳤다. 국민 개개인 역시 주택 구매를 위한 차입을 늘렸으며, 이것은 주택 건설을 확대하고 실물 경제에 상당한 영향을 미쳤다. 그러나 지속적인 부동산 가격 상승으로 인해 오히려 주택 구매를 위한 신규 차입은 한계에

마찬가지인데, 井村喜代子(2005, 104-109)에 따르면 대전 후 형성된 민간 주도의 주택 공급 정책이 부동산 시장의 초과 수요 경향을 강화시켰다고 한다. 따라서 일본의 부동산, 특히 주택 시장에서 초과 수요로 인한 가격 상승은 필연적이었다는 것이다.

봉착할 수밖에 없었고, 부동산 가격 상승에 따른 부채의 부담 증대가 소비를 억제해 이제는 실물 경제에 부정적인 영향을 미치게 되었다. 또한, 자산 소유자와 비 소유자 사이의 격차 확대라는 불평등 역시 소비 수요에 부정적인 영향으로 작용했다. 지가 상승은 국민 개개인뿐만 아니라 정부에게도 불리하게 작용했다. 왜냐하면, 지가와 임대료가 상승하면서 정부가 공공사업을 추진할 때 들어가는 토지 구매 및 임대 비용이 증가했기 때문이다. 중앙 정부나 지방 정부 주도의 신규 사업과 기존 사업의 확대가 어려워짐에 따라, 공공사업을 통한 수요 확대 효과는 감소할 수밖에 없었다.

이러한 금융 자유화 및 규제 완화를 배경으로 과잉 유동성이 투기적으로 사용된 직접적 결과가 바로 80년대 후반의 버블이라고 할 수 있다. 이미 1970년대 이후 브레턴우즈 체제가 붕괴하면서, 전 세계적으로 나타난 투기적 금융활동의 융성과 빈번한 파탄이 일본에도 예외 없이 나타난 것이다. 1989년에 일본은행이 금리를 인상하고, 1990년에 정부가 부동산 규제를 실시하면서, 주가와 부동산 가격은 급락했고 버블은 터지고 말았다.

2) 장기 불황의 근본적 원인: 수출 의존적 성장 구조의 파탄

이러한 버블의 붕괴, 즉 주가와 부동산 가격의 급락은 일회적인 현상에 그치지 않고 악순환을 그렸다. 규제 조치와 금리 인상으로 가격이 폭락하자, 정부와 일본은행이 다시 규제를 풀고 금리를 내렸지만, 폭락은 멈추지 않았다. 그런데 버블 붕괴는 자산 시장 내부의 일시적 패닉이 아니라, 소위 장기 불황으로 심화되었다. 이의 원인으로 대부분의 논의는 정부의 잘못된 정책이나 고령화 등 인구학적 요인을 든다. 가령 하토야마 정부의 소비세 인상 정책이나, 버블 붕괴로 인한 부실 채권 문제를 신속하게 처리하지 못하고 단순한 금융 완화 정책으로 부실을 키운 것 등을 들 수 있을 것이다. 그러나 이러한 대부분의 논의는 장기 불황의 다양한 문제를 드러낸다는 장점이 있을 수 있지만, 공통적으로 버블과 그것의 붕괴만을 바라보고, 그 이후 조치들이 끼친 영향만을 주목한다는 점에서 한계가 있다. 부연한다면, 대부분의 논의는 불황의 발발 그 자체에만 관심이 있을 뿐, 그러한 불황에 이르기까지의 과정, 즉 호황 및 그것에 이은 버블 형성의 과정 논의에까지 이르지는 않는다. 그렇다면 장기 불황에 빠질 수밖에 없던 구조적인 요인은 무엇인가? 우리가 검토하는 연구들에 따르면, 그 요인은 바로 예외적 성장을 이끌었던 수출 의존적 성장구조에서 확인할 수 있다.

다시 말해, 장기 불황은 일본의 예외적인 성장을 가능하게 한 경제 구조, 즉 소수의 특정 부문을 중심으로 한 수출 의존적 성장 방식이 제대로 작동하지 않았기 때문이다. 자동차, IC, ME 제품 산업의 수출 증대가 한계를 보이기 시작했고, 이로 인해 버블이 붕괴한 90년대에 들어서면, 이 산업들에서 설비 과잉이 나타나게 되었다. 일본 경제에서 이들이 차지하는 비중이 높았으므로, 이들의 부진은 당연히 다른 연관 산업의 생산과 고용 감소를 가져올 수밖에 없었고 경기 침체로부터 쉽게 빠져나올 수 없는 상황이 지속되었다. 이 당시에 수출 의존적 경제가 잘 작동할 수 없는 상태에 빠진 요인에 관해, 이무

라는 다음과 같은 점에 주목한다.[120]

첫째, 지속적인 무역 마찰에 따른 미국의 압력을 들 수 있다. 미국과의 무역 마찰은 어제오늘의 일은 아니었으며, 85년의 플라자 합의는 일본에 대한 미국의 압력을 노골적으로 보여주는 사건이기도 했다. 미국은 그 이후에도 여전히 최대의 대미 흑자국이던 일본에 대해 자국 산업의 보호라는 명분으로 여러 압력을 행사했는데, 가령 승용차 수출 물량의 감축 혹은 쌀 시장 개방을 끊임없이 요구해 관철한 것 등이다. 이러한 미국의 압력은 수출 의존적 경제 구조의 넘을 수 없는 장애가 되었다.

둘째, 엔고의 악영향이다. 엔고 현상은 플라자 합의 이후 계속된 것인데, 1995년에는 1달러가 79엔이 될 정도로 엔화 가치가 상승했다. 이러한 엔고 현상은 지속적인 일본의 무역 수지 흑자 때문이지만, 다른 요인으로서 투기적인 엔 거래 급증을 들기도 한다.[121] 그러나 엔고 현상 자체보다 더 근본적인 문제는 수출을 주도했던 산업들이 엔고 대응력을 상실해 버렸다는 것이다. 특히 자동차 산업의 수출 부진이 심각했는데, 이와 더불어 국내 수요도 감소하면서, 설비 과잉이 드러나고 생산과 고용이 축소하기도 했다.

셋째, 엔고 대응 능력이 떨어진 근본적인 원인으로 기술 개발의 정체를 들 수 있다. 즉 수출 증대의 원동력인 끊임없는 고성능 신제

120　이하 井村喜代子(2000, 446-435) 참고.

121　이 투기적 엔 거래의 급증은 미국의 영향 때문이라는 지적도 있다. 당시 미국 정부는 엔고를 용인 혹은 유도하는 발언을 통해 금융 시장을 자극했다고 한다. 井村喜代子(2000, 448) 참고.

품 개발이 80년대 후반부터 고갈되면서 해외 시장 개척이 어려워진 것이다. 그리고 미국 경제 회복의 동력이었던 정보 통신 혁명, 가령 컴퓨터 중핵 기술에서 완전히 뒤처진 점도 일본 경쟁력 약화의 한 가지 원인이 되었다. 또한, 엔고 상황에서의 수출 부진 대응을 위해 일본 기업의 동아시아 진출이 늘면서, 결국 국내 제조업 공동화 현상이라는 심각한 문제를 야기했다. 이를 통해 동아시아 기업이 발달을 거듭해 일본 기업들을 추격하기 시작했으며, 엔고로 인해 동아시아 국가들로부터의 섬유 제품, 식료품, 잡화, 각종 농축산물 수입이 늘면서 일본 농업 및 중소기업은 다시금 큰 타격을 받게 되었다. 결론적으로 장기 불황의 근본적 원인은 수출 주도산업의 설비 투자 확대를 중심으로 한 성장 구도가 더 이상 작동하지 않게 되었기 때문이다.

다섯째, 이러한 근본적인 측면에서의 부진에 더해 문제를 더욱 심화시킨 요인으로 소비 감소, 불량 채권의 발생과 그것의 처리 지연으로 인한 확대, 그리고 관련된 정부 정책의 오류를 들 수 있다. 특히 90년대에 이루어진 주된 정부 정책은 초저금리의 지속, 대형 공공 투자, 그리고 규제 완화, 금융 자유화 등의 신자유주의적 조치였다. 그러나 이러한 조치들은 기대했던 효과를 거두지 못했는데, 초저금리의 지속은 설비 과잉으로 투자 자체가 부진한 상황이었기 때문에 투자 유인책의 효과를 거두지 못했으며, 금융 기관의 부실 채권 문제를 제대로 처리하지 못하고 지연시키는 요인으로 작용했다. 또한 대규모 공공 투자 사업도 실패로 끝나, 부실 채권의 문제를 더욱 심화시켰다. 마찬가지로 규제 완화 등의 신자유주의적 조치 역시 실물 경제의 활성화에 기여하지 못했다. 특히 미국 등 외국 기업들의 진입으로 경쟁이 격화되면서 일본의 약소 기업들이 도태되었고, 실물 경제 침체와 부실 채권 문제가 심각해졌다. 이로 인해 90년대 말 일본 경제는 금융 위기에 빠지게 되었다.

3) 1990년대와 2000년대의 일본 경제

이러한 장기 불황에도 불구하고 일본 경제의 수출 의존 체질은 변하지 않았다. 물론 경제 구조를 내수 경제로 전환하는 시도가 없었던 것은 아니다. 80년대 말부터 이미 내수 경제를 확대하려는 시도가 있었지만, 그것은 주로 공공 투자 확대에 의한 것이었고, 90년대 이래 불황 대책으로서 계승되었지만, 경제 구조를 바꾸기에는 매우 부족했다.

[그림 29] 일본의 수출·수입·무역 수지의 추이

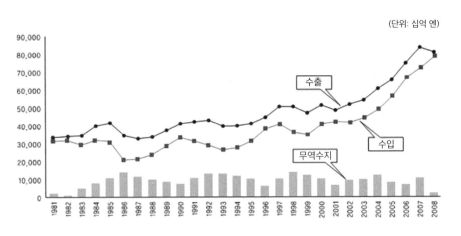

출처: 김양희 외(2009)

금융 위기 이후의 자본주의

[그림 29]는 일본의 수출, 수입 및 무역 수지의 추이를 보여준다. 90년대 이후를 보면 양적으로도 수출의 증대가 확연히 나타나며, 이런 점에서 이무라 등은 수출 의존적 체질이 개선되지 않았다고 주장한다. 특히 이 시기의 수출은 70-80년대 호황을 이끌던 수출과는 다른 성격을 가진 것이었는데, 수출의 성격과 관련하여 이 시기의 일본 경제의 구조에 대한 몇몇 논의를 살펴보자.

첫째, 이미 살펴보았듯이 이무라는 일본이 가진 고유의 수출 경쟁력 약화를 들고 있다. 1970-80년대의 수출이 기술 개발을 통한 시장 개척이라는 적극적인 성격을 지닌 것이라면, 90년대 이후의 수출은 수입국의 경기 상승이나 엔저 효과에 따른 수동적이고 지속성이 약한 것이었다. 다시 말해 수출에 의존하는 체질은 바뀌지 않았지만, 수출 상대국(미국, 동아시아, 중국)의 경기 상황이나 환율 조건 등의 외부 환경에 취약한 상황으로 바뀐 것이다(井村喜代子, 2005, 163-165).

둘째, 수출 의존성의 심화는 내수의 부진, 특히 소비의 침체와 동반되는 것이었다. 특히 90년대 후반부터 일본 경제는 수출이 설비 투자를 유발하는 구조가 정착되었고, 이를 통해 2000년대 들어 호경기(이자나기 경기)를 경험하기도 했다. 그러나 후지타의 논의에 따르면, 임금을 억제해 생산비를 절감하는 감량 경영으로 유리한 수출 환경을 조성하는 방식은 여전했으며, 이는 소비 축소를 수출 증대로 메우는 방식이기도 했다(藤田実, 2014, 2장). 후지타는 더 나아가 90년대 이후 일본 경제는 국내 소비 지출의 둔화로 항시적인 과잉 생산(구조적 과잉 생산) 상태에 빠져 있었는데, 이러한 과잉의 해소를 공공사업과 수출로 흡수하는 구조였다고 평가한다. 그런데 공공사업은 그 효과에 한계가 있었기 때문에, 수출 의존은 더욱 심화되었고, 수출 경쟁력을 향상하기 위해 임금 억제나 하청 착취라는 격차 확대 구조가 공고해졌다고 한다(藤田実, 2014, 3장).

셋째, 村上研一(2013) 역시 후지타와 마찬가지의 지적을 하고 있다. 그에 따르면 2000년대 이자나기 경기 시기의 일본 경제는 수출 의존적 경기 확대 구조였으며, 이러한 경기 상승에도 국내 생산과 고용이 증대되지 않아, 종업원 수와 평균 임금이 하락하는 격차 및 빈곤이 확대되었다고 한다. 그런데 이러한 격차 및 빈곤 확대의 원인은 바로 수출 경쟁력을 강화하기 위한 방식에 있었다면서 다음과 같이 지적한다. 첫째, 국제적 경쟁이 격화되는 상황에서 수출 의존적 성장 산업은 더더욱 일부 산업에 국한되고, 그것으로부터 탈락한 산업, 특히 전자기기 산업을 중심으로 산업 공동화가 진전됨으로써 고용이 축소되었다. 둘째, 제조업 경쟁력 강화를 위해 정규직의 비정규직화를 통한 저임금 및 불완전 고용이 증대했다. 셋째, 생산 공정 대부분을 해외(아시아)에 의존하는 경향이 높아지면서, 수출 의존적 성장의 국내 생산 및 고용에 대한 파급력은 80년대보다 감소했다. 넷째, 이러한 국제 경쟁력 강화는 모두 신자유주의적 구조 개혁 정책을 통해 촉진되었다(村上研一, 2013, 6장).

넷째, 友寄英隆에 따르면, 90년대와 2000년대의 수출 의존적 성장 구조는 이미 파탄한 일본 경제를 '연명하는 식의 재편(済し崩し的再編)'일 뿐이라고 한다. 즉, 이것은 일본 경제 구조를 근본적으로 전환한 것이 아니며, 이것은 이미 예전과 같은 방식으로 작동하지 않음에도 불구하고, 종래의 방식을 유지하는 것일 뿐이라는 지적이다. 그리

금융 위기 이후의 자본주의

고 이러한 연명책이 작동하는 것도, 미국 경제의 회복과 엔저 효과, 그리고 노동 개악을 통한 비용 절감 효과의 영향이 컸는데, 이로 인한 수출 증대는 대기업의 이익을 증가시켰을 뿐, 소비 증가 등의 국내 경제 회복에는 특별하게 기여하지 못했다(友寄英隆, 2014, 6장).

이러한 일본 경제 구조에 관한 일련의 논의는 일본 경제가 여전히 장기 불황을 낳은 수출 의존적 성장 구조의 파탄에도 불구하고 여전히 수출 의존적 체질에서 탈피하지 못하고 있으며, 이것이 예전과 같은 효과를 낳지 못하고 있음을 지적하고 있다. 일시적인 수출의 증대로 인한 호경기를 경험하기는 했지만, 그러한 수출 증대는 국내 경기 확대로 이어지는 선순환 구도를 제대로 그리지 못하고, 빈곤과 격차 구조를 확대하는 원인으로서 작용했다는 것이다. 그렇다면 최근 주목받는 아베노믹스가 과연 이러한 일본 경제의 근본적인 문제를 어떻게 해결하려 하는지 분석할 필요가 있다.

5. 아베노믹스와 구조적 문제들

1) 아베노믹스란 무엇인가?

아베노믹스는 2012년 2차 아베 내각 발족 기자회견에서 아베가 제시한 다음의 세 가지 정책, '대담한 금융 정책, 기동적인 재성 성책, 민간 투자를 환기하는 성장 전략'을 말한다. 왜 이러한 정책이 추진되었는가? 2000년대 들어 수출 증대로 인한 이자나기 경기는 두 가지의 외부 충격으로 끝나 버린다. 2008년의 미국 발 금융 위기와 2011년의 동일본 대지진이 그것이다. 이에 경제 위기를 극복하기 위해 이전과는 차별적으로 보이는 과감한 정책 패키지가 추진되었는데, 그것이 바로 아베노믹스였다.

선거에 승리한 아베 정권은 집권 후 2013년 1월에 공공사업을 중심으로 13조 엔의 긴급 경제 대책을 마련했고, 같은 달에는 일본은행과 공동 성명을 내 2% 물가 상승 목표를 제시했으며, 그와 더불어 일본은행 총재인 구로다는 이례적인 금융 완화 정책을 발표했다. 또한, 같은 해 1월에는 산업 경쟁력 회의를 발족시켜 참의원 선거 전 6월에 성장 전략(일본 재흥 전략)을 발표했다. 그러나 이러한 아베노믹스가 민생을 위한 불황 탈출 전략이 아닐 수도 있다는 우려가 있었다. 바로 2대의 화살이 숨어 있었다는 것이다(友寄英隆, 2014, 12).

바로 참의원 선거 이후에 숨어 있던 네 번째와 다섯 번째 화살이 등장했다. 그것은 소비세 증세와 사회 보장 삭감으로서 국민 생활에 반하는 정책이었다. 이와 같은 성격의 정책은 세 번째 화살인 성장 전략에서도 나타났는데, 원자력 발전의 재가동 및 신규 증설을 추진하는 에너지 정책, 농업과 중소기업을 버리는 TPP에 참가, 노동법제의 규제 완화, 대기업에 대한 감세 등이었다. 외형상 대담하게 제시된 것처럼 보이는 정책들은 서로 모순적이기도 하며 이러한 아베노믹스를 요약하면 [표6]과 같다.

한편에서는 불황 탈출 및 경제 성장을 도모하면서, 다른 한편에서는 빈곤 및 격차 확대를 조장할 정책을 펼치는 아베노믹스는 단순한 경제 정책에 그치는 것이 아니다. 이와 더불어 비밀 보장법이나 집

금융 위기 이후의 자본주의

[표6] 아베노믹스의 구성과 전개[122]

	①	②	③
3대의 화살	대담한 금융 정책 ->이례적 금융 완화 인플레 타게팅 일본은행의 국채 구입 마이너스 금리	기동적 재정 정책 ->대형 공공사업	성장 전략 ->재계가 주도하는 구조 개혁 규제 완 화, TPP 참가
참의원 선거 이후의 변화			
숨겨진 2대의 화살	④ 소비세 인상	⑤ 사회 보장 제도 개혁	
원전 재가동 경제의 군사화 (일미 군사 동맹의 강화, 헌법 개정)			

단적 자위권을 강화하는 법안 등 반동적 성격의 법안이 추진되고 있다는 점, 즉 일본의 우경화 흐름과 연관되어 있다는 점도 주목해야 한다.

2) 아베노믹스의 성격

아베노믹스와 같은 정책은 세계 금융 위기 이후 선진 자본주의 국가들에서 공통으로 나타나는 정책적 흐름인데, 구체적인 내용을 살펴보면 서로 모순되는 측면이 있다. 혹자는 이를 두고 현대 경제

---

122 友寄英隆(2014, 15)를 참고하여 수정하였다.

이론의 혼돈 상태를 표현하고 있다고 지적한다.[123] 즉 현대 경제 이론은 자본주의 위기에 관해 새로운 정책 대안을 내놓지 못하고 있음을 보여 준다는 것이다. 그렇다면 아베노믹스는 어떠한가? 다섯 대의 화살이 기초하고 있는 경제 이론을 정리하면 [표7]과 같다.

[표7] 아베노믹스의 5대의 화살과 기반이 된 경제이론

아베노믹스	기반이 된 경제 이론 및 그 성격
① 대담한 금융 정책	뉴 케인시언의 통화 금융 정책 -인플레 타게팅
② 기동적 재정 정책	올드 케인시언의 재정 지출 정책
③ 성장 전략	신자유주의적 글로벌 기업 성장 정책
④ 세제 정책(소비세 인상)	신자유주의적 국민 수탈 정책(역진세)
⑤ 사회 보장 정책	신자유주의적 복지 축소

위의 표에서 확인되듯이, 아베노믹스에는 케인시언 이론과 신자유주의 정책들이 뒤섞여 있다. 이러한 점에서 아베노믹스는 그 자체로 모순적인 성격을 지니고 있으며, 이미 경험해 보았다는 점에서 전혀 새로운 것도 아니다. 우선 기동적 재정 정책으로서 제시된 공공사업 확대는 90년대 이래 일반화된 위기 대응 정책이었으며, 양적 완화라 통칭하는 금융 정책도 이미 일본에서 90년대에 시행된 적이 있다. 마찬가지로 성장 전략 역시 민간 주도의 성장 전략이라는 측면에서 고이즈미가 시행한 정책, 혹은 80년대 초 나카소네 정권의 민간 활력

---

123   友寄英隆(2014, 17).

증진 정책으로까지 거슬러 올라갈 수 있을 것이다. 소비세 증세나 복지 축소 등도 신자유주의 성격의 정책으로서 아베 정권에서 최초로 시행된 것도 아니다.

그러나 문제는 정책들의 실제 효과다. 실제로 3대의 화살 정책이 발표된 이후 경기는 상승하는 것처럼 보였지만, 선거 이후 소비세 인상과 사회 보장 삭감이 추진되면서 바로 경기는 냉각해 버렸고, 2015년 10-12월에는 실질 성장률이 -1.1%였다. 즉 아베노믹스의 정책들이 새롭지 않다는 것도 문제지만, 정책들의 상충 관계, 좀 더 나아가면 각각의 정책들이 기반을 둔 경제 이론들 사이의 모순이 더 문제인 것으로 보인다.

추가로 지적할 것은 정치적으로 반동적인 움직임을 뒷받침하는 정책도 추진된다는 점이다. 재정 지출 정책에서 아베 정권은 군사력 확대를 위한 지출을 증대시키고 있는데, 이는 안보 법제와 연동해 일본의 우경화를 진전시키려는 정책이기도 하다(牧野富夫, 2016, 18-19).

3) 아베노믹스는 성공적이었는가?

3대의 화살로 시작한 아베노믹스는 기대한 성과를 거두었는가? 성공적이지 못하다는 것이 전반적인 평가다. 그래서 2015년 10월 두 번째 단계stage의 아베노믹스, 즉 새로운 3대의 화살이 서둘러서 발표된 것으로 보인다.[124]

---

[124] 友寄英隆(2016)는 두 번째 단계의 아베노믹스는 첫 번째의 실패에 대한 비판과 안보 법제 비판을 무마하는 동시에 군사력 강화 노선을 은폐하기 위한 것이라

우선 3대의 화살로써 나타난 정책의 효과를 간단히 살펴보자. 첫째, 예외적 금융 완화는 뉴 케인시언 통화 이론에 따른 것으로, 실질 금리를 인하해 인플레이션 기대 심리를 심어 주고자 시행되었다. 그러나 통화 지표에서 나타나는 것은 본원 통화의 증대뿐이고, 실제 유통되는 통화는 어느 지표에서도 증가하지 않았다. 지양되어야 할 투기 활동이 활발해졌을 뿐이다.

둘째, 재정 정책의 경우 오히려 재정 적자 문제가 심화되었다. 위에서 지적한 대로 대형 공공사업이 수행되었지만, 이것은 일종의 강심제로서 작용하여 그 효과가 오래 가지 못했으며, 우경화의 일환으로 집단적 자위권 발동을 위한 군사력 강화 지출이 확대되었다. 그러나 소비세 인상 및 사회 복지 축소라는 긴축 정책에도 불구하고, 위와 같은 막대한 재정 지출로 인해 재정 적자 문제가 더욱더 심각해졌다. 셋째, 성장 전략 역시 민간 주도의 규제 완화를 골자로 하는 신자유주의적인 것이었기 때문에, 대기업의 수익을 보장해 주고, 빈곤과 격차 구조를 강화하는 역할을 수행했다.

그렇다면 이러한 정책이 국민 생활에 구체적으로 어떠한 영향을 미쳤는지 살펴보자.[125]

첫째 아베노믹스는 기대한 성과를 거두지 못했다. 정책의 추진 기간 동안 실질 성장률은 하락했고, 소득 양극화가 심화되었다. 또한, 소비 저하가 장기화되었다. 소비가 저하된 직접적인 이유는 엔저

고 본다.

125 이하 友寄英隆(2016) 참고.

현상과 금융 완화 정책 그리고 소비세 인상에 의한 소비자 물가 상승 때문이다.

둘째, 반면에 대기업의 이익은 증가했다. 우선 엔저 효과로 수출이 증대했으며, 90년대 이후 국내 생산 기지의 해외 이전이 많이 추진되었는데, 이 해외 기업에서 높은 수익이 발생했다. 그리고 여전한 감량 경영으로 노동 조건을 악화시키고, 하청 구조를 이용한 하청 단가 인하 등을 통해서도 수익을 거두었다. 정부 역시 대기업의 투자 증대를 촉진하기 위해 법인세를 인하했는데, 이 역시 수익의 원천이었다. 이렇게 대기업의 수익은 늘었지만, 이 수익에 기초한 투자는 활성화되지 못했으며, 결국 양극화는 심화되었다.

셋째, 이러한 양극화의 심화를 '트리클 다운 페인Trikle down pain'이라고도 부를 수 있을 것이다. 즉 기업의 이윤이 트리클 다운에 의해 선순환하지 못하고, 빈익빈 부익부 현상을 확대시켰기 때문이다. 이런 점에서도 아베노믹스는 실패인데, 이는 정책의 가장 우선순위로 든 기업 수익의 개선으로부터 트리클 다운 효과가 발생하고 따라서 경제가 활성화된다고 전제했기 때문이다. 그러나 실상은 정반대였다.

넷째, 토모요리에 따르면, 격차 빈곤의 확대, 즉 빈익빈 부익부의 증대는 트리클 다운 효과가 발생하지 않은 탓도 있지만, 대기업 이익의 해외 유출에서도 기인한다고 한다. 그래서 그는 이를 '트리클 다운 어웨이Trikle down away'라 명명하고 있다. 즉 대기업이 국내 설비나 고용 확대에 수익을 투자하지 않고 이를 해외 투자로 돌리거나, 대기업 임원과 부유층의 막대한 금융 자산이 해외 투자에 쓰이는 것을 의미한다.

이 밖에도 이 정책의 실패를 증명하는 사례는 여러 가지다. 하지만 현재에도 아베노믹스, 즉 일본의 우경화 정책과 더불어 오류투성이인 경제 정책 기조가 계속되고 있다.

6. 결론

지금까지 1970년대 중반부터 현재까지의 일본 경제에 대한 마르크스주의 경제학자들의 논의를 중심으로, 장기 불황을 일으킨 일본 경제의 구조적 원인이 1970-80년대에 어떻게 형성되었는지, 장기 불황의 과정에서 일본 경제의 모습은 어떠했는지, 그리고 일본의 불황 타개책으로 등장한 아베노믹스의 성격과 그 평가에 대해 살펴보았다. 지금까지의 내용을 요약하면 다음과 같다.

우선 1980년대 후반 버블의 붕괴는 장기 불황의 시발점이었다. 그러나 그 근본 원인은 일본 경제의 수출 의존적 성장 방식의 파탄에 있었다. 버블의 형성은 1980년대 후반 일본 경제의 성장에 기반을 두고 있는데, 이 성장의 근원은 바로 1970년대에 확립된 일본 경제의 성장 방식에서 찾을 수 있다. 즉 수출 의존적 성장 방식을 통해 일본 경제는 1970년대 세계적인 대불황을 극복하고, 1980년대에 지속적인 경제 성장을 이룩할 수 있었지만, 미국과의 무역 마찰이 심화되고, 신제품 개발 등 수출 시장을 개척할 동력의 소진 등으로 1980년대 말 그 한계에 다다르기 시작했다. 결국, 버블의 붕괴 이후 경기 침체 상황에서 기존의 방식은 제대로 작동하지 못했다.

그러나 이러한 기존의 방식에 변화가 있었는가? 수출에 의존하는 체질은 여전했다. 물론 1990년대 이후의 수출(및 수입) 규모는 이전보다 높으며 점점 증가 추세에 있지만, 그것이 투자 확대를 통해 내수 경제를 자극하는 힘은 예전보다 약해졌다는 점에서 차이가 있다. 또한, 이러한 체질의 강화로 인해 일본 경제는 대외적 요인이 변화하면 크게 흔들리게 되었다. 그런데 이렇게 계속되는 어려움 속에 적극적으로 추진된 아베노믹스는 모순된 성격의 정책 패키지임과 동시에 일본의 정치적 우경화와 밀접하게 관련되면서, 그 효과 면에서 많은 문제를 드러내고 있다.

2008년 금융 위기 논쟁

'신자유주의적 국가독점자본주의'의 위기?

김수행(성공회대 경제학과)

※ 출처: 김수행, 〈'신자유주의적 국가독점자본주의'의 위기?〉, [마르크스주의 연구] 제23호, 2011.

자본주의의 현재 발전 단계가 국가독점자본주의라고 계속 주장하는 김성구 교수가 국가독점자본주의적 시각에서 현재의 장기 불황을 설명하는 책을 편저의 형식으로 출간했다. 외국인의 논문 9편과 김 교수의 논문 4편이 실려 있는데, 현재의 장기 불황을 이해하는데 큰 도움을 주고 있다. 그러나 경쟁 자본주의에서 독점자본주의로 성장 전화한 자본주의가 다시 국가독점자본주의로 성장 전화했다고 주장하는 김 교수가 왜 케인스주의로부터 신자유주의로 성장 전화한 것은 새로운 단계로 설정하지 않고 국가독점자본주의 단계 안의 '형태 변화'로 치부하고 있는지가 분명하지 않다. 그리고 자본주의의 '일반' 이론을 제공한다고 말하면서 독점자본주의론과 국가독점자본주의론 등 '특수' 이론의 필요성을 강조하는 것은 '일반'과 '특수'의 관계를 잘못 이해하는 것일 뿐 아니라,《자본론》이 현재 상황을 설명하지 못한다고 폐기 처분하려는 '음모'가 아닌지 의심스럽다.

1. 머리말

이 글은 김성구 편저,《현대자본주의와 장기불황: 국가독점자본주의론의 시각》(2011)을 읽고 느낀 바를 적은 것이다. 이 책은 제1부에서 '구조 위기 또는 장기 불황과 위기론 논쟁'을 다루는데, 외국인의 논문 3편과 김 교수의 논문 2편이 실려 있고, 제2부는 '현대 자본주의의 위기와 국가독점자본주의론'을 다루는데, 외국인의 논문 6편과 김 교수의 논문 2편이 실려 있다.

책이 이런 식으로 구성된 것은 김 교수가 '이번 2007/2009년 경제 위기'를 다음과 같이 파악하기 때문이다. 첫째로 "이번 경제 위기는 7-10년 주기로 발발하는 여느 공황과 다를 바 없는 주기적 과잉 생산 공황이다"(김성구, 2011, 7). 둘째로 "이 공황이 1930년대 대공황 이래 최대의 공황이라고 말해질 만큼 폭발적이고 심각한 양상을 보인 것은, 그것이 단순한 주기적 공황이 아니라 신자유주의에 특유한 금융 위기라는 구조적 성격의 위기와 결합했기 때문이다"(김성구, 2011, 7). 셋째로 "구조 위기 또는 장기 불황에 관한 이론은, 문제가 많은 장기파동론을 차치한다면, 대체로 1970-1980년대 이래의 짧은 역사를 지닌 비교적 새로운 논쟁 영역이다. … 이 책은 … 자본주의의 구조 위기 또는 장기 불황에 관한 마르크스주의 이론의 체계적인 이해를 제공하고자 기획되었다"(김성구, 2011, 7-8). 넷째로 "마르크스의 정치경제학 비판에 입각하여 현대 자본주의의 위기를 분석하기 위해서는 국가독점자본주의론의 매개가 불가결하다"(김성구, 2011, 9). 다섯째로 "우리는 주기적 공황과 구조 위기라는 중층적 위기론과 국가독점자본주의론의 관점에서, 이 위기가 새로운 산업 순환을 통해 어떻게든 새로운 회복 국면으로 넘어갈 것이며, 위기에 대한 국가 개입은 케인스주의로의 복귀가 아니라 신자유주의의 재편을 추구하고 있다는 점에서, 또 반(反)신자유주의 정치는 상당히 소진되었다는 점에서 신자유주의의 지속을 전망하였다. 위기 이후 느리지만 보다 뚜렷해지는 경제회복과 신자유주의의 변함없는 지배하에서 이제 우리는 이러한 평가와 전망의 올바름을 사후적으로 확인할 수 있다"(김성구, 2011, 10).

필자가 보기에 위 5개의 '주장'은 매우 논쟁적일 수밖에 없다. 예컨대 7-10년 주기의 공황이 계속 발발했는가, 주기적 공황과 구조적 위기를 어떻게 구별하는가, 국가독점자본주의론이라는 '단계' 이론 대신에 국가와 독점 자본이 유착하는 이론을 가지면 되는 것은 아닌가, 이번 위기가 새로운 회복 국면으로 진입하게 된다는 전망은 현실의 분석에 의거한 것인가 등등. 김 교수가 위 5개의 주장에 이론적이거나 현실적인 뒷받침을 충분히 하지 못하기 때문에 논쟁은 확대 재생산될 가능성이 있다.

특히 김 교수의 현실 파악—"위기 이후 느리지만 보다 뚜렷해지는 경제 회복과 신자유주의의 변함없는 지배"—은 2009년 이후 2011년까지의 정세 변화(예컨대 국가 채무를 축소하려는 정부의 긴축 내핍 정책에 반대하는 세계 각국의 민중운동, 유로 통화 지대의 붕괴 가능성, 아프리카와 중동의 대중운동, 선진국 서민들의 생활 수준 악화, 일본의 쓰나미와 원자력발전소의 원자성 물질의 계속 방출 등)를 내포하지 않은 것 같은데, 만약 그의 현실 파악이 수정된다면 이 책의 구성은 상당히 변경되었을 것이다.

2. '주기적 공황'과 '구조적 위기'의 구별

김 교수는 만델의 장기파동론을 비판하는 과정에서 주기적 공황과 구조적 위기를 다음과 같이 매우 깨끗하게 구별하고 있다.

(1) 주기적 공황은 10년 주기의 산업 순환의 일 국면으로서 마이너스 성장을 동반하는 축소 재생산 국면인 반면, 구조적 위기는 2-3개의 특별히 심각한 산업 순환이 진행하는 국면, 즉 장기 성장의 둔화

또는 정체 국면이다.

(2) 주기적 공황은 또 다른 산업 순환을 인도하는 한편, 구조적 위기는 자본주의의 조절 위기로서 자본주의의 구조 재편을 요구하며 자본주의의 새로운 단계 또는 국면을 인도한다.

(3) 주기적 공황은 생산과 소비의 적대적 발전(과잉 생산) 또는 자본의 과잉 투자 또는 과잉 축적으로 인해 주기적으로 발생하는 과잉 생산 공황인 반면, 구조적 위기는 이윤율의 경향적 저하, 즉 장기적인 과잉 축적으로 인해 발생하며 주기성을 확인할 수 없다.

(4) 구조적 위기는 주기적 과잉 생산 공황의 반복 속에서 모순이 심화된 결과로 발생한다. 자본주의의 주어진 구조 조건하에서 주기적 공황을 통해서는 더 이상 자본 축적의 모순이 해결될 수 없는 상황에 이르면, 자본주의의 구조 개편을 요구하는 구조 위기가 발생한다.

…(중략)…

(8) 자본주의는 주기적으로 실현의 곤란으로 공황을 맞게 되지만 공황 자체를 통해 이 모순을 해결하고, 장기 성장의 모순과 한계는 이윤율의 경향적 저하 법칙에서 표현되고 구조적 위기로 표출된다(김성구, 2011, 20-21).

주장의 핵심은, 주기적 공황은 소비를 초과하는 과잉 생산에 의해 발생하고 공황을 통해 제거되지만, 구조적 위기는 일반적 이윤율(사회의 평균 이윤율)의 저하에 의해 발생하므로 자본주의의 구조 재편이 필요하고 자본주의의 새로운 단계를 열게 된다는 것이다.

필자는 구조적 위기가 "주기적 과잉 생산 공황의 반복 속에서 모순이 심화된 결과로 발생한다"는 주장에는 동의하지만, 마르크스의 '이윤율 저하 경향의 법칙'(자본론 제3권 제3편에 있는 TRPF 법칙)이 주기적 공황의 발생을 해명할 수는 없고 오직 구조적 위기를 설명할 수 있을 뿐이라는 주장에는 동의하지 않는다. 먼저 김 교수도 인정하는 바와 같이(김성구, 2011, 26-27), TRPF 법칙은 자본 축적 과정에서 일반적 이윤율을 상승시키는 요인들과 저하시키는 요인들이 동시에 형성되는 것을 가리키면서, 일반적 이윤율이 선험적으로-단기이든 장기이든-저하한다고 예측하고 있지 않다. 따라서 제3편 제15장('법칙의 내적 모순들의 전개')에 주목하지 않을 수 없는데, 여기에서 지적되고 있는 내적 모순들은 김 교수의 주장과는 전혀 다르다. 김 교수는 TRPF 법칙은 수요와 공급이 일치한다는 가정 위에서 생산 가격 수준의 일반적 이윤율의 변동을 연구하고 있다(김성구, 2011, 20)고 주장하지만, 제15장은 일반적 이윤율이 형성되는 과정에서 일어나는 온갖 모순들을 지적하고 있기 때문이다. 예컨대 잉여가치의 생산과 실현 사이의 모순, 자본의 집적·집중과 새로운 독립 자본 형성 사이의 모순, 생산 확대와 가치 증식 사이의 충돌, 과잉 인구와 나란히 존재하는 과잉 자본 등.[126] 다시 말해 TRPF 법칙이 일반적 이윤율의 변동을 연구하고 있는 것은 사실이지만, 일반적 이윤율이 형성되는 과정에서 부닥치는 수요와 공급의 불균형의 끊임없는 균형화가 야기하는 공황 요인-예컨대 잉여가치의 생산과 실현 사이의 모순-도 분명

---

[126]　자세한 내용은 김수행(2009, 260-267)을 참조하라.

히 지적하고 있다는 점이다. 특히 마르크스는《자본론》제3권 제3편에서 제1권과 제2권과는 다른 차원에서 산업 자본의 운동을 총괄하고 있다. 제1권에서는 주로 산업 자본이 노동자를 착취하는 것과 산업 자본의 축적이 노동자계급에 미치는 영향(예컨대 산업 예비군의 형성)을 분석했고, 제2권은 산업 자본의 운동 과정에서 생기는 문제들(자본의 형태 변화, 회전 시간, 생산물의 판매)을 고찰했는데, 제3권 제3편에서는 위의 논의를 기반으로 산업 자본의 축적 과정이 자본의 이윤율에 미치는 영향과 이를 통해 나타나는 주기적 공황을 설명하려고 한 것이다. 상대적 잉여가치를 생산하기 위한 자본의 기술적·유기적 구성의 고도화, 이에 따른 노동 생산성의 향상과 상품 가치들의 저하, 잉여가치율의 상승, 이윤율의 저하와 이윤량의 증대 등이 공황을 야기하는 다수의 모순적 경향들을 만들어내고 있는 것이다.[127]

3. 케인스주의적 국가독점자본주의에서 신자유주의적 국가독점자본주의로

김 교수는 구조적 위기의 분석뿐 아니라 현대 자본주의의 전반적 분석을 위해서는 자본주의의 일반 이론, 독점자본주의론, 국가독점자본주의론이라는 중층적 이론 구성이 필요하다고 강조하고 있다. 그런데 이 필요성은 자본주의에서 '새로운 사회'[128]로 이행하는 과정

---

127   김수행(2009, 272-284) 참조.

128   김 교수는 '미래 사회' 또는 '사회주의'라고 이야기하고 있지만, 필자의 용어로 '새로운 사회'라고 쓴다.

에서 자본주의가 일정한 단계적 발전을 거쳐야 한다는 '단계 이론'과 결부되어 있는 것 같다. 더욱이 자본주의의 단계적 발전을 '경쟁자본주의-〉독점자본주의-〉국가독점자본주의-〉새로운 사회'로 규정하고 있는데, 이것은 사실상 자본주의의 발전을 '생산의 무정부성을 완화하면서 계획성을 도입하는 경향'에서 파악하는 방법과 비슷하다. 이런 관점은 원래 엥겔스(1994a, 1994b)에서 유래한다고 말할 수 있다. 엥겔스는 '생산의 사회화'[129] 경향이 진전하여, 독점이 형성되고 국가가 개입하게 되면 사회에서 무정부성이 점점 더 약화된다고 보았다. 이런 엥겔스의 생각을 스탈린이 받아들여 자본주의의 단계적 발전을 위와 같이 공식화한 것인데, 이 공식은 새로운 사회를 '계획경제'라는 관점에서 바라본 것이며, '노동자의 해방'이라는 관점은 전혀 무시되고 있다.

이제 김 교수가 제시하는 자본주의의 단계적 성장 전화 과정을 자세히 고찰하자.

경쟁자본주의하에서 구조 위기는 이론적으로는 단순하게 이윤율의 경향적 저하 법칙에서 비롯되는 것이고…생산 부문에서 생산된 잉여가치로 표현되는 이윤율의 저하다. 반면, 독점자본주의에서는 이윤율의 경향적 저하 법칙의 작용…외에도 독점 가격과 독점 이윤의 지배에 의한 재생산 과정의 변용과 왜곡, 즉 독점하 만성화되는 과잉 생산과 과잉 축적 또한 고려해야 한다. 이처럼 독점자본주의하 구조적 과잉 축적은 이중적인 의미로 이해된다. 즉, 생산 부문과 관

---

129 생산의 사회화는 노동의 사회화와 자본의 사회화를 포괄하고 있다.

련된 사회적 총자본의 이윤율 저하 또는 독점의 지배에 기인하는 과 잉 생산과 과잉 축적의 만성화 또는 이 양자의 결합이 그것이다. 경 쟁자본주의로부터 독점자본주의로의 이행을 가져온 제1차 구조 위기가 일반적 이윤율의 경향적 저하 법칙에서 비롯된 것이었다면, 독 점자본주의로부터 국가독점자본주의로의 성장 전화를 가져온 제2차 구조 위기는 한편에서 이윤율의 경향적 저하 법칙이, 다른 한편에서 독점자본주의의 만성적 정체 경향이 단독으로 또는 함께 작용한 결과라 할 것이다. 이러한 연장선에서 파악하면, 케인스주의적 국가독점자본주의의 신자유주의적 국가독점자본주의로의 형태 변화를 가져온 제3차 구조 위기는, 한편에서 일반적 이윤율의 경향적 저하 법칙, 다른 한편에서 독점자본주의의 만성적 정체 경향, 그리고 또 다른 한편에서 국가독점자본주의에 고유한 재생산의 조절 위기가 복합적으로 작용한 결과였다(김성구, 2011, 45-46).

1990년대 이후 현재에 이르는 시기의 위기는 제3차 구조 위기의 연장선에서가 아니라 신자유주의적 국가독점자본주의의 구조적 위기로서 파악해야 한다. 신자유주의적 국가독점자본주의 체제는 이전의 구조 위기에서 등장한 체제들과 달리 새로운 장기 번영을 가져오지 못하고, 구조적으로 불안정한 위기의 체제다. 이 때문에 신자유주의적 국가독점자본주의의 구조 위기란 이전 체제들의 구조 위기와 달리 이 체제 자체의 성립과 함께 시작된, 이 체제 자체의 구조화된 위기를 말한다(김성구, 2011, 244의 주).

김 교수는 경쟁자본주의에서 독점자본주의로 성장 전화하는 '제1차' 구조 위기, 독점자본주의에서 국가독점자본주의로 성장 전화하는 '제2차' 구조 위기는 이야기하면서, '제3차' 구조 위기는 국가독점 자본주의 안에서 케인스주의적 형태로부터 신자유주의적 형태로 변형하는 것을 가리키고, 현재 나타나고 있는 신자유주의적 형태의 위기는 아무것도 아닌 것처럼 이야기하고 있다. 아마도 국가독점자본주의가 자본주의의 '마지막 단계'라고 못을 박아두었기 때문에 더 이상 단계를 만들지 못하는 것은 아닌지 의심스럽다. 경쟁자본주의, 독점자본주의, 국가독점자본주의라는 단계를 설정하지 않고, 오히려 '현재의' 자본주의에서 자유 경쟁, 독점적 경쟁, 국가와 독점 자본의 유착 등이 공존하고 있다는 것을 인정하면서 경제 전체가 어떻게 운동하고 있는가를 고찰하는 것이 더욱 큰 분석적 효과를 낼 수 있으며, 당면의 경제적 · 정치적 과제를 더욱 쉽게 파악할 수 있을 것이 아닌가? 현재의 자본주의를 분석하기 위해서는 '자본주의의 일반 이론, 독점자본주의론, 국가독점자본주의론'이 필요하다고 김 교수가 말할 때, 위의 세 이론의 상호관계는 어떤 것인가? 우노宇野가 마르크스주의 정치경제학을 '원리론', '단계론', '현상분석론'으로 3분할하여 서로 다른 체계를 만든 것을 계승하는 것인가?

사실상 우노는, 자본의 일반 이론은《자본론》에 의해 영원히 주어진 것이므로 그대로 남아 있어야 하며,《자본론》출간 이후의 현실의 자본주의는《자본론》이 설명할 수 없기 때문에 단계론에 의해 다루어야 한다는 '잘못된' 생각을 하고 있었다.[130] 우노의 이런 생각은 '일반'과 '특수' 사이의 관계를 완전히 오해한 것이다. '일반'이 어쩔

130　김수행(2009, 15-49)을 참조하라.

수 없이 구체적이고 특수하며 한 번뿐인 역사적 사실로부터 도출되는 한, 그리고 '일반'이 "세밀하게 소재를 파악하고 소재의 상이한 발전 형태들을 분석하여 이 형태들의 내적 관련을 구명하는"(마르크스, 2001, 18) 조사 뒤에 형성되는 한, '일반'은 '특수'(또는 역사적인 것) 안의 '일반'임에 틀림없고 '특수'는 '일반' 안의 '특수'임에 틀림없다. 이리하여 일본 정통파의 미타 세키스케(見田石介, 1965, 1967)에 따르면, 레닌 제국주의론의 이론적 의의는 우노가 주장하는 것처럼 단계론적 접근을 개시한 것에 있는 것이 아니라, 국가·대외 거래·세계 시장을 구체적인 수준에서 연구함으로써, 그리고《자본론》에 없는 그런 계기들을 자본론에서 해명된 자본의 일반 이론에 흡수함으로써, 자본의 일반 이론을 더욱 풍부하게 했다는 점에 있다. 미타는 "자본의 일반 이론과 자본의 특수한 발전 단계의 이론들이 동일하다"는 점을 다음과 같이 강조하고 있다.

동일하다는 것은 자본-노동의 착취 관계가 자본주의적 발전의 모든 단계들에 공통하기 때문만이 아니다. 발전의 모든 과정-절대적 잉여가치의 생산으로부터 상대적 잉여가치의 생산으로, 매뉴팩처로부터 기계제 대공업으로, 가치에 의한 상품들의 교환으로부터 생산 가격에 의한 교환으로, 산업자본이 유일한 자본 형태인 단계로부터 산업 자본이 상업 자본·이자 낳는 자본·근대적 토지 소유와 공존하는 단계로, 경쟁으로부터 독점 그리고 자본주의적 생산의 몰락에 이르기까지-가 자본의 일반 이론이기 때문이다(見田石介, 1965).

다시 말해 김 교수도 독점자본주의 이론과 국가독점자본주의 이론을 통해 자본의 '일반 이론'을 더 풍부하게 하는 것이 자본주의를 더욱 잘 이해하게 만드는 길이고 자본론의 학문적 가치를 보존하는 길이 될 것이다.

김 교수는 케인스주의를 대신하여 신자유주의가 등장하게 된 이유를 다음과 같이 설득력 있게 설명하고 있다(김성구, 2011, 250-251). 이윤율 저하와 구조 위기를 자본주의적 방식으로 극복하기 위해서는 평균 이윤율의 회복과 새로운 조절 체계의 확립이 필요했다. 조절 체계의 위기가 시작된 것은 더욱더 사회화된 생산력을 케인스주의적 개입주의로서는 조절할 수 없었기 때문이므로, 새로운 조절 체계는 케인스주의보다 더 사회화된 형태여야 했다. 다시 말해 "이 조절 위기는 사적 자본의 부담하에 과잉 자본을 대량 감가 · 청산하는 한편, 사회화의 일층 진전을 통해 이윤 논리에 기반하지 않는 재생산의 계획적 조절을 달성함으로써 극복해야 할 것이었다"(김성구, 2011, 361). 그런데 이런 조절 체계는 평균 이윤율을 더욱 저하시킬 것이 분명했으므로, 평균 이윤율을 회복시키기 위해 "케인스주의라는 제한된 국가 규제와 사회화마저 해체시켰고, 노동 시장 · 자본 시장 · 금융 시장의 전면적 자유화를 추진했으며, 이를 세계 시장의 개방과 자유화에 결합시켰다". 이것이 다름 아닌 신자유주의였다.

신자유주의적 전환은 케인스주의적 국가독점자본주의를 대체했지만, 국가 개입주의 자체를 대체할 수는 없었고, 다만 국가 개입주의의 한 변종을 다른 변종으로 변화시켰을 뿐이다. … '케인스주의 복지국가'로부터 '신자유주의 규율 국가'로 개입주의 국가의 형태가 변화하였다. 신자유주의 규율 국가는 국가 개입을 이윤 원리 · 시장 규율의 강화와 결합한 모순적인 국가였다. 그로써 신자유주의 규율 국가하에서 사회복지의 해체, 감세, 민영화, 자유화, 개방화 등 탈 조절과 탈 사회화는 일정하게 또는 급진적으로 진전되었지만, 다른 한편 기업 보조금, 경제의 군사화, 국제 경쟁 등에서 국가의 개입은 더욱 강화되었다. 요컨대 신자유주의적 국가독점자본주의는 국가 개입을 폐지한 것이 아니라 국가 개입의 내용과 성격 그리고 수단을 변화시켰다(김성구, 2011, 255-256).

더욱더 사회화된 생산력을 이윤 원리에 맡겨 조절하기를 포기함으로써 신자유주의는 오히려 위기를 심화시키지 않을 수 없었다. 신자유주의가 이윤율을 어느 정도 회복시켰음에도 불구하고 위기의 극복이 아니라 위기의 심화를 가져온 것은 근본적으로 이런 모순 때문이었다.

4. 신자유주의적 위기를 해결하는 방안

김 교수는 "마르크스주의 위기론은 주기적 공황과 구조 위기, 그리고 체제 이행의 분석을 포괄하는 것이며, 실로 그 중층적 연관하에서 현실의 경제 위기를 분석한다"(김성구, 2011, 353)고 올바르게 지적하고 있다. 그리고 "신자유주의의 파국적 위기를 통해 과연 신자유주의를 넘어설 수 있는가 하는 문제는 주관적 기대나 근거 없는 예언에 기댈 수 없고, 냉정한 현실 분석이 필요하다"(김성구, 2011, 355)고 강조한 뒤, "현재의 정치 지형과 대중운동의 상태를 고려하면, 신자유주의의 위기는 케인스주의로의 복귀는커녕 다만 신자유주의의 재편을 가져올 것으로 보이며, 좌파적 대안은 이론적으로는 위기를 극복할 유일한 대안이지만, 실천적으로는 그 관철을 위해 각고의 노력이 요구될 것이다"(김성구, 2011, 356)라고 결론짓는다. 이런 결론은 2008년 9월의 리먼 브러더스의 파산으로 야기된 세계적 금융 공황이 선진 각국의 긴급 구제금융 투입으로 2009년도에는 몇몇 거대한 금융기업들이 회생하고 증권 시장의 주가지수가 어느 정도 회복한 것에 현혹되었기 때문으로 보인다.

2011년까지도 높은 실업률은 거의 변동하지 않으며 산업 생산도 정체를 계속하고 있고 빈부 격차는 심화하며 일반 서민의 희생으로 국가 채무를 축소하려는 신자유주의적 긴축 내핍 정책은 세계 각국에서 민중의 시위를 야기하고 있다. 또한, 국제 간 무역 분쟁이나 환율 전쟁은 해소되지 않고 있으며, 그리스의 국가 채무를 둘러싼 유럽 연합 안의 갈등, 리비아 카다피 정권에 대한 제국주의적 침략의 혼선, 튀니지와 이집트의 민중 승리에 대한 탄압 가능성, 기타 중동과 아프리카의 민중 반란, 한국의 이명박 정권의 총체적 위기, 일본의 쓰나미와 원자력발전소의 계속적인 원자성 물질의 배출 등은 현재 정세의 심각성을 분명히 알려주고 있다.

학자의 임무는 현재의 정세를 어떻게 올바르게 파악하는가, 현재의 정세에서 억압과 착취를 약화시키거나 종결시킬 가능성은 없는가, 민중이 어디에서 연대와 협력을 구할 수 있는가를 과학적으로 객관적으로 연구하는 일이다. 현실을 과장하지도 않고 과소평가하지도 않는 것이 중요하다. 그러나 공황은 어느 때라도 자본주의적 생산

관계 또는 노자 관계가 생산력을 파괴하고 있다는 것을 가리키는 것이며, 생산력을 모든 인민을 위해 사용하려면 노자 관계를 붕괴시켜야 한다는 것을 명백히 지적하고 있다. 이것은 인민의 정치 세력이 크든 작든 언제나 타당한 이야기다.

김 교수는 현재의 위기에 대한 좌파의 대안이 사회운동이나 정치 운동에 의해 뒷받침되지는 못하지만, 대안은 여전히 사회운동과 정치 운동을 동원하는 주요한 요소라고 말하면서(김성구, 2011, 388-389) 다음과 같은 대안을 제시하는데, 대체로 수용할 수 있는 것 같다.

첫째로 단기적으로는 경기 안정화 프로그램을 실시한다. 이 프로그램의 핵심은 재정과 금융의 확장 정책인데, 이 확장 정책은 사회 정책의 확대와 소득 재분배의 개선을 도모하는 것이어야 한다. 이 확장 정책은, 금융 자산가의 손실을 사회로 전가하고 인민의 사회 안전망을 축소하는 신자유주의적 확장 정책과는 전혀 다르다. 문제는 경제 위기로 막대한 공적 자금을 투입하고 재정 적자의 심화에 직면한 자본주의 국가가 어느 정도 확장 정책을 취할 수 있는가인데, 이 문제는 기본적으로 신자유주의적 긴축이냐 아니면 좌파적 확장이냐 하는 원칙의 문제이며, 이 원칙적인 입장에서 부자에 대한 증세 등 재정 정책의 여지는 크다(김성구, 2011, 390-391).

둘째로 중장기적으로는 은행의 사회화와 근본적인 금융 개혁이 요구된다. 은행의 사회화는 금융 자산가의 손실 부담에 의해 과잉 자본을 청산하는 것이며, 은행의 사회화에 따른 이윤논리의 지양은 과잉 자본의 압력 내지 존재를 근본적으로 해결할 수 있다. 근본적인 금융 개혁의 핵심은 은행을 본래의 신용 기관의 기능-예금을 받고 대출하며 고객들의 지급 거래를 원활하게 하는 것-에 전념하게 하는 것이므로, 투자 은행 업무를 대폭 축소하고 이익 추구 구조를 해체해야 하며 공공의 신용평가 기관을 설립해야 한다(김성구, 2011, 391).

셋째로 사회 서비스의 사유화·민영화는 중지되어야 한다. 사회 안전망의 확대와 개선, 교육·의료의 무상화, 조세 부담의 누진화, 군사적인 재정 지출의 축소 등이 필요하다(김성구, 2011, 391).

넷째로 외환 거래세(토빈세)를 비롯하여 금융 거래에 대한 과세, 조세 피난처의 폐쇄, 금융 감독에서 국제적 협력의 증대, 국제적인 고정 환율제도 또는 목표 환율제도의 확립도 필요하다.

5. 맺음말

김 교수는 현재의 주기적 공황과 구조적 위기를 이해하는 데 크게 기여했다. 또한, 국가독점자본주의를 케인스주의적 국가독점자본주의와 신자유주의적 국가독점자본주의로 구별함으로써, 국가가 독점자본의 이익을 수호하기 위해 개입한다는 점에서는 케인스주의나 신자유주의가 서로 다르지 않다는 점을 명확하게 했다. 그러나 여전히 자본주의의 발전 단계 이론과 일반 이론 사이의 관계는 분명하지 않으며, 국가독점자본주의가 새로운 사회로 이행하는 최종 단계인지도 분명하지가 않다. 이런 문제들은 앞으로 모두가 함께 연구하고 토론해야 할 과제라고 생각한다.

'세계대공황'과 마르크스주의 위기론

김성구(한신대 국제경제학과)

※ 출처: 김성구, 〈'세계대공황'과 마르크스주의 위기론〉, [마르크스주의 연구] 제23호, 2011.

김수행 교수의 새 책(김수행, 2011)[131]은 일반 대중적 저서지만, 이번 금융 위기에 대한 체계적 이해를 도모하도록 마르크스의 공황론과 현실 공황의 역사 분석에 기초하고 있어 저자의 이론적 관점 또한 잘 드러나 있다. 그러나 공황론 영역은 마르크스주의 이론의 어떤 주제보다도 논쟁적인 부분이어서 비전공자인 일반 독자는 물론 전공자까지도 그 이론적 차이를 올바로 이해하며 독해하기는 쉽지 않다. 나아가 현대 자본주의의 위기 분석은 마르크스의 공황론을 넘어가는 이론적 발전을 요구하는 것이어서 논쟁의 착종이 가중된다 할 것이다. 특히 저자의 공황론은 이윤율의 경향적 저하 법칙에 근거한 이윤율 저하설에 입각해 있고, 나는 이윤율의 경향적 저하 법칙은 자본주의의 주기적 순환이 아니라 장기적 변동을 규제하는 법칙이라는 관점하에 생산과 소비의 적대적 발전에 근거한 과잉 생산 공황론을 대변하고 있다. 따라서 이 글이 공황론의 입장 차이로 읽힐 수도 있어 조심스럽지만, 그래도 이 차이를 밝혀두는 게 이하의 글을 이해하는 데 도움이 될 것이다.[132]

이 책은 모두 7개 장으로 구성되어 있지만, 주제로 보면 크게 네 부분으로 구성된다. 즉 자본주의 공황의 원리적 설명, 20세기 두 번의 '세계대공황', 이번 금융 위기 분석 그리고 새로운 사회의 전망. 신간으로서 이 책의 새로운 것은 단연 이번 금융 위기를 '세계대공황'

131　《세계대공황: 자본주의의 종말과 새로운 사회의 사이》(돌베개, 2011). 이하의 인용은 특별한 언급이 없는 한 이 책의 쪽수를 가리킨다.

132　이와 관련해서는 과잉 생산 공황론의 관점에서 마르크스의 공황론의 방법과 마르크스주의 공황논쟁을 비판적으로 검토한 김성구(2008)를 참조하기 바란다.

으로 명명하여 분석한 세 번째 주제라 할 것이다. 주지하다시피 저자
는 마르크스(주의) 공황론과 관련하여 이미 여러 책을 내었기 때문에
첫 번째나 두 번째 주제는 기본적으로 그 연장선에 있다. 이 책에서
금융 위기에 대한 분석은 분량으로도 100쪽을 넘고, 신자유주의 금
융 위기의 전개와 구조, 금융적 가치증식의 모순, MBS(모기지 담보 증
권), ABS(자산 담보 증권), CDO(채무 담보 증권), CDS(채권 파산 보험) 등
각종 구조화 채권과 파생 금융 상품의 연관 관계, 미국 정부의 위기
대응책 등에 관해 대중적인 평이한 언어로 뛰어나게 서술되어 있다.
그래서 이것만으로도 이 책은 이 주제와 관련한 어떤 다른 책보다도
읽어볼 가치가 있다고 생각한다. 반면 새로운 사회의 전망과 관련해
서는 스케치 정도의 내용밖에 갖추고 있지 않다. 이하 필자의 관점
(주기적 과잉 생산 공황론과 구조 위기론 그리고 국가독점자본주의론)에서 이
책의 이론적 문제들을 몇 가지 제기해서 독자들에게 비판적 시각을
제공하고, 그럼으로써 이 책에 대한 이해도를 높이고 나아가 현대 자
본주의의 위기 분석을 위한 이론적 방향도 제시하고자 한다.

1. 공황과 세계대공황: 개념과 용어 사용법의 문제

개념 문제는 언제나 기본적이고 중요하다. 과학적인 마르크스주
의 공황론에서는 더욱 그러하다. 여기서는 두 개의 개념, 공황과 세
계대공황의 문제다. 특별한 문제 없이 사용되던 이 개념들에 김수
행 교수의 문제 제기가 있다. 저자는 이 책에서 이번 금융 위기를 '세
계대공황'이라는 개념으로 포착하고, 또 공황이란 개념 자체도 수정

하고자 한다. 먼저 공황 개념을 어떻게 수정하는가를 보도록 한다. 마르크스의 경기 순환 국면은 대체로 공황-침체-회복-번영-활황(붐)-공황으로 구성된다(32-33). 이에 반해 저자는 관리 통화제와 국가 개입(재정·금융 확장 정책)에 의해 기업과 은행의 대규모 파산을 저지할 수 있게 되었다는 점에 근거하여 마르크스의 공황 국면을 위기 국면과 공황 국면으로 분리한다. "따라서 경제는 활황 국면 이후에 곧바로 공황 국면으로 빠지는 것이 아니라 '위기' 국면에 머무를 수 있습니다. 이 위기 국면은 경제가 다시 회복 국면으로 나아갈 것인가 아니면 공황 국면으로 빠지게 될 것인가의 기로에 서 있는 국면입니다."(38-39). "1945년 이래 선진국의 경제가 대체로 공황에 빠지지 않고 위기 국면에서 회복 국면으로 나아갈 수 있었던 것은 그 당시의 문제점들이 정부의 확장적인 재정·금융 정책으로 해소될 수 있었기 때문입니다. 그러나 정부가 위기 국면에서 재정·금융 확장 정책을 실시하더라도 경제 활동이 회복 국면으로 나아가지 못하고 공황 국면에 빠질 수도 있고,…" "그러므로 저는 마르크스의 공황 국면을 위기 국면과 공황 국면으로 분리하는 것이 1945년 이후의 경제 현실에 더욱 적합하다고 생각합니다."(39). 그래서 저자는 이번 세계 대공황도 2007년 8월부터 2008년 9월(리먼 브러더스의 파산)까지를 위기 국면, 그 이후를 공황 국면으로 본다고 한다.

그러면 저자의 경기 순환 국면은 (공황)-(침체)-회복-번영-활황-위기-(공황)이 되고(괄호 안의 국면은 이제 있을 수도 있고 없을 수도 있는 국면이다), 개념적으로 마르크스의 Krise(crisis)는 위기, Krach(crash)와 Panik(panic)은 공황으로 수정, 번역된다. 이는 단순한 개념 변경의

금융 위기 이후의 자본주의

문제를 넘어 산업 순환의 국면 구성을 수정하는 것이고, 또 Krise와 Krach를 모두 공황으로 번역했던 기존의《자본론》번역 전체를 다시 손봐야 하는 커다란 문제를 제기한다. 여기서 저자는 국가의 경제 개입에 의한 공황의 형태 변화와 관련하여 공황 개념을 수정하는 듯한 모습을 보이지만, 실은 이전 저서에서도 이 개념을 이미 수정했고(그에 따라《자본론》에서 원래 공황으로 번역했던 crisis를 문맥에 따라 위기 또는 공황으로 달리 번역하고자 했다), 더구나 그것은 국가 개입 문제와 아무 관련이 없었다(김수행, 2006, 12). 다시 말해 여기서의 문제는 마르크스의 공황 개념을 위기와 공황으로 나눌 수 있는가, 어느 것이 마르크스에 비추어 올바른 것인가 하는 단순한 문제로 귀결된다.

저자는 이전의 저서(김수행, 2006, 12)에서 이 문제를 검토하기 위해 여러 문장을《자본론》으로부터 인용하고 있지만, 내 생각으로는 별로 그럴 필요가 없다. 대부분의 마르크스주의자가 받아들이는, 산업 순환상의 공황의 위치에 관한 명제 하나만 인용해도 충분하다. 마르크스에 따르면 "순환은 항상 일반적 공황allgemeine Krise에서 그 정점에 도달하는데, 일반적 공황은 하나의 순환의 종점일 뿐 아니라 다른 하나의 순환의 출발점이기도 하다"(《자본론》I(하), 864)는 것이다. 마르크스는 Krise(위기)를 산업 순환의 종점이자 출발점이라고 규정하여 Krise 후의 Krach(공황)이라는 또 다른 종결 국면을 상정하지 않는다. 다시 말해 Krise와 Krach는 상이한 국면이 아니라 동일한 국면을 나타낸다. Krise는 우리말로 번역하면 위기이지만, 산업 순환상의 주기적 위기는 통상 신용 경색과 은행 위기 그리고 주식 시장의 폭락 등 금융 부문의 위기와 결합하여 패닉처럼 전개되기 때문에,

Krise를 대체로 공황으로 번역한다. 물론 공황이라는 용어가 일본어 번역이라는 비판도 있을 수 있지만, 마르크스도 Krise를 종종 Krach, Panik으로 표현하기 때문에 이런 용어 사용법은 문제가 되지 않는다. 또한, 국가 개입에 의해 공황의 형태 변화가 일어났다 하더라도 이것이 Krise의 용어 사용법(위기 또는 같은 말이지만 공황)을 변경할 이유는 되지 않는다. 국가 개입에 의해 나타나는 변화된 현상은 Krise의 완화일 뿐이고 Krise를 지양하는 것은 아니기 때문이다.

두 번째 개념 문제는 이른바 세계대공황이다. 김수행 교수는 세계대공황을 산업 순환상의 한 국면(공황)이라고 하면서도 그것은 여느 공황과 달리 자본주의 축적 양식의 변화를 가져오는 특별한 공황 국면이라고 규정한다. "그러나 역사적으로 발생한 '세계대공황'은 구체적으로 이전의 자본 축적 양식(이윤 획득을 위한 경제 제도와 이윤 획득 방식)과 계급 관계(노동자와 자본가 사이의 관계, 그리고 상공업 자본가와 금융 자본가 사이의 관계) 및 국민국가들 사이의 국제 관계를 파괴하면서, 새로운 자본 축적 양식과 계급 관계 및 국제 관계를 만들어냈습니다. 이러한 변화를 만들어 내지 못하는 한 세계 자본주의는 회복과 번영으로 나아가는 정치적 · 사회적 · 경제적 기반을 얻지 못하게 되어, 세계대공황은 오랫동안 계속될 수밖에 없는 것입니다. 따라서 우리가 말하는 구체적인 세계대공황은 반복하는 경제 순환상의 수많은 공황 국면을 가리키는 것이 아니라, 자본주의적 축적 양식의 변화를 포함하는, 특별하고 드물며 구체적인 공황 국면입니다. 바로 그렇기 때문에 이 책은 20세기 이후의 세계대공황을 세 시기-1930-1938년, 1974-1982년, 그리고 2008-현재-로 국한하고 있습니다."(40).

금융 위기 이후의 자본주의

그런데 저자가 규정하고 있는 세계대공황의 시기를 보면, 이는 단순히 주기적 순환상의 공황 국면을 나타내는 게 아니라 하나의 산업 순환을 포함하는 시기임을 알 수 있다. 즉 1930-1938년과 1974-1982년은 각각 하나의 순환, 즉 그 안에는 공황 국면만이 아니라 회복과 번영 국면도 포함하는 하나의 순환을 나타낸다. 이는 그림 [1-2](21)의 미국의 실질 GDP 성장률의 변동에서도 확인할 수 있는 객관적인 사실이다. 그래서 세계대공황을 경기 순환상의 하나의 국면인 공황이지만 축적 양식의 변화를 가져오는 특별한 공황이라는 저자의 정의는 잘못된 것이라고 생각한다. 두 번의 세계대공황 각각의 8년은 공황 국면이 지속되는 산업 순환상의 한 국면이 아니기 때문이다. 이런 잘못은 주기적 공황과 구조 위기에 대한 저자의 혼란 때문일 것이다. 아마도 저자는 세계대공황이라는 개념으로써 주기적 공황이 아니라 자본주의의 구조 변화를 가져오는 구조 위기 또는 장기 불황을 말하고자 한 것으로 보인다.[133] 실로 저자는 2006년의 저서에서는 마르크스주의자들의 일반적인 용어 사용법을 언급하면서 구조 위기라는 개념을 사용했다. 거기서 저자는 위기Krise의 차원과 관련하여 이렇게 말했다. "iii)은[역사적 위기 또는 구조 위기는] 자본주의 체제의 단계적 변형(transformation)이나 붕괴와 관련되는 위기를 의미한다."(김수행, 2006, 3). 그렇다면 세계대공황이라는 개념 대신 구조 위기 개념을 사용하여 다음처럼 규정하는 게 올바른 게 아니었나 하는 생각이다. 즉 1929-33년의 세계대공황은 20세기 첫 번째

---

133 구조 위기 또는 장기 불황은 여러 이론 경향의 논자들에 따라 조절 위기, 장기 위기, 초순환적 위기, 대위기, 대불황 등으로 다양하게 불린다.

구조 위기(1930-38년)를 인도하는 주기적 공황이었고, 1974-75년 세계공황과 1980-82년 세계공황은 20세기 두 번째 구조 위기(1974-82년) 아래 전개된 주기적 공황이라고 말이다.

세계대공황 개념과 관련한 또 하나의 문제는, 김수행 교수가 이 개념을 자본주의 축적 양식의 변화와 연관하여 이해하면서 이번 금융 위기를 세계대공황으로 규정하고 있다는 점이다. 다시 말해 2007-2009년 금융 위기는 기존의 신자유주의 축적 양식의 변화를 초래하는 구조적 위기의 성격을 갖는다는 것이며, 신자유주의 축적 양식이 지속되는 한 현재의 세계대공황은 지속된다는 것이다. 그러나 현재의 금융 위기가 과연 신자유주의 축적 체제의 변화를 가져올 것인가에 대해서는 상당히 논란이 많다고 생각한다. 이 문제는 위기 이후의 전망에 관한 제5절에서 다시 거론하겠지만, 저자 자신의 말을 빌린다 하더라도 이번 금융 위기가 과연 그러한 의미에서 세계대공황인지 여하는 아직 확인하기 어렵다고 생각한다. "그러나 지금 당장 공황이 발생했을 때 이것이 구조적 공황인지 순환적 공황인지는 알 수 없다. 공황을 극복하는 과정에서 이전의 제도들로서는 도저히 공황을 극복할 수 없어 새로운 제도들을 도입하게 되는 것을 보면서 우리는 그것이 구조적 공황인 것을 알아차리게 된다."(김수행, 2006, 9). 이번 위기의 심대함에도 불구하고 우리는 아직 신자유주의를 대체하는 새로운 제도들을 보지 못하고 있고, 따라서 이 위기가 (주기적 공황임에는 분명하지만) 과연 또 한 번의 구조 위기인지(저자의 용어법에 따르면 또 한 번의 세계대공황인지) 아직 알 수가 없다.

2. 주기적 공황과 구조 위기

김수행 교수의 공황론은 주지하다시피 이윤율의 경향적 저하 법칙에 대한 파인과 해리스(Fine&Harris, 1979)의 독특한 해석에 입각해 있다. 즉, 마르크스의 이윤율의 경향적 저하 법칙은 이론적이든, 경험적이든 이윤율의 경향적 저하를 논증하는 것이 아니라, '이윤율의 저하 경향과 상승 경향(상쇄력)'의 법칙으로 해석해야 한다는 것이다. 이윤율의 저하 경향과 상승 경향은 자본 축적 과정으로부터 비롯되는 두 개의 독립적인 경향이고, 따라서 이윤율의 장기적 경향이 어떤 방향으로 나타나는지 이론적으로도, 실증적으로도 확정할 수 없다는 것이다. 나아가 이윤율의 현실적 운동은 두 경향의 모순적 통일로서 파악해야 하고 이로부터 비로소 공황론을 전개할 수 있다고 한다. 말하자면 두 경향의 통일로서 이윤율이 현실적으로 저하한다면, 그때 공황이 발생한다는 것이다. 이런 해석은 내 생각으로는 추상 수준이 서로 다른, 평균 이윤율의 장기적, 경향적 운동과 시장 이윤율의 순환적, 주기적 운동을 구별하지 않고, 현실 경쟁론의 매개 없이 이윤율 개념을 절충한 것으로 보인다. 이런 해석으로써는 자본주의의 장기적, 경향적 운동과 주기적, 순환적 운동을 차별해서 인식할 수 없고, 따라서 자본주의 장기 위기의 원인도, 주기적 위기의 원인도 구별할 수 없다.[134]

주기적 공황과 구조 위기 그리고 그 연관에 대한 이해는 지금도

---

[134]   파인과 해리스의 이윤율 저하설에 대한 비판은 김성구(2007) 참조.

부록 – '세계대공황'과 마르크스주의 위기론

많은 마르크스주의 연구자들에 있어서 혼란스런 상태다. 주기적 공황과 구조 위기를 마르크스에 근거해서 어떻게 설명해야 하는지, 주기적 공황의 원인과 구조 위기의 원인은 무엇인지, 양자가 어떻게 다른지 등등에 대해 체계적인 설명을 주는 문헌도 찾기 힘들다. 더군다나 주기적 공황의 원인을 둘러싼 마르크스주의자들 간의 견해 차이도 해결되지 못한 채 구조 위기에 관한 논쟁까지 중첩되면서 혼란은 해결 불능이라는 느낌마저 들게 한다. 나로서는 이미 다른 글에서 이 문제를 나름대로 정리한 바 있어 여기서는 일단 그것을 참조하기를 바란다.[135] 후에 보는 바처럼 세계대공황의 분석에서 다시 이 문제의

---

135   그 정리를 여기에 옮겨놓는다. "① 주기적 공황은 10년 주기의 산업 순환의 일 국면으로서 마이너스 성장을 동반하는 축소 재생산 국면인 반면, 구조 위기는 2-3개의 특별히 심각한 산업 순환이 진행하는 국면 즉 장기 성장의 둔화 또는 정체 국면으로서 [이 20여 년의 기간 평균으로는] 여전히 확대 재생산이 이루어진다. ② 주기적 공황은 산업 순환의 규정적 국면으로서 또 다른 산업 순환을 인도하는 반면, 구조 위기는 자본주의의 조절 위기로서 자본주의의 구조 재편을 요구하며 자본주의의 새로운 단계 또는 국면을 인도한다. ③ 주기적 공황은 생산과 소비의 적대적 발전(과잉 생산) 또는 같은 내용이지만 자본의 과잉 투자 또는 과잉 축적으로 인해 주기적으로 발생하는 과잉 생산 공황인 반면, 구조적 위기는 이윤율의 경향적 저하, 즉 장기적인 과잉 축적으로 인해 발생하며 주기성을 확인할 수 없다.[자본주의의 단계 변화에 따라 구조 위기의 원인은 중첩된다. 이윤율의 경향적 저하 외에도 독점자본주의에서는 만성적 정체 경향이, 국가독점자본주의 하에서는 이 두 개의 원인에 국가 독점적 개입의 모순도 중첩된다.] ④ 구조 위기는 주기적 과잉 생산 공황의 반복 속에서 모순이 심화된 결과로 발생한다. 자본주의의 주어진 구조 조건하에서 주기적 공황을 통해서는 더 이상 자본 축적의 모순이 해결될 수 없는 상황에 이르면, 자본주의의 구조 개편을 요구하는 구조 위기가 발생한다. 이는 공황 순환의 반복을 통해 자본 축적이 고도로 진전된 결과 이윤율의 경향적 저하가 작동된 것[그리고 독점자본주의의 만성적 정체 경향과 국가독점자본주의의 개입 모순이 표출된 것]을 표현한다. ⑤ 산업 순환은 시장 가격 이윤율의 변동에 대응하고, 자본주의의 장기 변동은 일반적 이윤율의 변동에 대응한다. 따라서 주기적 공황은 과잉 생산과 시장 가격 이윤율의 급락에서 기인하며, 구조 위

의미를 검토할 것이다.

한편, 김수행 교수의 공황론은 그 밖에도 다음 두 개의 중요한 문제에서 한계를 드러낸다고 생각한다. 즉, 이 이론에 따르면 한편에서 평균 이윤율은 장기적으로 하락할 수도 있고 상승할 수도 있어 자본주의 체제의 위기와 붕괴의 필연성을 말할 수 없게 되고(평균 이윤율이 계속 상승할 수도 있다면 자본주의는 위기와 붕괴로 가지 않을 것이다), 다른 한편에서는 주기적 공황 또한 발생할 수도 있고 아닐 수도 있어 공황의 필연성도 말할 수 없게 된다. 주기적 공황은 공황-침체-회복-활황-공황이라는 산업 순환의 형태 속에서 주기적으로 반복되기 때문에, 이윤율은 두 개의 경향에 의해 하락할 수도 상승할 수도 있다고 말할 게 아니라 이윤율은 '법칙적으로' '주기적으로' 하락한다는 것을 이론적으로 논증해야 한다. 김수행 교수는 주기적 공황은

기는 실현 문제를 추상한, 즉 추상적으로 가치 실현을 전제한 일반적 이윤율의 저하에서 비롯된다.[이와 함께 독점자본주의와 국가독점자본주의에서는 또한 초순환적 실현의 문제가 제기된다.] ⑥ 시장 가격 이윤율을 결정하는 것은 경기 순환에 따른 수급 변화와 시장 가격 변동이고, 일반적 이윤율을 결정하는 것은 가치 관계에서 파악한 자본의 유기적 구성과 잉여가치율이다. ⑦ 일반적 이윤율은 시장 이윤율의 변동 속에서 경향적으로 관철된다. 다시 말해 가치 관계, 가치 법칙은 시장 가격의 일상적, 순환적 변동 속에서 경향적으로 관철된다. ⑧ 따라서 자본주의는 주기적으로 실현의 곤란으로 공황을 맞게 되지만, 공황 자체를 통해 이 모순을 해결하고 장기적으로는 실현 문제 없이 발전하며, 장기 성장의 모순과 한계는 이윤율의 경향적 저하 법칙에서 표현되고 구조 위기로 표출된다.[마찬가지로 독점자본주의와 국가독점자본주의에서는 이와 함께 또한 초순환적 실현의 문제가 제기된다.]" 김성구(2011a, 20-21). 인용 중 대괄호는 여기서 보충한 내용이다. 이로부터 현대 자본주의의 구조 위기는 이윤율의 경향적 저하 법칙, 독점자본주의의 정체 경향 그리고 국가독점자본주의의 모순이라는 3개의 중층적 차원에서 파악해야 한다는 것을 알 수 있다. 이는 자본주의 일반 이론, 독점자본주의론, 국가독점자본주의론이라는 3층 구조의 현대 자본주의 이론 체계에 입각한 것이다.

단지 이윤율의 현실적 저하만이 아니라 자본 축적과 이윤율의 경향적 저하 법칙에 내재하는 여러 모순, 즉 '실업자의 발생과 시장의 축소', '기술 혁신의 촉진과 기존 생산 설비의 무용지물화', '자본의 대규모화와 그에 따른 새 독립 자본의 형성 불가능' 등에 의해서도 발생한다고 한다.(93). 이렇게 공황의 발생 가능성을 넓힌다 하더라도 공황론의 쟁점은 이와 같은 공황의 여러 발생가능성을 주기적 필연성으로 가져가는 계기가 무엇인가를 규명하는 것이다. 주기적 공황이 법칙적이기 때문에, 이론적으로 그 원인은 그때그때 이런저런 가능성으로 설명할 수 없다. 이런 입장을 따르면 결국 공황은 이런 경우에는 이런 요인에 의해서, 저런 경우에는 저런 요인에 의해서도 일어날 수 있다는 절충론에 빠지게 된다.[136] 이윤율 저하설의 관점에서 보면 주장할 수 없는 상품의 과잉 생산과 판매 불능을 비롯하여 책의 곳곳에서 공황의 원인을 그때그때 서로 다른 요인으로 설명하는 것은 아마도 이 때문으로 보인다.

3. 두 번의 '세계대공황'과 그 원인들

공황론의 이러한 혼란은 한편에서 이른바 세계대공황의 설명에서도 나타나 있다. 그러나 다른 한편 세계대공황의 설명은 자본주의

---

136   실로 저자는 앞의 이론적 성격의 저서에서 이윤율의 경향적 저하 법칙을 상세하게 검토한 후 이런 방식의 절충론을 공황론의 결론으로 끌어냈다. "그러나 다수의 모순적인 경향들이 TRPF 법칙[이윤율의 경향적 저하 법칙]에 내포되어 있기 때문에 어떤 특수한 모순적 경향 하나를 공황의 원인이라고 지적할 수는 없다." 김수행(2006, 282).

공황의 원리론만으로는 다 설명할 수 없는, 자본주의 발전의 단계 변화와 관련된 모순과 위기를 포괄하지 않으면 안 된다. 김수행 교수에 있어서는 바로 이 현대 자본주의론이 비어 있어 세계대공황의 분석에 근본적인 제약이 따를 수밖에 없다. 먼저 김수행 교수가 세계대공황의 원인을 무엇으로 설명하는지 보도록 한다. 저자에 따르면, 1930-38년 세계대공황의 원인은 1920년대 경제발전의 특수성에서 찾을 수 있는데, 그것은 첫째, 경제성장 동력으로서 내구소비재, 둘째, 자본 절약적 혁신과 노동 생산성 증대, 그리고 셋째, 국민 소득 중 임금 몫의 감소와 이윤 몫의 증가에 있다고 한다.(106-107). 그러나 이윤율의 경향적 저하 법칙에서 후자의 두 개 요인은 이윤율 저하를 상쇄하는 요인들이어서, 이는 대공황의 원인이라기보다는 오히려 투자를 활성화하고 자본 축적을 촉진하는 요인이라 할 것이다. 따라서 이윤율 저하설에 따르면, 이들 요인은 1930년대 세계대공황을 설명하는 원인이 될 수 없다. 그럼에도 저자는 현실 공황의 설명에서 부딪히는 이 이론의 모순을 거론하는 것 없이 여기서는 오히려 임금 몫의 감소에 따른 생산과 소비의 모순으로 대공황을 설명하고 있는 것이다.[137] 저자의 공황론 체계에서 이런 모순적인 설명이 가능한 것

---

[137] 이 시기 이윤율의 경향적 저하 법칙이 관철되지 않고 이윤율이 정말 상승했는가는 실증의 문제가 될 수밖에 없다. 그러나 실증 분석에 몰두하는 논자들에게는 미안한 말이지만, 이윤율의 운동에 관한 어떤 논자의 실증 분석도 신뢰하기가 어렵다. 이윤에 관한 자료는 영업의 최고 비밀 사항이고, 탈세와 분식회계가 일반화되어 있기 때문이다. 또한, 실증 분석은 이론이 아니고 또 이론을 대체할 수 있는 것도 아니다. 뒤메닐·레비 또한 이론을 분석 모형과 실증 분석으로 대체하는 논자들 중의 하나다. 이들에게 이론이란 분석 모형을 구성하고 실증 분석의 결과를 해석하는 것일 뿐이다. 그뿐만 아니라 뒤메닐·레비

은 앞서 말한 바처럼 이 이론의 절충론적 성격 때문이다. 그렇다 하더라도 여전히 문제는 남는다. 1920년대 자본주의 발전에서 한편으로 이윤율 저하를 강력하게 상쇄하는 경향이 작용하고, 다른 한편으로 생산과 소비의 모순이 심화된다면, 그 순 효과가 자본 축적에 어떤 결과를 가져올까? 저자는 후자의 효과가 전자의 효과보다 강력했다는 점(그래서 세계대공황이 발생했다는 것)을 어떤 방식으로도 언급하거나 논증하지 않는다.

가 실증 분석을 위해 정의하는 이윤율은 마르크스의 이윤율[=잉여가치/(불변자본+가변 자본)]과는 다른 개념이고, 다른 비율이다.[즉 이윤율=이윤/고정자본=(이윤/산출량)x(산출량/고정 자본)=이윤몫x자본 생산성((뒤메닐 · 레비, 2006, 43), (Duménil · Lévy, 1993, 29).] 이들만이 아니라 여러 논자들도 차용하는 이윤/고정 자본이란 비율은 아무 의미가 없는 '몰개념'이다. 뒤메닐 · 레비는 이 비율의 저하를 '마르크스 식의 궤적(trajectories à la Marx)'이라고 주장하지만 (뒤메닐 · 레비, 2006, 59), 그것과 마르크스의 궤적은 상이하다. 그럼에도 이들은 이 비율로 이윤율의 운동을 추적하면서 1930년대 이윤율은 상승 운동을 하고 있었다는 결과를 제시한 바 있다(Duménil · Lévy, 1993). 결국, 이들의 분석 결과를 따라가면, 대공황은 장기 성장 국면에서의 일시적 착란에 지나지 않은 것이기 때문에, 1930년대 구조 위기는 부정될 수밖에 없고, 따라서 일종의 에피소드 같은 대공황으로 인해 파시즘과 제2차 세계대전 그리고 뉴딜 같은 엄청난 변화가 일어났다는 게 된다.[뒤메닐 · 레비는 금융 투기와 국가적 규제의 제한 등을 거론하면서 이런 요인들로 인해 이윤율의 상승 경향에도 불구하고 자본주의가 대위기에 빠지게 되었다며 대공황을 구조 위기로 위치지운다 (Duménil · Lévy, 1993, 329ff). 하지만 이 시기 이윤율의 장기 상승이 지배하였다면 이런 요인들은 산업 순환상의 공황이나 일시적인 착란 이상의 효과를 가질 수 없었을 것이다.] 그러나 대공황은 결코 에피소드가 아니다. 이 시기 이윤율의 경향적 저하 법칙이 실제로(?) 관철하지 않았다면, 1930년대의 구조 위기는 독점자본주의하 만성적 정체 경향에서 비롯되었을 것이다. 생산과 소비의 모순, 실현의 모순은 주기적 공황의 주요 원인이지만, 구조 위기라는 차원에서 이 모순은 독점자본주의하 재생산의 만성적 위기라는 관점에서 포착해야 한다.

　　　　　　　　　　　　　　금융 위기 이후의 자본주의

다음으로, 저자는 1974-82년 세계대공황의 원인을, 첫째, 달러의 금 태환 폐기와 고정 환율제도의 붕괴로 상징되는 IMF의 위기, 둘째, 포드주의하 노동생산성 저하, 셋째, 투기와 인플레이션, 오일 쇼크, 스태그플레이션, 넷째, 오일 쇼크에 대응하는 선진국 정부의 산업 구조 재편 결여, 그리고 마지막으로 긴축 정책에서 찾는다(114-118). 이 요인들은 심지어 둘째 요인까지 포함해서 모두 저자가 공황의 원인으로 설명했던 이윤율의 경향적 저하 법칙과는 일단 관계가 없는 요인들이다. 그래서 저자의 공황론은 세계대공황의 설명에서 완전히 무력하게 되어버린 것처럼 보인다. 그렇게 된 이유는, 이 세계대공황의 분석이 자본주의 일반의 문제만이 아니라 국가독점자본주의라는 자본주의 발전의 특정한 단계와 관련된 문제이기 때문이다. 이는 한편에서 다시 한번 저자의 세계대공황이란 주기적 공황을 지칭하는 게 아니라 구조 위기를 나타낸다는 것(따라서 구조 위기의 원인을 주기적 공황의 이론으로 설명할 수 없다는 것)을 말하며, 다른 한편에서는 이 구조적 위기는 자본주의의 국가독점자본주의로의 발전과 그 모순에 기인한 것(따라서 자본주의 공황의 원리론으로 국가독점자본주의라는 현대 자본주의의 위기를 모두 설명할 수는 없다는 것)임을 말해준다. 즉 구조적 위기는 자본주의의 구조 개편과 단계적 이행과 관련된 것이며, 따라서 구조 위기를 이론적으로 분석하기 위해서는 자본주의 공황의 원리론만이 아니라 독점자본주의와 국가독점자본주의의 위기론을 전제하지 않으면 안 된다. 심지어 현대 자본주의에서는 국가 개입에 의해 산업 순환의 형태가 변형되기 때문에, 구조 위기뿐 아니라 주기적 공황을 분석할 때도 국가독점자본주의론의 매개가 반드시 필요하다.[138] 이 책에서는 세계대공황의 분석에 앞서 자본주의 구조 위기와 단계 변화를 현대 자본주의론의 매개를 통해 설명하고 있지 않기 때문에, 제4-6장(세계대공황의 분석)은 제1-3장(자본주의 공황의 원리론)으로부터 느닷없이 건너뛴다는 느낌을 지우기 어렵다.

김수행 교수는 책의 여러 곳에서 현대 자본주의하 독점의 지배를 주장하고 또 국가 개입을 분석하고 있다. 이를테면 다음과 같이 쓰고 있다. "그러나 재벌과 같은 독점적인 기업의 출현이나 정부의 개입에 의해, '자유 경쟁 시장'은 사실상 존재한 적이 없으며 이론적인 가설로 존재할 뿐입니다."(24). "실제로 자본주의에서 나타나는 독점은 일정한 산업 부문에서 소수의 거대한 자본가가 제한적으로 경쟁하는 형태입니다. 소수의 거대한 독점적 자본가들끼리는 가격의 설정, 시장의 지역적 분할, 판매 조건(할부 판매와 할인 판매 등)의 동일화 등에서 합의를 이루어 독점 이윤을 얻을 수 있습니다. 그러나 그들은 새로운 생산 방법을 도입하여 생산 비용을 인하함으로써 초과 이윤을 획득하는 일을 막을 수 없기 때문에, 위에서 말한 경쟁과 무계획성의 폐해는 그대로 남습니다. 더욱이 자본주의적 국가가 경제에 개입하더라도, 자본가들의 이윤 획득 욕심을 제거하지 못한다면 생산의 무정부성 또는 무계획성은 그대로 남아 있을 수밖에 없습니다."(66-67). "월가는 흔히 생각하는 것처럼 '자유 경쟁 체제'가 아니라 5개의 투자은행(규모 순서로 골드만 삭스 · 모건 스탠리 · 메릴린치 · 리

138　이와 관련해서는 林直道(2000)[하야시 나오미치(2011)]를 참조하라. 이를 통해 독자들은 과잉 생산 공황론과 국가독점자본주의론에 입각한 20세기 공황(1930년대 대공황을 비롯한) 분석의 일 면모를 엿볼 수 있을 것이다.

먼 브러더스 · 베어스턴스)에 의해 지배되고 있는 '금융과두제'였습니다."(153). 또한, 이전 책에서도 독점의 지배를 다음처럼 명백하게 말한다. "이[독점의] 지배력은 한편으로는 독점이 자기의 가치 증식을 위해 경제와 정치를 지배한다는 측면을 가지고, 다른 한편으로는 경제 전체를 모든 국민을 위해 계획화 · 조직화할 수 있는 조건을 만들어 낸다는 측면을 가지고 있다."(김수행, 2006, 100).

그럼에도 불구하고 저자는 언제(?)부터인지 독점자본주의론이나 국가독점자본주의론을 명시적으로 자신의 관점으로 제시하거나 그에 입각해 위기 분석을 행하지 않는 것으로 보인다. 그렇다고 다른 현대 자본주의론을 제시하는 것도 아니다. 오히려 '혼합경제 체제'(112)라는 부르주아적 또는 사민주의적 개념을 차용하거나, 심지어 자본주의 발전 단계 자체를 부정하는 발언조차 들리곤 한다.[139] 마르크스주의 이론에 입각하는 한, 독점과 국가 독점에 대한 분석은 독

---

139 저자는 자본주의의 발전 단계를 다음처럼 정리한 바 있다. 중상주의적 정부 개입 단계, 자유 경쟁적 자유 방임 단계, 독과점적 경쟁의 단계, 사회 정책적 정부 개입 단계, 그리고 신자유주의적 시장 만능 단계(김수행, 2006, 7). 또 "자본주의적 생산 양식이 단계별로 변형된다는 아이디어는 생산력과 생산관계의 충돌로부터 낡은 생산 양식의 몰락과 새로운 생산 양식의 탄생을 연구하는 마르크스의 유물사관에 의거해야 할 것"이라면서 개인 기업(의 단계), 주식회사와 독점 및 국가(의 단계), 그리고 생산 수단의 공유와 자본주의 생산 양식의 지양(단계)을 거론한다(김수행, 2006, 49). 동일한 하나의 책에서 언급한 두 개의 단계 구분은 외관상 비슷해 보여도 그 성격은 질적으로 상이하다고 생각한다. 후자가 마르크스에 입각한 단계 구분의 성격을 분명히 하고 있다면, 전자는 통속적이고 단계 이행의 이행론적 성격을 읽을 수 없다. 그런데 이 책이 출간된 같은 해(!) 서울대 민교협 토론회에서 놀랍게도 저자는 신식민지 국가독점자본주의론의 비판적 평가와 함께 자본주의 단계 구분 자체를 부정하는 입장을 제출했다고 한다.《시사저널》(인터넷판), 155호, 2006. 4. 24.

점자본주의론과 국가독점자본주의론 외에는 합당한 이론을 찾기 어렵다고 생각한다. 이 이론을 부정하고자 한다면, 둘 중의 하나를 선택해야 한다. 독점자본주의론과 국가독점자본주의론 외에 어떤 다른 이론으로 현대 자본주의의 독점과 국가 독점 현상을 분석하는가, 그 대안 이론의 정체를 보여야 한다. 또는 그렇지 않다면 독점과 국가 독점이란 객관적 현상을 부정하고 네오마르크스주의의 《자본론》 환원주의로 돌아가야 한다. 이번 금융 위기에서 보는 바와 같이 자본주의적 방식의 위기 극복책의 핵심에 독점적 금융 자본과 국가 개입이 있음에도 불구하고, 이른바 마르크스주의자들(주로 영미권의 마르크스주의자들)이 독점과 국가 독점을 분석할 이론을 거부 또는 회피하고 위기를 분석하고자 한다는 것은 정말로 납득하기 어려운 것이다.[140]

---

140   우리에게 과도하게 알려진 마르크스주의자 또는 좌파 이론가들, 예컨대 뒤메닐, 월러스틴I. M. Wallerstein · 아리기G. Arrighi, 브레너R. Brenner 등 이들 이론의 어디에도 독점과 국가 독점의 이론은 존재하지 않는다. 이것은 곧 이번 금융 위기를 비롯한 현대 자본주의 분석에 있어 이들 이론의 근본적 결함 또는 한계를 말해주는 것이다. 한편 [먼슬리 리뷰Monthly Review] 최근호에서 포스터 등(Foster · McChesney · Jonna, 2011)은 마르크스주의 경제학과 부르주아 경제학 내에서의 독점 이론의 연구 경향을 폭넓게 개관하면서, 1980년대 신자유주의 지배하 독점의 지배 구조가 심화되었음에도 불구하고 20세기 전반과 달리 두 개의 경제학 모두에서 독점을 부정하는 이론 경향이 강화되었음을 우려, 개탄하고 있다. 그러나 이 논문에는 이들이 스위지P. M. Sweezy와 바란P. A. Baran의 독점 이론 전통에서 독점 문제에 접근한다는 한계 외에도, 정작 독점(가격)과 독점자본주의를 현대 자본주의 분석의 가장 중요한 문제로 설정한 독일과 일본의 지금까지의 방대한 (국가)독점자본주의론 문헌에 대해서는 완전한 무지가 드러나 있다. 실로 현대 자본주의 분석에 있어 영미권 마르크스주의자들(또는 영어권 마르크스주의 문헌)의 '이론의 빈곤'을 실감 나게 한다.

4. 신자유주의와 금융 위기

마지막으로 2008년 이후의 세계대공황을 보도록 하자. 김수행 교수는 현재의 세계대공황을 1980년대 이후 신자유주의적 재편의 귀결로서 금융제도와 자본 축적 방식 그리고 계급들과 국가들 사이의 관계의 변화에서 찾는데, 그 분석에 이 책의 거의 절반에 육박하는 분량을 할애하고 있다. 이 세계대공황의 원인으로서 신자유주의, 이것 또한 자본주의 공황의 원리론으로 설명할 수 없는 구조적 성격의 위기다. 따라서 여기서도 저자는 제3장의 공황론과, 제5-6장의 신자유주의 금융 위기를 이론적으로 매개하지 못한다. 왜냐하면 양자 사이에는 자본주의의 단계적 발전과 국가독점자본주의론의 매개가 필요하기 때문이다. 그러나 앞서 말한 바처럼 여기에는 신자유주의에 의한 미국 금융 시장과 금융 제도의 변화, 그리고 투기와 금융적 가치 증식에 대한 분석으로부터, 이번 금융 위기의 진앙인 서브프라임 모기지론과 그에 입각한 MBS, CDO, CDS 등 각종 구조화 채권과 파생 금융 상품의 연관 구조에 관한 탁월한 설명, 그리고 금융 위기에 대한 미국 정부의 대응책과 그 성격에 관한 깔끔한 정리에 이르기까지 이 책의 백미라 할 내용이 담겨 있다. 다소 길지만 그 핵심만 옮겨 놓도록 한다.

"이번의 세계대공황을 야기한 범인은 금융 자본 · 금융 기업 · 금융 귀족이라고 말할 수 있습니다. 금융 자본은 주택 시장과 증권 시장에서 거품을 만들어 투기를 조장하고 이 투기가 세계 금융 시장과 증권 시장에 널리 퍼지게 만든 장본인입니다. 이 간단하고 손쉬운 투기적 거래를 통해 소득과 재산이 소수의 부자들에게 집중되었으며, 인민 대중은 금융 자본의 약탈적 대출에 의해 더욱 빈곤해진 것입니다. 금융 자본의 금융적 활동-대출을 행하고 증권을 매매하는 행위-은 사회 전체의 관점에서 볼 때, 새로운 부나 이윤을 '창조'하는 생산적인 활동은 아닙니다. 금융 기업은 기본적으로 타인의 주머니를 털어 수익을 올릴 뿐입니다. 물론 산업 자본에게 자금을 대출하거나 산업 자본이 새로 발행한 주식을 구매함으로써, 산업 자본이 생산 활동을 유지 · 확대할 수 있게 하여 간접적으로 새로운 재산과 이윤의 창조에 기여할 수는 있습니다. 그러나 비우량 모기지 대출 담보 증권에 대한 투기에 금융 기업뿐만 아니라 상공업 기업도 참가한 '돈 놓고 돈 먹기'의 거대한 노름판이 벌어진 상황에서는 모든 기업과 투자자가 남의 주머니를 털어 횡재할 기회만을 노렸습니다. 새로운 재산이나 이윤은 창조되지 않은 채 이미 있는 재산을 서로 자기의 주머니에 넣으려는 투쟁(즉 투기) 속에서 대규모의 화폐 자본이 투자되어 증권 가격은 폭등했지만, 이 화폐 자본의 수익률은 점점 더 낮아질 수밖에 없었고, 마침내 증권 가격은 폭락하고 노름꾼들은 투자 자금을 회수하지 못하게 된 것입니다. 이것이 이번 세계공황의 핵심입니다. 물론 구체적으로는 비우량 차입자가 실업과 임금 저하로 비우량 모기지 대출의 원리금을 상환하지 못한 것이 비우량 모기지 대출 담보 증권의 가격을 폭락시키면서 금융 피라미드를 붕괴시킨 가장 근본적인 기폭제였습니다.

그런데 이런 금융 자본 · 금융 기업 · 금융 엘리트가 공황을 거치면서 더욱 당당하게 부활한 것입니다. 금융 엘리트로부터 막대한 정치 자금을 받는 정치가들이 지배하는 의회와 정부는 금융 기업의 손실을 국민의 혈세로 메워 주었습니다. … 정부와 중앙은행이 출자, 국유화, 부실 증권·자산의 매입과 재할인, 특별 자금의 대출, 지급 보증 등으로 금융 기업을 지원한 금액이 22조 달러(미국의 2009년도 국내 총생산 14조 달러의 1.6배) 이상입니다. … 그러므로 금융 기업의 공적 소유와 민주적인 통제는 지금 당장 실시해야 할 긴급한 과제입니다."(236-239).

이상의 인용으로부터도 알 수 있는 것처럼, 김수행 교수는 국가독점자본주의론을 피해가고자 하면서도 결국은 금융과두제를 지원하기 위한 국가의 개입, 금융 자본과 국가의 유착, 위기 극복을 위한 자본주의적 사회화(손실의 사회화), 그리고 금융 자본의 사회화 요구 등 현실의 금융 위기 분석에서 국가독점자본주의론의 주요 명제들을 확인하고 있는 셈이다. 국가독점자본주의와 사회화의 문제를 회피하고 현대 자본주의의 위기를 논할 수는 없기 때문이다. 자본주의 정부가 실행하는 자본주의적 사회화(손실의 사회화)인가 아니면 금융 부실의 사적 손실 처리와 은행의 국유화에 입각한 진보적 사회화인가, 이 핵심 쟁점은 오로지 국가독점자본주의론의 관점에서만 이론적으로 올바로 접근할 수 있다. 신자유주의적 전환은 통상적으로 이해되는 것과 달리 시장으로부터 결코 국가를 축출할 수 없었다. 즉 신자유주의는 여전히 국가독점자본주의이며, 전환은 다만 케인스주의로부터 신자유주의로의 국가독점자본주의 변종의 변화를 의미할

부록 - '세계대공황'과 마르크스주의 위기론

뿐이다. 따라서 이번 신자유주의 금융 위기의 분석에서도 국가독점 자본주의론은 불가결하다는 것이다.

5. 위기 이후: 전망과 대안

위기 이후의 자본주의 전망은 위기 분석으로부터 나온다. 따라서 위기의 분석과 전망은 따로 갈 수가 없다. 김수행 교수는 이번 금융 위기를 세계대공황으로 규정함으로써 이후의 전망 또한 제출하였다. 저자의 정의에 따르면, 세계대공황은 자본주의 축적 양식의 변화를 가져오는 특별한 공황이고, 기존의 축적 양식을 새로운 것으로 대체하지 못하는 한 공황은 계속된다는 것이다. 그러나 자본주의 국가의 위기 극복 과정에서 신자유주의 축적 양식을 대체하는 어떤 새로운 변화도 우리는 보지 못하기 때문에, 결국 저자의 논리에 따르면 세계대공황은 앞으로도 계속될 것이다. 그러면 2007~2009년의 공황이 지금도 계속되는 것인가, 이런 질문이 제기될 수밖에 없다. 이 질문에 올바로 답하기 위해서는 앞서 말한 바처럼, 세계대공황에 관한 저자의 정의에 담긴 혼란을 정리할 필요가 있다. 저자처럼 세계대공황을 산업 순환상의 하나의 국면이라고 파악한다면, 세계대공황의 계속이란 산업 순환상의 공황 국면의 지속을 의미하는데, 현재의 경제 상태를 보더라도 이런 전망에는 동의하기 어렵다. 그보다는 아마도 저자가 말하는 세계대공황이란 구조 위기를 지칭하는 것이고, 이 구조 위기는 신자유주의의 귀결로 발생한 것이기 때문에, 이번 위기 극복 과정에서 자본주의 국가가 신자유주의의 재건을 도모하고 있는 한, 신자유주의 축적 양식의 계속된 온존과, 그에 따른 구조 위기, 이른바 세계대공황의 지속이 불가피하다는 의미라면, 이런 전망에는 전적으로 동의한다.

결국, 전망의 문제에서도 주기적 공황과 구조 위기의 구별과 그 연관을 이해하는 게 무엇보다 중요한 것이다. 이런 관점에서 정리한다면, 이번 2007-2009년의 경제 금융 위기는 한편에서 2001/2003년에 시작된 산업 순환의 파국적 종말(주기적 공황)과 다른 한편에서 신자유주의에 고유한 금융 위기가 중첩된 위기로 파악할 수 있다. 따라서 그 전망도 이중적인 측면을 갖는다. 먼저 주기적 공황으로서 이 위기는 이 위기를 정점(종점)으로 해서 또 하나의 새로운 산업 순환의 출발점을 이루었을 것이고, 대체로 2010년을 전후해 산업 순환상의 회복 국면으로 이행한 것으로 판단한다. 다시 말해 또 다른 활황을 동반할 새로운 산업 순환이 전개되고 있다는 말이다. 반면 국가 개입에 의한 손실의 사회적 전가와 금융 자본의 회생을 통해 신자유주의 축적 양식이 재건, 유지됨으로써 신자유주의에 고유한 금융 위기의 메커니즘은 앞으로도 계속 작동될 것이다. 따라서 신자유주의 금융 위기는 청산되지 못했고, 앞으로도 반복될 것이며, 막대한 국가 채무로 인해 다시 도래할 금융 위기에 대한 국가의 개입 공간도 크게 제약될 것이다. 또한, 이런 구조적 성격의 위기의 지속으로 인해 새로 시작된 산업 순환도 크게 영향을 받을 것이며, 이 순환에서의 회복과 번영도 상당 정도 불안정할 것으로 생각된다.[141]

---

[141] 자세한 내용은 김성구(2011b) 참조. 이와 달리 뒤메닐, 월러스틴, 브레너 등 적지 않은 마르크스주의자들이나 좌파 논객들은 이번 금융 위기에 대한 전망에

이 금융 위기의 직접적 원인은 신자유주의의 자유화 정책과 결합된 금융 자본의 팽창과 자립화 그리고 각종 파생 금융 상품의 혁신에 있었지만, 근본적 원인은 신자유주의하 지속되는 실물 부문의 이윤율 위기에 있었다. 실물 부문의 위기로 인해 화폐 자본은 실물 부문으로의 투자 대신 금융 부문에서의 기생적 수익을 추구했고, 그것이 역으로 실물 부문을 더욱 압박함으로써 궁극적으로 금융 부문의 가치 증식의 토대를 위협했던 것이다. 따라서 위기의 극복을 위해서는 금융 부문의 정비, 감독만이 아니라 궁극적으로는 과잉 자본의 문제와 이윤율의 위기를 반자본주의적 방식으로 해결하기 위한 사회화 프로그램의 도입이 절대적으로 요구된다. '금융 기업의 공적 소유와 민주적인 통제'(239)는 그 불가결한 첫걸음이 될 것이다.

서 신자유주의의 붕괴나, 심지어 자본주의의 붕괴를 전망한 바 있다. 이들의 전망은 시간이 지나갈수록 더욱 오류라는 게 드러날 것이다. 돌이켜 보면 '사멸하는 자본주의'라는 (국가)독점자본주의론의 이행 규정이 붕괴론 또는 종말론이라며 이 이론을 비판했던 논자들이 오히려 자본주의 붕괴론을 들고 나왔다. 그러나 이들의 예언자적 붕괴론, 종말론과 달리 사멸하는 자본주의란 이행론적 관점에서의 이 시대의 역사적 규정이다. 그것은 자본주의로부터 사회주의로의 이행에서 (국가)독점자본주의의 지위를 가리키는 과학적인 규정이다. 또한 국가독점자본주의론이 '사멸하는 자본주의' 규정과 전반적 위기론에 입각해서 마르크스의 공황론을 대체, 폐기했다는 통상적인 비판도 진실을 왜곡한 것이다. 전반적 위기론과 주기적 공황론은 마르크스주의 위기론의 두 개의 다른 차원인 것이지 폐기, 대체의 관계에 있지 않다. 오히려 이번 금융 위기의 주기적 공황의 측면을 간과해서 신자유주의하 새로운 순환상의 회복을 부정하고 자본주의 붕괴나 케인스주의의 복귀를 전망한 논자들은 대부분 국가독점자본주의론의 반대자들이었다. 이렇게 현실의 위기 분석에서 마르크스의 주기적 공황론을 폐기했다는 비판은 국가독점자본주의론이 아니라 그 반대자들에게 돌아가야 한다.

금융 위기 이후의 자본주의

'세계대공황'인가 '국가독점자본주의'의 위기인가?

김수행 · 김성구

※ 출처: 김수행 · 김성구, 〈세계대공황인가 국가독점자본주의의 위기인가?〉, [마르크스
주의 연구] 제24호, 2011.

머리말

이 글은 경상대학교 사회과학연구원이 주최한 국내학술대회('세계화와 자본주의 축적 체제 위기', 2011. 9. 1)에서 김수행과 김성구가 상호 토론한 내용을 공동 논문 형식으로 작성한 것이다.[142] 발제문은 각각 "'신자유주의적 국가독점자본주의'의 위기?"(김수행), "'세계대공황'과 마르크스주의 위기론"(김성구)이었고, 이 두 개 발제문은 〈마르크스주의연구〉 2011년 가을호에 특집 논문으로 실렸던 글이다. 김수행의 글은 김성구(2011a)에 대한 서평 방식의 논문이었고, 김성구의 글도 김수행(2011a)에 대한 동일한 방식의 논문이었다. 김수행(2011a)과 김성구(2011a), 두 저서는 모두 지난 2007-2009년의 위기 분석을 그 대상으로 하였으며, 마르크스주의 위기론에 입각하여 이 위기를 어떻게 분석하고 평가할 것인가가 문제의 핵심이었다. 그러나 마르크스주의 위기론에 입각하여 현실의 위기를 분석하는 데는 여러 가지 어려운 이론적 문제가 제기된다. 무엇보다 오늘날의 자본주의는 19세기 자본주의로부터 커다란 변화를 겪어왔는데, 마르크스의《자본론》은 이 변화를 설명하는 데 충분한 이론체계를 제공하는가, 또 마찬가지로 마르크스의 공황론은 현대 자본주의의 위기와 공황을 설명하는 데 충분한 것인가 하는 문제가 있다. 또한, 마르크스의 공황론은 100년이 넘는 오랜 논쟁의 역사에서 아직도 해결되지 못한 이론 영역인데, 어떠한 이론적 입장에 입각해서 현실의 위기를 분석

---

142 주지하다시피 위의 발제와 토론 내용은 경향신문(2011. 9. 6)과 한겨레(2011. 9. 7) 지면에 보도되었다.

하는가의 문제도 있다. 그뿐만 아니라 자본주의의 위기와 공황의 역사를 보면, 순환적으로 반복되는 7-10년 주기의 공황(소위기) 외에 자본주의 체제를 심각하게 위협해서 그 축적 체제의 변화를 가져오는 대위기 또는 구조 위기도 있는 바, 이런 성격이 다른 두 위기를 이론적으로 어떻게 분석할 것인가 하는 문제도 있다. 지난 2007-2009년의 위기는 이와 같은 이론적 문제에 어떤 관점을 갖는가에 따라 그 분석과 평가 그리고 전망이 달라질 수밖에 없다.

김수행은 기본적으로 현대 자본주의의 변모에도 불구하고 그 분석을 위해 여전히 《자본론》이 유효하고 충분하다고 주장한다. 독점과 국가독점의 현상 또한 《자본론》에 입각해서 그 분석을 발전시킬 수 있다는 것이다. 마르크스의 공황론과 관련해서 김수행은 파인과 해리스(Fine& Harris, 1979)를 따라 이윤율의 경향적 저하 법칙의 내적 모순들의 전개로부터 주기적 공황을 설명해야 한다고 주장하며, 이렇게 이윤율의 경향적 저하 법칙은 자본주의의 장기적, 경향적 위기 즉 대위기만이 아니라 주기적 공황도 설명하는 것이라고 한다. 이러한 관점에서 김수행은 '세계대공황'이란 개념으로 자본주의 역사에서 나타난 대위기, 즉 자본주의 축적 체제의 재편을 도모하지 않고서는 그 위기를 극복할 수 없다는 그런 특별한 공황을 포착하고, 지난 2007-2009년의 위기는 이런 성격의 위기와 공황이며, 1930년대 세계대공황, 1970년대 중반-80년대 초의 세계대공황과 함께 20세기 이래 세 번째의 세계대공황이라고 한다. 이러한 세계대공황이란 규정에 따라 김수행은 이 위기가 신자유주의하에서는 극복될 수 없을 것이며, 신자유주의는 심화되는 위기와 대중들의 저항 속에서 지속

될 수 없을 것이라고 전망한다.[143]

반면 김성구는 독점의 지배와 국가 독점의 개입으로 특징되는 현대 자본주의는《자본론》만으로 분석하기 어렵고,《자본론》에 입각하여 독점자본주의와 국가독점자본주의를 분석하기 위한 특수한 이론 즉 독점자본주의론과 국가독점자본주의론의 발전이 불가결하다고 한다. 또한, 이에 따라 마르크스의 공황론만으로 현대 자본주의의 위기와 공황을 모두 설명하기는 어렵고, 마르크스주의 위기론은 독점자본주의와 국가독점자본주의로의 발전 단계에 고유한 모순과 위기를 분석할 수 있도록 일층 발전되어야 한다고 주장한다. 이런 관점에서 김성구는 주기적 공황과 구조 위기를 구별하고 구조 위기를 자본주의의 재편과 단계 변화에 관련시키고자 한다. 김성구에 따르면, 주기적 공황은 자본주의 생산의 무정부성과 현실 경쟁에서 비롯되는 생산과 소비의 대립적 발전 및 과잉 생산 때문에 발생하며, 구조 위기 또는 장기 위기는 이윤율의 경향적 저하 법칙의 관철에서 비롯된다고 한다. 따라서 현대 자본주의의 구조 위기는 한편에서 이윤율의 경향적 저하 법칙, 다른 한편에서 독점 지배와 국가 개입의 모순에서 비롯된다는 것이다. 이러한 입론 위에서 김성구는 2007-2009년의 위기를 한편에서 주기적 공황과 다른 한편에서 신자유주의적 국가독점자본주의의 위기(금융 위기)가 중첩된 것으로 파악하고, 신자유주의적 국가독점자본주의는 위기 속에서도 지속될 것이며, 불안정하지만 경기 회복을 동반하는 새로운 산업 순환이 시작되었다고 전

---

143   김수행(2011b).

망한다.[144]

이처럼 현대 자본주의와 위기 분석에 관련된 이론적 문제에서 두 공저자의 입장과 관점은 날카롭게 대립하며, 이번 위기의 분석에서도 평가와 전망이 엇갈린다. 공황론을 전공하는 공저자 간에도 이러한 차이와 대립을 단순하게 상호 토론을 통해 해소하고 접근해 가기는 어려운 것이다. 이 차이와 대립은 마르크스의 정치경제학 비판의 방법과《자본론》의 추상 수준에 대한 상이한 이해 방식에 뿌리를 둔, 근본적인 것이기 때문이다.[145] 이 때문에 공저자 간의 토론도 쉽지 않은데, 일반 독자들에게는 더더욱 그럴 것이다. 앞의 학술대회에서는 이런 사정을 고려하여 발제문 외에 별도로 공동의 토론문을 제출하였는 바, 이를 통해 쟁점 문제에 대해 공저자 간의 토론을 보다 집중시키고 가능한 한 일반의 이해도를 보다 높이고자 도모했다. 이 글은 그 토론문을 토대로 수정, 보완한 것이다. 따라서 이 글은 통상의 공동 논문과 달리 공통의 관점에서 작성한 것이 아니라 반대로 그 관점과 이론의 차이를 보다 명확하게 드러내고자 한 것이다.

토론에서의 쟁점은 크게 네 가지로 압축되었다. 즉, 첫째는 현대 자본주의 분석에서 독점자본주의론과 국가독점자본주의론이 지니는 의의에 대해, 둘째는 이번 위기를 '신자유주의적 국가독점자본주의의 위기'라고 평가하는 것에 대해, 또 위기 이후의 전망에 대해, 셋째는 주기적 공황과 구조 위기를 분석하는 데 있어 이윤율의 경향적

---

144 김성구(2011b).

145 이에 대해서는 김수행(2008), 김성구(2008) 참조.

저하 법칙의 의미에 대해, 그리고 마지막으로 넷째 '세계대공황'의 개념과 위기·공황의 개념에 대해 집중적으로 토론되었다. 이하 그 내용을 살펴볼 것인데, 각 쟁점에 대해 두 공저자의 문제의식과 견해를 논쟁적인 방식으로 대비하여 서술하고자 한다.

쟁점1. 자본주의를 독점자본주의, 국가독점자본주의 등으로 구분하는 것이 가지는 이론적·실천적 중요성은 무엇인가?

김수행 이렇게 '단계 구분'하는 것이 자본주의의 일반적 특성-자본이 노동을 착취하는 계급관계-을 배후로 밀어내는 경향을 낳는다고 생각한다. 독점과 국가에 대한 비독점적 세력의 투쟁 등이 강조되면서 '노동자계급에 의한 밑으로부터의 자본주의 타도'라는 본질적인 사상이 점점 더 약화하고 있는 것 같다. 그러므로 독점, 국가 등을 자본주의의 일반 이론에 흡수하는 노력이 필요하다.

김성구 자본주의를 단계 구분하는 이유는 자본주의의 역사에서의 변화를 분석하고 그것의 성격을 포착하기 위한 것이다. 19세기 자본주의와 달리 20세기 자본주의는 독점의 지배와 국가의 경제 개입으로 특징지어진다. 문제는 이러한 새로운 현상들을 《자본론》만으로는 분석할 수 없으므로, 독점자본주의론과 국가독점자본주의론이라는 특수한 이론의 발전이 요구되는 것이다. 정치경제학 비판 체계의 상향 논리를 따라 어떻게 《자본론》을 구체화, 풍부화한다 하더라도 독점과 독점자본주의 국가의 경제 활동을 분석하기 위한 범주에 다다를 수 없다. 왜냐하면, 이 두 범주는 자본주의 일반의 범주가 아니라 이를 수정하는 것이기 때문이다.《자본론》에서 독점은 자본 축적의 역사적 경향으로서 위치지어지고,《자본론》으로부터의 상향의 논리 아래에서 독점 범주가 전개되는 건 아니다.[146] 따라서 레닌의《제국주의론》은 정치경제학 비판 체계의 후반 3부(국가, 외국 무역, 세계 시장)의 과제를 해명한 것이 아니고, 전반 3부와 후반 3부 전 체계의 (국가)독점적 수정으로서 이론적으로 일층 전개되어야 할, 불완전한 저작이라고 생각한다.

또한 (국가)독점자본주의론은 자본주의 발전에서 독점과 국가 독점이라는 현상을 이행론의 관점에서, 즉 사멸하는 자본주의의 핵심 범주로 파악한다.[147] 그뿐만 아니라 현대 국가독점자본주의론은 (구

---

[146] 미타 세키스케는《자본론》의 목적이 자본주의 생산 양식의 발생, 발전, 사멸의 법칙을 규명하는 것이어서《자본론》은 자본의 일반 이론일 뿐 아니라 동시에 발전 단계의 이론이기도 하다고 주장한다. 그에 따르면 독점이란 자본 일반의 특수한 전개 형태이고 독점에서 자본 일반이 관철된다는 것이다. 이는 독점을 자본 일반 범주의 논리적 전개로서, 일반-특수의 관계로서 설명한 것이며, 이런 점에서 독점의 형성과 발전의 이론적 토대도《자본론》에 주어져 있다. 見田石介(1965) 참조. 하지만 김수행(2011b)의 주장과는 달리 그렇다고 해서 독점 또는 국가독점에서의 특별한 운동 법칙 즉 자본 일반의 운동 법칙의 수정을 서술하는 독점자본주의론, 제국주의론, 그리고 국가독점자본주의론이라는 특수 이론의 발전이 부정되는 건 아니다. 미타의 단계론 비판은 무엇보다 원리론-단계론-현상 분석이란 방식으로 이론과 역사를 분리하고 역사의 이론적 분석을 부정한 우노 코죠宇野弘藏 학파에 대한 것이다. 見田石介(1966) 참조.

[147] 주식회사와 독점 그리고 국가 독점은 사적 소유와 시장 경쟁을 일정하게 지양한다는 점에서 사회적 소유와 계획 경제를 기반으로 하는 사회주의 사회로의 통과점 즉 이행의 요소라 할 수 있다. 그러나 그것들은 자본주의 질서 내에서의 자본 관계의 지양을 의미하며, 그 자체로는 아직 사회주의 요소는 아니다. 마르크스(2004a, 544 이하), Engels(1891, 221ff) 참조.

조)위기론-발전 단계론-이행론을 일관된 이론체계로 가져와서, 한편에서 자본주의의 생성과 발전 그리고 몰락이라는 역사 유물론에 입각한 분석을 제시할 뿐 아니라, 다른 한편에서 이 자본주의의 역사가 단순하게 단선적인 발전과 단선적인 몰락이라는 경로를 따르는 것이 아니라 발전기와 몰락기 각각에서 구조 위기와 장기 성장의 국면도 동반하는 것임을 보이고자 한다. 그리고 (국가)독점자본주의론은 반독점 투쟁으로 자본-임노동 관계의 지양을 부차화하는 것이 아니라 '독점 자본'의 지양, 독점 자본의 사회화를 통해 비로소 자본-임노동 관계의 지양, 자본주의 지양을 위한 현실적 토대가 주어진다고 상정하고 있다. 자본주의로부터 사회주의로의 이행은 정치경제적, 그리고 계급투쟁 조건 여하에 따라 자본주의의 모든 단계에서 이루어질 수 있겠지만, 독점과 사회화라는 이행의 현실적 토대가 주어지지 않은 전독점자본주의 단계에서 이행은 어려운 문제에 부딪힐 수밖에 없다. 그 단계에서는 사회주의 계획의 물질적 토대가 결여되어 있기 때문이다. 고립, 분산된 무수한 개별 자본의 시장에서의 이윤 경쟁을 통해 이루어지는 자본주의적 재생산을 일거에 사회주의적 계획 경제로 전환하는 것은 난제 중의 난제일 것이다.

김수행 《자본론》이 제시하는 자본주의에 관한 이론은, 현실 역사의 발전이 보여주는 자본주의의 다양한 형태 변화를 설명하고 포괄할 수 있는 논리를 가져야만 이론으로서의 자격을 가질 수 있을 것이다. 예컨대《자본론》은 자본의 가치 증식욕과 경쟁을 통해 독점의 '형성'을 설명할 수 있기 때문에,《자본론》은 지금도 가치가 있는 것이다. 이것을 기반으로 우리가 독점 현상을 보면서 경쟁과 독점의 관계, 독점의 여러 가지 형태, 독점 가격의 형성, 독점의 가치 증식 방법 등을 연구하여, 현실의 자본주의에 관한 지식을 구체화하고 풍부하게 하는 것이다.《자본론》이 독점의 지배와 국가의 경제 개입이라는 새로운 현상들을 자세하게 분석하지 못하는 것은 매우 당연한 일인데, 이 때문에 '독점 이론'이나 '국가 개입이론'이 아니라, "독점자본주의와 국가독점자본주의라는 특수한 이론의 발전이 요구"된다고 결론 내릴 수는 없는 것이 아닌가?

"독점과 국가 독점이 … 사회주의 계획의 물질적 토대이기 때문에 … 사멸하는 자본주의의 핵심 범주이다"는 주장은 "국가독점자본주의가 자본주의의 최후의 단계"라고 말하는 것과 마찬가지이지 않은가? 이 '최후의 단계'가 20세기 초부터 100년 이상 아직도 계속되고 있기 때문에, 국가독점자본주의를 최후의 단계라고 호명하는 것은 무의미한 것이 아닌가? 자본주의가 종말을 고하는 것은 '정치적인 계급투쟁'에 의해 가능하고, 반면에 단계 구분은 경제적인 차원이기 때문에 이런 단계 구분은 여전히 유효하다고 말하는 것은 경제와 정치를 총체로서 파악하려는 연구 방법을 부정하는 것이 아닐까?

자본주의는 미리 결정된 궤도를 따라가는 것이 아니다. 어느 시기나 어느 장소에서나 계급투쟁에 의해 자본주의는 멸망할 수 있으며, 계급투쟁의 목표는 계획 경제가 아니라 억압과 착취로부터 노동자계급을 해방하는 것이고 나아가서 인간 전체를 해방하는 것이다.

김성구 봉건제로부터 자본주의로의 이행도 수백 년이 걸렸으며,

그 와중에 봉건 반동의 시기도 있었다. 신자유주의 시기는 사회주의로의 이행기에서의 반동의 시대라 생각한다. 이행에서 경제와 정치의 비조응과 정치의 상대적 자율성을 고려하는 것은 오히려 경제적 결정론 또는 경제 환원론을 극복하는 것이다. 그간 국가독점자본주의론을 경제 환원론이라고 비판했던 것은 오히려 국가독점자본주의론의 반대자들 아니었나?

쟁점2. 왜 이번 위기를 신자유주의적 국가독점자본주의의 위기라 하는가? 그리고 이 위기 이후의 자본주의를 어떻게 전망하는가?

김수행 케인스주의적 국가독점자본주의와 신자유주의적 국가독점자본주의로 구분하는 기준은 무엇인가? 후자를 새로운 단계로 구분하지 않은 이유는 국독자가 '자본주의의 최후 단계'라고 '미리' 설정했기 때문은 아닌가?

김성구 신자유주의적 국가독점자본주의는 1970-80년대 케인스주의적 국가독점자본주의의 위기 속에서 그에 대한 독점 자본의 대응으로서 나타난 국가독점자본주의의 새로운 변종이다. 이 때문에 신자유주의적 국가독점자본주의는 국가독점자본주의를 대체하는 새로운 단계가 아니라 국가독점자본주의의 새로운 형태, 변종일 뿐이다. 국가독점자본주의를 자본주의의 마지막 단계로 설정했기 때문에 그러한 것이 아니라 신자유주의가 국가독점자본주의의 틀 내를 벗어나지 못한 변화이기 때문이다.

자본주의의 구조 위기의 역사를 보면, 1차 구조 위기(1873-95), 2차 구조 위기(1930-1945), 3차 구조 위기(1970-80년대), 그리고 이번의 신자유주의 금융 위기에서 보는 바처럼 자본주의의 발전에 따라 구조 위기는 더욱 심대해졌는데(국가의 개입에도 불구하고, 또는 국가 개입에 의해 모순과 위기는 더 심화되었다), 그에 반해 구조 위기에 대한 자본주의의 대응 가능성, 적응 형태는 점점 더 협소해졌다. 즉 1차 구조 위기 시에는 자유경쟁 자본주의로부터 독점자본주의(대단계)로의 커다란 변화가 있었고, 2차 구조 위기 시에는 독점자본주의 내에서의 또 다른 단계인 국가독점자본주의(독점자본주의 내의 소단계)로의 변화가 있었지만, 제3차 구조 위기 시에 자본주의는 이 위기를 탈출하기 위해 기존의 국가독점자본주의 틀 내에서 케인스주의로부터 신자유주의로의 형태 변화만 가능하였다. 그리고 그것은 위기 타개책도 아니었다. 이번 신자유주의 금융 위기 시에 자본주의는 이 위기로부터 탈출할 어떤 단계 변화나 형태 변화를 보여주지 못하고 있다(그 때문에 이 금융 위기의 심대함에도 불구하고 아직 이 위기가 자본주의 역사상 제4차 구조 위기라고 확정해 말하기 어렵다. 구조 위기라는 개념은 자본주의의 구조 변화와 연관된 것이기 때문이다. 이 금융 위기는 신자유주의의 위기, 신자유주의적 국가독점자본주의의 위기를 나타낸다). 다시 말해 오늘에 이르기까지 자본주의 위기는 점점 심화되었지만, 이 위기에 대한 자본주의의 대응은 더욱더 협소한 공간 속에서만 가능했다는 것이며, 자본주의적 방식으로 위기를 극복하는 길은 점점 더 어렵게 되었다는 것이다. 위기를 극복하기 위해서는 점점 더 국가독점자본주의를 넘어가는 반자본주의적 방식의 사회화가 요구되고 있다. 그럼에도 현재의 보수적,

반동적 정치 조건으로 인해 사회화의 도입이 저지되고 있고, 그 때문에 위기 심화가 불가피한 것이다. 그것은 다름 아니라 현실 사회주의의 붕괴에도 불구하고 독점자본주의와 국가독점자본주의로의 발전의 역사가 실로 자본주의로부터 사회주의로의 이행의 역사 속에 위치한다는 것을 말해준다.

물론 이행의 위기 속에서 국가에 의한 자본주의의 연명이 언제까지 계속될 것인가에 대해서는 마르크스주의 위기론이 답할 수 있는 것이 아니다. 그것은 경제적 위기만의 문제가 아니라 다른 한편에서 정치와 계급투쟁의 문제이기 때문이다. 이번 금융 위기(2007-2009)가 심대한 위기였음에도 불구하고 세계 자본주의의 붕괴와 종말을 말할 수 없는 것도 이 때문이다. 하다못해 케인스주의로의 복귀조차 말할 수 없는 것도 같은 이유에서다. 선진 자본주의 국가들에서의 현 정치 지형과 계급투쟁의 상태에서 그러한 변화를 전망하기는 어렵다. 따라서 신자유주의적 국가독점자본주의는 위기 속에서도 계속될 것이다. 그게 가능한가 반문할지 모르지만, 1980년대 이래 30년 동안 유럽 자본주의의 실업률은 국가에 따라 10%를 넘나드는 높은 수준을 보이고, 일본 자본주의는 1990년대 이래 20년 동안 산업 순환을 확인할 수 없을 정도의 장기 불황에 시달리고 있는데, 그럼에도 신자유주의의 지배가 지속되고 있다는 점을 상기할 필요가 있다. 금융 위기 후 점점 더 탈출구를 찾기 어려운 것으로 보이는 미국 자본주의와 세계 자본주의의 구조적 위기지만, 현재의 보수적 정치 지형과 계급투쟁의 상태를 고려하면, 상당 기간 신자유주의의 지배가 지속될 것으로 보인다.

지난 8월 초 이래 다시 주식 시장의 폭락과 불안정이 나타나고 있는데, 이상의 논의와 관련해서 보면, 쟁점은 두 가지로 요약될 수 있다. 하나는 이 폭락이 산업 순환상의 더블딥의 전조인가 하는 문제고, 다른 하나는 이것이 더블딥을 넘어 미국 자본주의의 장기 침체를 예고하는 것인가 하는 문제다. 두 가지 문제 모두 지금 시점에서 전망하기는 어려운 것이다. 그러나 전자의 문제라면, 그 전망은 기본적으로 김성구(2011, 제11장)의 결론에서 벗어나 있지 않다. 더블딥으로 가든 아니든 신자유주의의 위기 속에서도 새로운 산업 순환이 전개되고 있다는 것이고, 그 순환은 어떻게든 후에 회복과 번영 국면을 거칠 것이라는 점이다. 적어도 지금 시점(9월 1일)에서 보면, 위기는 주가지수의 폭락(주식 투자자의 공포)으로만 나타났고, 신용 경색과 유동성 위기라든가 채권 시장의 붕괴 또는 금융 기관과 기업의 도산 위기로는 나타나지 않고 있어 더블딥으로 꼭 간다고 말하기도 어려운 상태다. 이런 현상은 2007-2009년 공황 시의 과잉 자본의 일정한 청산과 막대한 국가 지원에서 비롯된 효과일 것이다. 반면 후자의 문제에 대해서는 시간의 경과를 상당히 지켜보아야 할 것 같다. 그러나 신자유주의하 장기 성장은 분명 기대하기 어렵다. 그뿐만 아니라 국가 채무의 위기, 유로존의 위기, 달러와 미국 헤게모니의 위기 등 오늘날의 세계 자본주의의 위기 구조가 심화되는 상황에서 이 위기는 국가 관리와 국제 공조하에서라도 대규모의 폭력적인 과잉 자본 청산을 다시 요구할 것이다. 그러나 그것이 어떻게 세계 자본주의를 뒤흔든다 하더라도, 또 미국 자본주의가 장기 침체에 빠진다 하더라도, 자본주의의 지배가, 또는 신자유주의의 지배가 자동으로 종말을 고하지는 않을 것이다.

김수행 S&P가 8월 5일 미국 국채의 신용 등급을 한 단계 낮춘 것이 계기가 되어 세계 금융 시장이 크게 동요한 것은 장래에 관한 다음과 같은 '불길한' 전망 때문이었을 것이다. 첫째는 금융 자본가가 원하는 규모까지 미국 정부가 재정 적자를 축소할 수 없다는 전망이다. 둘째는 국가 채무와 재정 적자를 축소하는 긴축 내핍 정책이 선진국과 세계 경제의 경제 성장률을 낮추고 실업률을 높이며 인민 대중의 생활을 더욱더 어렵게 할 것이라는 전망이다. 셋째는 인민 대중이 시위·파업·폭동 등으로 실업 해소와 생활 안정을 요구하고 있는데, 이런 계급투쟁이 사회를 총체적 위기로 몰아넣을 것이라는 전망이다.

금융 자본의 거대한 사적 손실을 사회의 손실로 전환하는 과정에서 국가 채무가 급속히 증가했는데, 금융 자본이 이제 와서 국가가 국채의 원리금을 상환하지 못할까를 걱정하여 인민 대중이 오랫동안 투쟁하여 획득한 사회 보장 제도 또는 복지국가 제도를 해체하려고 하는 것은 엄청난 계급투쟁을 불러일으킬 뿐만 아니라 세계 경제 전체를 파국에 빠뜨릴 것이므로, 대외 침략·부자 감세 등 신자유주의적 정책은 계속될 수가 없을 것이다.

쟁점3. 이윤율의 경향적 저하 법칙과 구조 위기 및 순환적 위기를 구별하는 문제

김수행 김성구가 주장하듯이, 구조 위기는 이윤율의 저하 경향의 법칙(TRPF 법칙)에 의거해 생기는 위기이고, 순환적 위기는 시장 가격 수준의 수요-공급의 불균형에 의거해 생기는 위기인가?

TRPF 법칙은 자본이 상대적 잉여가치를 증가시키기 위해 자본의 기술적·유기적 구성(TCC, OCC)을 고도화시키는 것이 평균 이윤율에 미치는 영향을 두 가지의 요인들-이윤율을 저하시키는 요인과 상쇄하는 요인들-로 구분하고 있다. 이윤율을 저하시키는 요인으로는 기계화, 취업 노동자의 상대적 감소 등이고, 이윤율을 상승시키는 요인으로는 노동 생산성의 향상, 생산재와 소비재의 가치 저하, 투하 자본의 절약, 잉여가치율의 상승, 산업 예비군의 증가, 자본의 회전 시간의 단축 등이다. 이 요인들은 어느 추상 수준에서든 항상 작용하고 있는 요인들이며, '수요=공급'이라는 가정 아래에서만 작용하는 요인들이 아니다. 따라서 TRPF 법칙으로 순환적 위기를 분석하는 것이 '엉터리'라고 주장하는 것은 무리가 있다.[148]

물론 TRPF 법칙의 요인들이 '가격 이윤율'에 어떤 영향을 미쳤을까는 더욱 구체적인 조사가 필요할 것이다. 그러나 오히려 더욱 중요한 것은 '겉으로 나타나는 환상적인 개별적인 가격 이윤율'을 '배후'에서 규제하고 있는 '평균 이윤율'의 동향을 파악하는 것이 아닐까? 예컨대 증권시장에서 주식과 채권의 가격이 미친 듯이 상승하는 것에 정신을 빼앗겨 호황이 끝없이 진행할 것이라고 주장할 것이 아니라, 이런 현상의 배후에 있는, 이것을 규제하는 보이지 않는 경제

---

[148] 마르크스의 이윤율 저하 경향의 법칙과 이를 둘러싼 논쟁에 대해서는 김수행 (2005) 참조.

변수를 관찰하여 장래를 예측하는 것이 옳지 않을까? 물론 평균 이윤율이든 개별 이윤율이든 구체적인 숫자로 표현하는 것이 매우 어렵다는 것은 인정하지 않을 수 없다.

TRPF 법칙은 평균 이윤율에 관한 법칙이기는 하지만, "자본주의에서 평균 이윤율이 점차로 저하하여 자본주의가 멸망한다"는 것을 예측하는 법칙은 아니다. 《자본론》 제3권 제3편은 제1-2권과 제3권 제1-2편에서 논의한 산업 자본의 운동을 평균 이윤율이라는 관점에서 총정리한 것이며, 따라서 제3권 제3편의 목적은 평균 이윤율의 저하나 상승을 증명하는 것이 아니라 가치 증식 과정이 낳는 여러 가지의 모순들-물론 이윤율의 저하와 상승도 하나의 모순이지만-을 지적하는 것에 있다. 그 뒤 3권 4편부터 평균 이윤이 어떻게 상업 자본가, 금융 자본가, 지주에게 분배되는가를 논의하게 된다.

김성구는 구조적 위기는 "수요=공급이라는 가정 위에서 이윤율의 저하"에 의해 생기는 위기이고, 순환적 위기는 공급이 수요를 초과하는 과잉 생산 위기라고 말하고 있는데, 이렇게 되면 구조적 위기는 지금까지 없었다고 이야기하는 것과 마찬가지이다. 왜냐하면 '수요=공급이라는 가정 위에서 이윤율의 저하'를 사실상 증명할 수 없기 때문이다. 특히 김성구는 평균 이윤율 저하를 이론적으로나 실증적으로 증명한 논문을 본 적이 없다고 말하며, 또한 만델, 알트파터, 월러스틴, 아리기의 '장기파동론'을 비판하기 때문이다. 따라서 김성구 스스로가 말하고 있듯이, "구조적 위기 또는 장기 불황은 몇 차례의 순환적 위기를 거치면서 나타나는 위기이다"라고 정의하는 것이 나을 것 같다.

김성구 《자본론》제3권 제3편의 이윤율의 경향적 저하 법칙은 "자본주의 생산 양식의 내적 편제를 이념적 평균에서 서술한다"(마르크스, 2004b, 1011)는 《자본론》의 분석 수준에 상응하여 해석해야 한다. 이념적 평균이란 현실의 운동 경로(일상적 변화와 산업 순환의 진행 경로)를 평균에서 추상한 것을 의미하며, 따라서 자본주의의 경향적, 평균적 운동 경로를 서술하는 수준이다. 이 수준에서는 가치 법칙(또는 생산 가격 법칙)과 수요와 공급의 균형을 상정한 위에서 자본주의의 경향적, 장기적 운동을 서술하기 때문에, 이윤율의 경향적 저하 법칙은 자본주의의 경향적, 장기적 운동을 규제하는 법칙으로서 이해해야 한다. 따라서 이 법칙은 자본주의의 장기적 변동, 즉 장기 성장과 장기 위기(구조 위기)를 설명하는 것이고, 현실의 산업 순환과 공황을 직접 설명하는 것이 아니라고 생각한다.

'수요=공급'의 가정은 이념적 평균을 상정하기 때문이다. 가치 법칙도 그러한데, '가치=가격'의 가정은 현실에서 항상 가치와 가격이 같다는 게 아니다. 현실적으로는 경향적으로 그러하다는 것이고, 이론적으로는 이념적 평균에서 추상하면 그러하다는 것이다. 한편 이윤율의 경향적 저하 법칙에서 관건은 저하의 경향이며, 그것에 대한 수학적 증명의 문제가 아니다. 이 법칙을 둘러싼 오랜 논쟁에도 불구하고 이 법칙은 수학적으로 논증되지 못했다. 문제는, 이윤율의 저하 '경향'하에서 자본주의의 장기 위기가 표출하고, 이는 언제나 자본주의의 구조 개편과 새로운 장기 성장인가, 아니면 파국과 이행인가 하는 격변의 시기를 가져온다는 점을 인식하는 것이다. 격변의 시기의 계급투쟁과 정치 투쟁의 여하가 사회주의로의 이행을 구체적으로 결정하는 것이지, 이윤율의 저하 경향을 수학적으로 논증한다고 해서 자본주의의 붕괴가 필연적으로 일어나는 것은 아니다.

그렇다면 현실의 산업 순환과 공황은 어떻게 설명하느냐는 질문이 제기된다. 《자본론》의 법칙은 《자본론》으로부터의 일층의 상향의 논리 속에서 구체적인 현실에 접근하도록 전개되어야 하는 바, 당연히 이윤율의 경향적 저하 법칙의 구체적 전개 속에서 현실 이윤율의 변동과 공황이 설명되어야 한다. 그런데 이 일층의 상향 논리 속에서 그려지는 현실의 운동(산업 순환과 공황)은 이념적 평균에서 서술한 법칙의 단순한 관철이 아니라, 현실 경쟁에 의해 매개되는 전도된 관계 속에서의 관철이기 때문에, 산업 순환과 공황은 특별히 현실 경쟁(나아가서는 신용과 주식 자본)이라는 추상 수준에서의 분석과 매개가 필요하다. 주지하다시피 《자본론》은 이러한 추상 수준에서의 분석을 《자본론》 이후의 과제로 지시해 놓기 때문에, 현실의 산업 순환과 공황을 《자본론》으로부터 직접 서술할 수 없는 것이다 (오해를 피하기 위해 부연한다면, 《자본론》에는 현실 경쟁과 신용 그리고 주식 자본을 이념적 평균에서 포괄하고 있을 뿐이며, 산업 순환과 공황을 매개하는 수준으로까지 전개되어있지 않다. 이 수준에서의 서술은 《자본론》의 대상이 아니다). 현실 경쟁론의 이 과제를 인식하고 《자본론》으로부터의 상향의 논리 전개 속에서 공황론을 전개한 일본의 구 정통파 경제학자들[149]에 따르면, 현실 경쟁 속에서 과잉 생산이 발전하고, 더구나 이 과잉 생산이 호황기의 초과 수요 속에서 은폐, 누적되며, 따라서 호황기에 시장 이윤

---

149   岡稔(1976), 林直道(1976), 富塚良三(1997) 등 참조.

율의 상승 속에서 이윤율의 경향적 저하 법칙이 전도된 형태로 표현된다. 또한 이러한 전도된 관계는 과잉 생산이 현재화되고 시장이윤율이 하락하는 공황기로의 이행 속에서 그 반대의 관계로 전환된다. 이렇게 이윤율의 경향적 저하 법칙은 주기적 공황의 원인이 아니라 주기적 공황을 통해 그 결과로서 관철되는 법칙인 것이다. 이렇게 현실 경쟁론의 차원으로까지 상향해 가면, 이윤율의 경향적 저하 법칙은 이념적 평균에서 상정한 것과는 달리 수요와 공급의 순환적 괴리와 시장 이윤율의 순환적 변동 속에서 전개되며, 이때 주기적 공황의 원인은 현실 경쟁에 의해 추동되는 생산과 소비의 대립적 발전, 과잉생산에서 비롯된다는 것을 알 수 있다.

그런데《자본론》제3권 제3편 제15장에서는 이 법칙의 내적 모순들의 전개를 다루고 있고, 여기서 이 법칙과 주기적 공황에 관한 여러 서술을 읽을 수 있는데, 이 때문에 많은 논자가 이 법칙을 직접 주기적 공황을 설명하는 것으로 잘못 이해하는 게 아닌가 한다.《자본론》에서는 현실 경쟁의 분석을《자본론》이후의 과제로 상정하고 있기 때문에, 제15장에서는 이 법칙과 주기적 공황의 관계를 매개하는 서술이 매우 불충분하고 불완전할 수밖에 없다. 이렇게 불충분하고 불완전한 부분으로서《자본론》에 남아 있는 것은《자본론》제3권이 1864-65년 초고를 엥겔스가 편집한 것이라는, 그 초고적 성격 때문일 것이다. 그래서 연구 과정의 결과들(이논《자본론》의 범위를 넘어간다)이《자본론》의 목표인 이념적 평균에서의 서술에 혼재되어 남아있었던 것이다. 마르크스가《자본론》제3권을 직접 완성했다면, 제3편, 특히 제15장의 서술은 현행판과 많이 달라졌을 것이다. 오히려 연구 과정의 결과들이 더 많이 남아 있는《잉여가치학설사》제17장에서 마르크스의 공황론의 방법을 보다 체계적으로 엿볼 수 있는데, 여기서 마르크스는 주기적 공황을 생산과 소비의 모순에서 비롯되는 과잉 생산으로서 설명하고 있다.

쟁점4. 세계대공황의 개념 그리고 '위기'와 '공황'의 구별 문제

김수행 본인은 구조적 위기를 '세계대공황'이라고 부르면서, 세계대공황의 예로 1930-1938년, 1974-1982년, 2008-'현재까지 계속'을 이야기했다. 이 개념에는 '공황'이라는 경기 순환의 한 국면과 '세계경제'라는 새로운 개념이 포함되어 있으므로 더욱 자세하게 연구할 필요가 있다. 또한, 본인은 '위기'는 우리말로 '위급한 시기, 위험한 순간'을 가리키므로, 산업 기업과 금융 기업이 대규모로 도산하고 실업이 격증하는 '공황'과는 구별해야 한다고 생각한다. crisis가 위기라고 번역되면서, 시장이 대규모로 붕괴하고 있는데도 '위기'라고 이야기하는 것을 교정할 필요가 있었다. 그런데《자본론》에서도 crisis를 위기와 공황으로 구별하는 것이 문맥을 정확하게 표현하는 것에 도움이 되는 곳이 여러 곳 있었고, 1945년 이후에는 위기 또는 부르주아 경제학에서 말하는 '경기 후퇴recession'가 정부의 재정 금융 확대 정책으로 공황으로 빠지지 않고 곧 '회복' 국면으로 전환되는 경우가 많았기 때문에, 본인은 마르크스의 crisis 국면을 위기 국면과 공황 국면으로 나누어 본 것이다.

금융 위기 이후의 자본주의

김성구 대공황이란 개념은 이론사적으로 보면 규모가 크고 격렬한 주기적 공황을 지칭하는 것이고, 이 개념에는 자본주의의 파국과 종말이 예상되어있다고 생각한다. 주기적 공황이 더욱 강력해지고 대규모의 파괴적 결과를 가져온다는 의미의 대공황은 자본주의 붕괴론과 결합한 개념이라 할 수 있다. 이에 반해 구조 위기라는 개념은 만성화하고 장기화하는 공황, 그에 따른 성장의 장기 침체 또는 장기 둔화를 표현하는 개념이며, 이 개념에는 반드시 자본주의의 파국과 종말이 상정되어 있지는 않다. 왜냐하면, 이 개념은 자본주의의 구조 변화와 그에 따른 새로운 장기 성장도 함축하고 있기 때문이다. 따라서 세계대공황이란 개념은 격렬한 주기적 공황과 그것에 의한 자본주의 파국의 의미를 내포하고, 구조 위기 개념은 장기 침체와 자본주의의 구조 변화라는 의미를 내포한다. 그래서 이번 금융 위기를 어떤 개념으로 파악하는가에 따라 이 위기의 성격과 전망을 말하는 셈이 된다. 이런 점에서 김수행이 파악하는 '세계대공황'이란 개념은 주기적 공황과 구조 위기 개념이 섞여 있어 좀 혼란스럽다고 생각한다. 필자 또한 쟁점2의 답변에서 말한 이유로 이 위기를 이 두 개념 어느 것으로도 파악하지 않고, '주기적 공황과 신자유주의 금융 위기의 결합'으로서 규정했던 것이다.

마지막으로, 위기와 공황의 구별 문제인데, 여기서는 아무래도 구별의 기준이 명확하지 않은 것으로 보인다. 특히 어떤 경제 상태가 위기인지가 명확하지 않다. 자본주의 위기의 전형적인 지표는 산업 생산과 GDP의 마이너스 성장인데, 위기와 공황을 구별할 경우, 그러면 마이너스 성장의 국면이 위기인가 아니면 공황인가를 밝혀야

할 것이다. 김수행의 정의에서는 금융 기관과 기업의 대규모 도산 및 대량 해고 사태가 벌어지는 국면을 공황이라고 하니까 GDP의 마이너스 성장 시기를 공황이라고 하는 것 같다. 더욱이 위기의 시기는 통상 신용 경색과 주식 시장의 폭락을 동반하는데, 이 현상을 위기로 보아야 하나 아니면 공황으로 보아야 하는 문제도 제기된다. 이는 공황의 전조이므로 위기로 보아야 한다. 물론 위기 국면에 주식 시장은 폭락하기 시작해서 공황 국면에 최저점을 기록할 것이다. 그런데 통상 주식 시장은 현실의 경기 순환에 6개월 정도 앞서서 변동한다고 하니 GDP의 마이너스 성장에 앞서 주식 시장은 이미 폭락하기 시작한다. 결국, 김수행의 위기 국면이란 경제가 아직 플러스 성장을 하고 있지만 주식 시장이 폭락하기 시작하고 신용이 크게 경색되기 시작하는 국면을 말할 텐데, 2차 대전 후 자본주의 공황의 역사에서 이런 위기 국면에 국가가 개입해 GDP의 마이너스 성장으로의 전환 즉 공황을 회피한 경우는 없는 것 같다. 무엇보다도 전후 자본주의 역사에서 통상 7-10년 주기의 공황을 회피한 경우가 없기 때문에, 자본주의 국가의 경제 개입은 위기로부터 공황으로의 전개(마이너스 성장)를 막은 게 아니라 공황의 정도를 완화했을 뿐이다(그것도 1957년 공황에서나 특정적인 현상이며, 그 후의 공황들은 국가 개입에도 불구하고 강력했다). 따라서 굳이 위기와 공황의 두 국면으로 나눌 이유가 없는 것 아닌가 한다.

돌이켜서 마르크스에 있어 초기의 위기Krise 관점을 보면, 그것은 원래 자본주의의 파국과 연관된 것으로 보인다. 즉, 위기란 기업 및 은행 도산과 대량해고 등 공황현상을 자본주의의 파국과 연관시킨 개념이다. 따라서 위기는 김수행이 말하는 것처럼 단순하게 '위급한 시기' 또는 '위험한 순간'으로서 공황과 구별되고 회복과 공황의 갈림길이라는 의미라기보다는 공황이 곧 자본주의의 위기, 즉 자본주의의 유지인가 아니면 파국인가 하는 의미에서의 위기를 말한다. 그러므로 원래 마르크스에 있어서 위기와 공황은 같은 의미다. 물론 만년에 가면 마르크스도 명시적이진 않지만 이런 파국론적 위기론(공황론)은 수정한다고 한다.[150] 그러나 산업 순환론적 공황론에서 보더라도 주기적 공황은 언제나 자본주의의 위기와 관련된 개념이고, 따라서 위기와 공황을 구분하는 것은 적절치 않다.

김수행 본인이 지적하는 것은 마르크스의 Krise를 우리말로 '위기'라고 번역하면 Krise의 개념이 제대로 전달되지 않는다는 것이다. 그리고 마르크스는 "Krise에서 이자율이 최고 수준으로 상승한다"고 주장하는데, 이 경우 Krise는 기업과 은행이 대규모로 도산하기 이전의 국면을 가리키기 때문에, 본인이 말하는 '위기'이고 이 위기가 '공황'으로 전개되면 이자율은 폭락할 수밖에 없다. 그래서 마르크스가 말하는 Krise를 번역할 때도 '위기'와 '공황'으로 구분할 필요가 있다는 것이다.

맺음말

이상 공저자 간의 논쟁을 쟁점 별로 살펴보았는데, 지난(2011년)

---

[150]　이에 대해서는 吉原泰助 · 吉原泰助(1998, 67-71) 참조.

8월 이래 다시 심각한 불안정을 노정하는 세계 금융 시장과 유럽과 미국의 채무 위기 그리고 달러와 미국 자본주의의 위기 등에 대해서는 약간의 언급이 있을 뿐 별도의 분석은 되어 있지 않다. 그러나 그 분석의 관점과 이론적 토대 그리고 전망까지도 이미 공저자의 논쟁 속에 담겨 있다. 다시 말해 최근의 세계 경제적 이슈에 대해 공저자는 각각 자신의 이론적 관점과 평가가 여전히 유효하다고 판단하고 있다. 이에 대한 추가적인 분석은 다른 글을 기약할 수밖에 없다.

앞서 말한 바처럼 공저자의 논쟁은 수렴되지 않고 두 사람의 견해 차이가 보다 명확하게 드러나 있다. 그러나 이론적 차이를 확인하는 것은 일층의 토론을 위한 토대가 될 것이다. 여기에는 마르크스주의 정치경제학의 주요 문제들이 관련되어 있다. 마르크스의 정치경제학 비판의 방법을 어떻게 이해하는가, 정치경제학 비판의 6부 체계와《자본론》은 어떤 관련에서 파악해야 하는가,《자본론》의 방법과 추상 수준의 문제, 자본주의 역사 변화 즉 현대 자본주의 분석에서의《자본론》의 의의, 자본주의 발전과 위기, 그리고 사회주의로의 이행 등 기본적이지만 어려운 문제들이 다시 토론되어야 한다.

[참고 문헌]

1장

김성구. 2010. 〈신자유주의 금융 위기와 주기적 공황〉, [민주사회와 정책연구] 제17호.

김성구. 2011. 〈'세계대공황'과 마르크스주의 위기론〉, [마르크스주의연구] 제23호.

김성구. 2012a. 〈신자유주의적 국가독점자본주의의 위기와 주기적 과잉생산공황〉, 김수행·장시복 외. 《정치경제학의 대답》, 사회평론.

김성구. 2012b. 〈유로존의 위기와 해법〉, [진보전략], 준비호.

김성구. 2014a. 〈바우어-그로스만 표식의 혼란과 오류〉, [마르크스주의 연구] 제33호.

김성구. 2014b. 〈바우어와 그로스만의 공황론 비판〉, [마르크스주의 연구] 제36호.

김성구. 2015. 〈마르크스의 이윤율 개념, 실증 분석에서 어떻게 곡해되었나? - 자본물신성에 사로잡힌 이윤율 실증 분석〉, [참세상]. 2015. 1. 6.

김수행. 2011. 《세계대공황》, 돌베개.

김수행·김성구. 2011. 〈세계대공황인가 국가독점자본주의의 위기인가?〉, [마르크스주의연구] 제24호.

박승호. 2015. 《21세기 대공황의 시대》, 한울.

박하순. 2015. 《미국 경제의 현황과 전망》, 민주노총 정책연구원 연구보고서 05-01.

윤소영. 2001. 《이윤율의 경제학과 신자유주의 비판》, 공감.

윤소영. 2012. 《역사학 비판》, 공감.

전창환. 2011. 〈오바마 정부의 금융규제개혁의 성과와 한계〉, [민주사회와 정책연구] 2011 하반기.

정성진. 2008. 〈21세기 세계대공황: 마르크스주의적 개입을 위하여〉, [진보평론] 제38호.

정성진. 2012a. 〈2007-2009 글로벌 경제 위기와 마르크스주의 공황론〉, 김수행·장시복 외. 《정치경제학의 대답》, 사회평론.

정성진. 2012b. 〈마르크스의 세계시장공황론 - 세계화와 공황의 연구 방법을 위하여〉, [마르크스주의 연구] 제27호.

岡稔. 1976. 《資本主義分析の理論的諸問題》, 新評論.

建部正義. 2013. 《21世紀型世界経済危機と金融政策》, 新日本出版社.

建部正義. 2015. 〈国家独占資本主義の現段階〉, 鶴田満彦·長島誠一 編, 《マルクス経済学と現代資本主義》, 桜井書店.

高田太久吉. 2014. 〈現代資本主義の蓄積と循環・恐慌〉, 高田太久吉 編,《現代資本主義とマルクス経済学》, 新日本出版社.

北原勇・伊藤誠・山田鋭夫. 1997.《現代資本主義をどう視るか》, 青木書店.

山田鋭夫. 1995.《20세기 자본주의》, 한울.

小松善雄. 2015. 〈現代資本主義とアソシエ-ション〉, 鶴田満彦・長島誠一 編,《マルクス経済学と現代資本主義》, 桜井書店.

市原健志. 2001.《資本主義の発展と崩壊》, 中央大学出版部.

長島誠一. 2004.《経済と社会》, 桜井書店.

鶴田満彦. 2015. 〈《資本論》と現代資本主義論〉, 鶴田満彦・長島誠一 編,《マルクス経済学と現代資本主義》, 桜井書店.

Brenner, R. 2002.《붐앤버블》, 아침이슬.

Brenner, R. & 정성진. 2009. 〈대담: 세계대공황의 전망과 대안〉, 정성진 편,《21세기 대공황과 마르크스주의》, 책갈피.

Bucharin, N. I. 1972. "Imperialism and the Accumulation of Capital." Tarbuck, K. J. ed. *The Accumulation of Capital - An Anti-Critique & Imperialism and the Accumulation of Capital*. Monthly Review Press.

Duménil, G. & Lévy, D. 1993. *The Economics of the Profit Rate*. Edward Elgar Publisher.

Duménil, G. & Lévy, D. 2011. *The Crisis of Neoliberalism*. Harvard University Press.

Foster, J. B. & Magdoff, F. 2010.《대금융 위기》, 인간사랑.

Harman, C. 2012.《좀비자본주의》, 책갈피.

Kliman, A. 2012.《자본주의 생산의 실패》, 한울.

Marx, K. 1964. *Das Kapital* Bd. 3. *MEW* 25

McNally, D. 2011.《글로벌 슬럼프》, 그린비.

Wallerstein, I. 2008. "The Depression: A Long-Term View." *MRZINE*. 16/10/08. http://mrzine.monthlyreview.org/2008/wallerstein161008.html : 2016. 1. 26일 검색.

2장

김덕민. 2014. "이윤율 저하를 둘러싼 위기 논쟁의 잘못된 교리들", [참세상], 2014. 11. 30.

김성구. 2014. "2008 금융 위기 이후 자본주의 위기 및 붕괴 논쟁 평가", [참세상]. 2014. 10. 19.

김성구. 2015. "마르크스의 이윤율 개념, 실증 분석에서 어떻게 곡해되었나? – 자본

물신성에 사로잡힌 이윤율 실증 분석", [참세상]. 2015. 1. 6.

마르크스, K. 2004a.《자본론》II. 제1개역판, 비봉출판사.

마르크스, K. 2004b.《자본론》III(상), 제1개역판. 비봉출판사.

정성진. 2005.《마르크스와 한국경제》, 책갈피.

클라이먼, A. 2012.《자본주의 생산의 실패》, 한울.

폴리, D. K. 2011.《아담의 오류》, 후마니타스.

Foley, D. K. 1986. *Understanding capital: Marx's Economic Theory.*

3장

김성구. 2008a. 〈마르크스의 이윤율의 경향적 저하 법칙 - 재구성을 위하여〉, [노동사회과학] 제1호.

김성구. 2008b. 〈마르크스의 공황론 방법과 주기적 과잉생산공황론〉, [마르크스주의 연구] 제10호.

김성구. 2010. 〈산업 순환 및 공황론으로서 이윤율저하설의 오류에 대하여〉, [마르크스주의 연구] 제17호.

김성구. 2011a. 〈만델, 알트파터, 월러스틴, 아리기의 장기파동론〉, 김성구 편. 2011.《현대자본주의와 장기불황》, 그린비.

김성구. 2011b. 〈일본에서의 현대 자본주의 논쟁 - 레귤라시옹 이론과 국가독점자본주의론〉, 김성구 편. 2011.《현대자본주의와 장기불황》, 그린비.

김성구. 2016. 〈마르크스의 위기론과 현대 위기 논쟁 - 2008년 위기 이후: 자본주의 위기 및 붕괴 논쟁 평가〉, [마르크스주의 연구] 제42호.

박승호. 2015.《21세기 대공황의 시대》, 한울.

박승호. 2016a. "21세기 자본주의의 구조적 위기를 어떻게 볼 것인가? - 경제 위기 논쟁의 발전을 위하여", 민주노총 정책연구원 토론회('현대 자본주의 경제 위기 분석') 발표문, 6. 28.

박승호. 2016b, "세계장기 불황 또는 21세기 대공황의 전망", 맑스 코뮤날레 제9회 일곡 유인호상 학술발표회(2016. 10. 7) 발표문.

하야시 나오미치(林直道). 2011.《경제는 왜 위기에 빠지는가》, 그린비.

建部正義. 2013.《21世紀型世界經濟危機と金融政策》, 新日本出版社.

経済理論学会 編. 2000.《90年代資本主義の危機と恐慌論》, 経済理論学会年報第37集, 青木書店.

高木 彰. 2009. 《〈자본론〉의 이론적 성격과 이윤율 개념의 두 가지 규정에 대하여〉, [노동사회과학] 제2호.

広田精孝. 2000. 〈現代資本主義の蓄積構造と90年代不況〉, 経済理論学会 編. 2000.《90年代資本主

義の危機と恐慌論》, 経済理論学会年報第37集.

市原健志. 2001.《資本主義の発展と崩壊》, 中央大学出版部.

鶴田満彦 · 長島誠一 編. 2015.《マルクス経済学と現代資本主義》, 桜井書店.

Brenner, R. 2002.《붐앤버블》. 아침이슬.

Eichengreen. B. 2014. "Secular stagnation: A review of issues", Teulings, C. & Baldwin, R. 2014. *Secular Stagnation: Facts, Causes and Cures*.

Krugman, P. 2014. "Four observations on secular stagnation", Teulings, C. & Baldwin, R. 2014. *Secular Stagnation: Facts, Causes and Cures*.

Mandel, E. 1975. *Late Capitalism*, NLB.

Moseley, F. 1999. "The United States Economy at the Turn of the Century: Entering a New Era of Prosperity?", *Capital & Class*, No. 67, spring.[국역, 한국노동이론정책연구소. 1999. [현장에서 미래를], 8월.]

Summers, L. H. 2014. "Reflections on the 'New Secular Stagnation Hypothesis", Teulings, C. & Baldwin, R. 2014. *Secular Stagnation: Facts, Causes and Cures*.

Teulings, C. & Baldwin, R. 2014. *Secular Stagnation: Facts, Causes and Cures*, CEPR Press.

World Bank. 2016. *World Development Indicators 2016*. https://openknowledge.worldbank.org/bitstream/handle/10986/23969/9781464806834.pdf(2016. 8. 25 검색).

5장

강유덕. 2014.《유럽 재정위기에 대한 유럽중앙은행의 대응과 역할 변화》, KIEP 대외경제 정책연구원.

강유덕 · 김균태 · 오태현 · 이철원 · 이현진. 2012.《유럽 재정위기의 원인과 유로존의 개혁과제》, KIEP 대외경제 정책연구원.

글로벌정치경제연구소 편. 2013.《위기 반란 대안》, 책세상.

김균 · 문우식. 1997.《유럽통화 동맹의 경제이론과 역사》, 법문사.

김균태. 2004. "프랑스, 독일의 '안정 및 성장협약' 위반과 향후 전망", KIEP,《세계 경제》1월.

김수행 · 장시복 외. 2012.《정치경제학의 대답》, 사회평론.

김성구. 2010. "신자유주의 금융 위기와 주기적 공황 – 2007/2009년 위기의 성격과 전망",《민주사회정책연구》제17호.

문우식. 2012. "유럽재정위기의 요인과 대응방안",《주간 금융브리프》21(18), http://www.kif.re.kr/KMFileDir/129808448052732500_WP12-04.pdf(검색일: 2015. 8. 3.)

박진호. 2011. "EU 공동국채(Euro-bond) 발행 논의와 향후 전망", 《해외 경제 포커스》, 2011-4호, http://dl.bok.or.kr/viewer/MediaViewer.ax-?cid=383420&rid=5&moi=0&infoID=58141 (검색일: 2015. 10. 5.)

유승경. 2012. "유로존 위기의 원인, 전개과정 그리고 전망", 김수행 · 장시복 외(2012).

편집부. 1986. 《현대 제국주의의 정치경제학》, 미래사.

Arbeitsgruppe Alternative Wirtschaftspolitik. 1989. *Memorandum '89*, Köln: Pahl-Rugenstein.

Arbeitsgruppe Alternative Wirtschaftspolitik. 2011. *Memorandum 2011*, Köln: Papy-Rossa Verlag.

Baldwin, R. & Giavazzi, F. ed. 2015a. *The Eurozone Crisis-A Consensus View of the Causes and a Few Possible Remedies*, London: CEPR Press, http://www.voxeu.org/sites/default/files/file/reboot_upload_0.pdf (검색일: 2015. 9. 25.)

Baldwin, R. & Giavazzi, F. 2015b. "Introduction", Baldwin & Giavazzi(2015a).

Bontrup, Heinz-J. 2011. "EU-Krise und kein Ende", http://www.alternative-wirtschaftspolitik.de (검색일: 2015. 7. 15.)

Bundesministerium der Finanzen. 2013a. *Reihe Auf dem Weg zur Stabilitätsunion, Heft 1: Neue haushaltspolitische Überwachung der EU*, http://www.bundesfinanzministerium.de/Content/DE/Downloads/Broschueren_Bestellservice/2012-08-13-auf-den-punkt-1-neue-haushaltspol-ueberwachung.pdf?__blob=publicationFile&v=7 (검색일: 2015. 8. 11.)

Bundesministerium der Finanzen. 2013b. *Reihe Auf dem Weg zur Stabilitätsunion, Heft 2: Neue wirtschaftspolitische Steuerung in der EU*, http://www.bundesfinanzministerium.de/Content/DE/Downloads/Broschueren_Bestellservice/2012-08-13-auf-den-punkt-2-neue-wirtschaftspolitische-steuerung.pdf?__blob=publicationFile&v=7 (검색일: 2015. 8. 11.)

Bundesministerium der Finanzen. 2013c. *Reihe Auf dem Weg zur Stabilitätsunion, Heft 3: Finanzmarktregulierung*, http://www.bundesfinanzministerium.de/Content/DE/Downloads/Broschueren_Bestellservice/2012-08-13-auf-den-punkt-3-finanzmarktregulierung.pdf?__blob=publicationFile&v=7 (검색일: 2015. 8. 11.)

Bundesministerium der Finanzen. 2013d. *Reihe Auf dem Weg zur Stabilitätsunion, Heft 4: Europäische Stabilitätsmechanismen*, http://www.bundesfinanzministerium.de/Content/DE/Downloads/Broschueren_Bestellservice/2012-08-13-auf-den-punkt-4-europaeische-stabilitaetsmechanismen.pdf?__blob=publicationFile&v=5(검색일: 2015. 8. 11.)

Bundeszentrale für Politische Bildung. 저. 최경은 · 권선형 역. 1999. 《유럽연합의 실

체와 전망》, 연세대 출판부.

Busch, K. 1978. *Die Krise der Europäischen Gemeinschaft*, Köln/Frankfurt/M: EVA.

Cecchini, P. 저. 이종원 역. 1992.《유럽의 도전 1992》, 형설출판사.

De Grauwe, P. 1998. "The euro and financial crises", *Financial Times*, 2월 20일.

De Grauwe, P. 2015. "Design failures of the Eurozone", Baldwin & Giavazzi(2015a).

Demary, M. 2014. *Europäische Bankenunion - Stand der Umsetzung und Nachbesse-rungsbedarf*, Institut der Wirtschaft Köln/Konrad Adenauer Stiftung. http://www.kas.de/wf/doc/kas_37540-544-1-30.pdf(검색일: 2015. 6. 11.)

Eichengreen, B. 1991. "Is Europe an Optimum Currency Area?", *NBER Working Paper* No. 3579, http://www.nber.org/papers/w3579.pdf (검색일: 2015. 9. 8.)

EU homepage, http://europa.eu/index_de.htm (검색일: 수시.)

Europäische Kommission. 2014. "Bankenunion: Wiederherstellung der Finanzstabilität im Euroraum", Pressemitteilung, 4월 15일, http://ec.europa.eu/finance/general-policy/docs/banking-union/banking-union-memo_de.pdf (검색일: 2015. 7. 23.)

Europäische Kommission. 2015. "Zum Verständnis Bankenunion", Newsletter, 2월 27일, http://ec.europa.eu/information_society/newsroom/cf/fisma/item-detail.cfm?item_id=20758&newsletter_id=166&lang=de (검색일: 2015. 7. 23.)

European Central Bank. n.d. "Open market operations", http://www.ecb.europa.eu/mopo/implement/omo/html/index.en.html (검색일: 2015. 7. 21.)

European Central Bank. 2012. *Monthly Bulletin*, 10월.

European Central Bank. 2015. "What is the expanded asset purchase programme?", http://www.ecb.europa.eu/explainers/tell-me-more/html/asset-purchase.en.html (검색일: 2015. 7. 25.)

Feldstein, M. 1997. "EMU and International Conflict", *Foreign Affairs* 76/6, 11/12월, http://www.nber.org/feldstein/fa1197.html (검색일: 2015. 9. 19.)

Fleming, M. 1962. "Domestic financial policies under fixed and floating exchange rates", *IMF Staff Papers* 9, http://www.palgrave-journals.com/imfsp/journal/v9/n3/pdf/imfsp196215a.pdf (검색일: 2015. 6. 5.)

Goldberg, J. 1989. "Auf dem Weg zu einer westeuropäischen Ökonomie? Unternehmenskonzentration und Binnenmarkt", Deppe, F./Huffschmid, J./Weiner, K.-P. Hrsg. 1989. *1992-Projekt Europa*, Köln: Pahl-Rugenstein.

Gündel, R. 1967. "Globale und regionale Formen des internationalen staatsmonopolistischen Kapitalismus und ihre ökonomischen Wirkungen", Gündel, R./Heininger, H./Hess, P./Zieschang, K. 1967. *Zur Theorie des staatsmonopolistischen Kapitalismus*, Berlin: deb.

Hickel, R. 2011. "Systemkrise des Euroclubs: Von einem krisengetriebenen Rettung-spolitik zu einer aktiven Solidarunion", http://www2.alternative-wirtschaftspolitik.de/uploads/m3411.pdf (검색일: 2015. 6. 11.)

Huffschmid, J. 1989. "Das Binnenmarktprojekt 92 - Hintergründe und Stoßrichtung", Deppe, F./Huffschmid, J./Weiner, K.-P.(1989).

Huffschmid, J. 1996. "Alternative Wirtschaftspolitik für Europa", Binus, G. u. a. 1996. *Internationalisierung-Finanzkapital-Maastricht II*, Frankfurt/M: IMSF.

Huffschmid, J. 1997. "Risse im Gebälk", Z. *Zeitschrift Marxistische Erneuerung* Nr. 32, 12월.

Institut für Internationale Politik und Wirtschaft der DDR, 1982. *Währungsprobleme des heutigen Kapitalismus*, Berlin: Dietz Verlag.

Lapavitsas, C. 2011. "A left strategy for Europe", *International Viewpoint*, 4월 13일, http://www.internationalviewpoint.org/spip.php?article2091 (검색일: 2016. 6. 21.)

Lohoff, E. & Trenkle, N. 1996. Perspektiven und Konsequenzen der Europäischen Währungsunion, *Krisis*, http://www.krisis.org/1996/perspektiven-und-konsequenzen-der-europaeischen-waehrungsunion (검색일: 2015. 9. 28.)

Maximova, M. 1973. *Economic Aspects of Capitalist Integration*, Moscow: Progress Publishers.

Mayer, L. 1997. "Europa, Mitte 1997", *Marxistische Blätter* 4-97.

McKinnon, R. 1963. "Optimum Currency Areas", *American Economic Review* 53(4), http://www.experimentalforschung.econ.uni-muenchen.de/studium/veranstaltungsarchiv/sq2/mckinnon_aer1963.pdf (검색일: 2015. 6. 15.)

Mundell, R. 1961. "A Theory of Optimum Currency Areas", *American Economic Review* 51 (4), https://www.aeaweb.org/aer/top20/51.4.657-665.pdf (검색일: 2015. 6. 15.)

Mundell, R. 1963. "Capital Mobility and Stabilization Policy under Fixed and Flexible Exchange Rates" in *The Canadian Journal of Economics and Political Science*, Bd. 29 Nr. 4, 11월, http://www.ie.ufrj.br/oldroot/hpp/intranet/pdfs/mundell_1963.pdf (검색일: 2015. 6. 5.)

Pinder, J. & Usherwood, S. 저. 도종윤 역. 2010.《EU 매뉴얼》, 한겨레출판.

Staatssekretariat für Wirtschaft, Direktion für Wirtschaftspolitik 2003. "Der Stabilitäts- und Wachstumspakt der Europäischen Union", *Kojunkturtendenzen*, 겨울 2003/4.

高田太久吉. 2014.〈経済危機下の欧州社会モデルと新自由主義〉, 高田太久吉 編. 2014.《現代資本主義とマルクス経済学》, 東京: 新日本出版社.

相沢幸悦. 2015.〈経済統合とヨーロッパ〉, 鶴田満彦・長島誠一 編. 2015.《マルクス経済学と

現代資本主義》, 東京: 桜井書店.

田中素香・長部重康・久保広正・岩田健治. 2006.《現代ヨ―ロッパ経済》, 東京: 有斐閣.

6장

김성구. 2011.《현대자본주의와 장기불황》, 그린비

김양희・김은지. 2009.《장기 불황 이후 일본 경제의 구조변화와 글로벌 금융 위기》,
대외경제정책 연구원 연구자료 09-04.

전창환. 2000. "90년대 일본 경제의 위기와 제도 변화", [사회경제평론] 제14호.

井村喜代子. 2000.《現代日本経済論：戦後復興,〈経済大国〉, 90年代大不況》, 有斐閣

_____. 2005.《日本経済：混沌のただ中で》, 勁草書房.

村上研一. 2013.《現代日本再生産構造分析》, 日本経済評論社.

藤田実. 2014.《日本経済の構造的危機を読み解く》, 新日本出版社.

_____. 2016.〈戦後日本の再生産構造〉,《戦後70年の日本資本主義》, 新日本出版社.

友寄英隆. 2014.《アベノミクスと日本資本主義》, 新日本出版社.

_____. 2016. "アベノミクスの国民的総括", 牧野富夫(編),《アベノミクス崩壊》, 新日本出
版社.

牧野富夫. 2016.〈安倍政権の野望と'アベノミクス〉, 牧野富夫(編),《アベノミクス崩壊》, 新日
本出版社.

秋保親成. 2012.〈日本資本主義の長期停滞と蓄積構造〉, 一井昭(編),《グローバリゼーションと日
本資本主義》, 中央大学出版部.

부록

김성구. 2011.《현대자본주의와 장기불황:국가독점자본주의론의 시각》, 그린비.

김수행. 2009.《자본주의 경제의 위기와 공황》, 서울대학교출판부.

마르크스, 칼. 2001.《자본론 I(상)》제2개역판, 비봉출판사.

엥겔스, 프리드리히. 1994a.〈오이겐 뒤링 씨의 과학 변혁〉(반 뒤링),《맑스 엥겔스 저
작
선집》5, 김세균 감수, 박종철출판사.

_____. 1994b.〈유토피아에서 과학으로의 사회주의의 발전〉,《맑스 엥겔
스 저작선집》

5, 김세균 감수, 박종철출판사.

見田石介. 1965. 〈資本の一般理論と発展段階の理論〉, 《経済学雑誌》第37卷 第3号.

_____. 1967. 《《資本論》·《帝国主義》· 国際経済学》, 《経済学雑誌》第56卷 第1/2号.

김성구. 2011a. 〈만델, 알트파터, 월러스틴, 아리기의 장기파동론〉, 김성구 편, 《현대자본주의와 장기불황》, 그린비출판사.

김성구. 2011b. 〈신자유주의 금융 위기와 주기적 공황 - 2007/ 2009년 위기의 성격과 전망〉, 김성구 편, 《현대자본주의와 장기불황》.

김성구. 2008. 〈마르크스의 공황론 방법과 주기적 과잉 생산공황론〉, 《마르크스주의 연구》제10호.

김성구. 2007. 〈이윤율의 경향적 저하 법칙과 주기적 공황에 관한 파인과 해리스의 재구성에 대하여〉, 《사회경제평론》, 제29(3)호.

김수행. 2011. 《세계대공황》, 돌베개.

김수행. 2006. 《자본주의 경제의 위기와 공황》, 서울대학교출판부.

뒤메닐, G. /레비, D.. 2006. 《자본의 반격》, 필맥.

마르크스, K. 2001. 《자본론》I(하), 제2개역판, 비봉출판사.

《시사저널》(인터넷 판), 155호, 2006. 4. 24.

林直道. 2000. 《恐慌·不況の経済学》, 新日本出版社.[국역: 《경제는 왜 위기에 빠지는가》, 그린비출판사, 2011.]

Duménil, G./Lévy, D., 1993. *The Economics of the Profit Rate*, Edward Elgar.

Fine, B. & Harris, L., 1979. *Rereading Capital*, The Macmillan Press.[국역: B. 파인 · L. 해리스. 1985. 《현대 자본주의 입문》, 한울.]

Foster, J. B./McChesney, R. W./Jonna, R. J., 2011. "Monopoly and Competition in Twenty-First Century Capitalism", *Monthly Review*, Volume 62, Issue 11 (April).

김성구. 2008. 〈정치경제학비판 플랜과 《자본》: 이른바 플랜논쟁에 대하여〉, [마르크스주의연구] 제9호.

김성구 편. 2011a. 《현대자본주의와 장기불황》, 그린비출판사.

김성구. 2011b. 〈'세계대공황'과 마르크스주의 위기론〉, [마르크스주의연구] 제23호.

김수행. 2005. 〈마르크스의 이윤율 저하 경향의 법칙〉, [경제논집] 제44권 제1호.

김수행. 2008. 《《그룬트리쎄》의 공황론〉, [마르크스주의연구] 제9호.

김수행. 2011a. 《세계대공황》, 돌베개.

김수행. 2011b. 〈'신자유주의적 국가독점자본주의'의 위기?〉, [마르크스주의연구] 제

23호.

마르크스, 칼. 2004a.《자본론》III(상), 제1개역판, 비봉출판사.

마르크스, 칼. 2004b.《자본론》III(하), 제1개역판, 비봉출판사.

[경향신문], 2011. 9. 6.

[한겨레], 2011. 9. 7.

岡稔. 1976.《資本主義分析の理論的諸問題》, 新評論.

見田石介. 1965.〈資本の一般的理論とその発展諸段階の理論との関係について〉,《経済学雑誌》第53巻 5/6号,《見田石介著作集》第3巻, 1976. 大月書店.

見田石介. 1966.〈宇野弘蔵氏のいわゆる原理論と段階論について〉,《経済学年報》, 第25集,《見田石介著作集》第3巻, 1976. 大月書店.

林直道. 1976.《恐慌の基礎理論》, 大月書店.

富塚良三. 1997.〈《資本論》体系と恐慌論体系〉, 富塚良三・吉原泰助 編, 1997,《恐慌・産業循環》(上), 有斐閣.

富塚良三・吉原泰助 編. 1998.《恐慌・産業循環》(下), 有斐閣.

Engels, F. 1891. "Die Entwicklung des Sozialismus von der Utopie zur Wissenschaft", MEW 19.

Fine, B. & Harris, L.. 1979. *Rereading Capital*, The Macmillan Press.[국역: B. 파인・L. 해리스, 1985,《현대 자본주의 입문》, 한울.]

금융 위기 이후의 자본주의

2017년 2월 24일 초판 1쇄 발행

지은이   김성구

편집   김삼권 조정민 최인희
디자인   정은경디자인
인쇄   ㈜미광원색사
종이   ㈜한서지업

펴낸곳   나름북스
펴낸이   임두혁
등록   2010.3.16. 제2010-000009호
주소   서울 마포구 동교로 18길 31(서교동) 302호
전화   (02)6083-8395
팩스   (02)323-8395
이메일   narumbooks@gmail.com
홈페이지   www.narumbooks.com
페이스북   www.facebook.com/narumbooks7

ISBN   979-11-86036-29-7 03320
값   18,000원

이 도서의 국립중앙도서관 출판예정도서목록(CIP)은 서지정보유통지원시스템
홈페이지(http://seoji.nl.go.kr)와 국가자료공동목록시스템(http://www.nl.go.kr/kolisnet)
에서 이용하실 수 있습니다.(CIP제어번호: CIP2017003979)